思维导图创意应用百科

峯 著

北京时代华文书局

图书在版编目（CIP）数据

思维导图创意应用百科 / 李忠峯著 . -- 北京：北京时代华文书局，2021.11
ISBN 978-7-5699-4439-6

Ⅰ.①思… Ⅱ.①李… Ⅲ.①工作方法 Ⅳ.① B026

中国版本图书馆 CIP 数据核字 (2021) 第 200962 号

中文简体版通过成都天鸢文化传播有限公司代理，经城邦文化事业股份有限公司授权大陆独家出版发行，非经书面同意，不得以任何形式任意重制、转载。本著作仅限于中国大陆地区发行。

北京市版权局著作权合同登记号　图字：01-2019-6081

思维导图创意应用百科
SIWEIDAOTU CHUANGYI YINGYONG BAIKE

著　　者	李忠峯
出 版 人	陈　涛
选题策划	樊艳清
责任编辑	樊艳清
执行编辑	王凤屏
责任校对	凤宝莲
装帧设计	元　明　迟　稳
责任印制	訾　敬

出版发行｜北京时代华文书局 http://www.bjsdsj.com.cn
　　　　　北京市东城区安定门外大街 138 号皇城国际大厦 A 座 8 楼
　　　　　邮编：100011　电话：010 - 64267955　64267677

印　　刷	北京盛通印刷股份有限公司　010-52249888

（如发现印装质量问题，请与印刷厂联系调换）

开　　本	710mm×1000mm　1/16	印　张	17.5	字　数	220 千字
版　　次	2022 年 1 月第 1 版	印　次	2022 年 1 月第 1 次印刷		
书　　号	ISBN 978-7-5699-4439-6				
定　　价	58.00 元				

版权所有，侵权必究

自　序
希望带起一股美化思维导图的风潮

这几年下来，每周五发表的思维导图周记、一两百张的思维导图累积，其实早已内化变成一种自我检视阅读成效的习惯。我跟朋友都说："就很爱画啊！"在一段时间里，必定留下几张念书的心得、想法、想要抒发的意见等，高中阶段念美术工艺科时所留下来的基本功夫从没忘记！但是出书？我倒是没有认真想过！

原因是画图乃"寡人"之兴趣没错，可是出书呢，还在一步一脚印地累积自己的想法与作品中，对于文字与图像的掌握认真来说也只在孤芳自赏的阶段罢了。要将我的东西付诸印刷，流传于世，这非同小可！我得仔细想想才行。在认识了几位出过书的作家名人、询问了多方意见之后，我才知道这个年代，出版一本书已经不是难事！难的是，要卖得好。

从开始传授思维导图技法以来，我总是跟学员们强调："画思维导图并不是在做美术绘画比赛，不需要太在意自己画的东西是不是不堪入目，只需自己看得懂、能够帮助思考即可！"这个建议是真的。为了让大家不对绘图产生惧怕或是距离感，为了让大家在学习思维导图思考法的过程中，能够享受思考的乐趣而非局限在绘制技巧里，我一直不断忽略其实我还挺会画图，尤其是画很好看的思维导图这一事实；直到认识了布克文化的贾总编。

我还记得总编当时翻了翻我的笔记本，没过几秒钟就脱口而出："你应该可以出书了！"听到这句话的时候，天知道我心里的冲击是很大的！我是很兴奋的！被一位在出版界待了一辈子的"达人"欣赏、主动邀请我出书那是件让我梦寐以求的事！而人生际遇就是这样，你永远不知道机会何时会上门！你只能清楚知道自己正在对的路上努力、你只能好好把握当下，用力地累积自己的能耐与能量。

然后我大概清点了一下这几年以来的零碎作品：一个专栏，约莫50篇亲子文章，思维导图周记认真做了一年多，手绘思维导图作品大约150件，电绘思维导图作品大约50件，思维导图周记文章100篇，创业日记几十篇，札记几十篇，就这样！这能编辑成册吗？突然心里慌了！所幸，贾总编解决了我许多心中想问却又不敢问的问题，并且将出版一本书从头至尾需要注意的事项都解释清楚了，这才让我放下心中一半的石头，稍微可以专注在如何将这些零碎图文做个逻辑整理。

至于另外那一半的石头，我想它们得一直沉甸甸地搁在心头上，直到书出版、得知销售数字以后才有可能放下吧，我想。教了几年思维导图，头一次要将思维导图用在自己的出版物上，临阵磨枪不亮也光！于是迅速抓了几个项目。我想这本书最大的存在价值，也许就是给世人看看不一样的思维导图，让所有学过思维导图的、没学过思维导图的、对思维导图存着疑惑、肯定，或是思维导图爱好者，都可以有机会一窥不一样的思维导图风貌！这绝对不是美术炫耀，反之，我希望带起一股美化思维导图的风潮，揭开思维导图谜样的面纱、让图像思考的产品穿上一件亮丽的衣裳！从欣赏的角度来重新审判逻辑思维、从美感的角度来刺激右脑思考。

倘若我真的可以办到这些，那么这将是市场上推出美化思维导图作品之滥觞，另类思维导图应用之开端；希望借此抛砖引玉，激活更多喜好手

上功夫的能人志士，甚至是奇人异士来使用思维导图、画思维导图。而书名取为《思维导图创意应用百科》只是站在营销立场思量，绝对没有炫耀之意！还望阅读此书的思维导图前辈们宽心。

　　我想将这本书献给天上的父亲，这些年来我拼命努力的目标，就是希望他能为我感到骄傲。

目录
CONTENTS

■ **谈谈思维导图 ／1**

思维导图的好处…2
何谓思维导图…6
绘制的工具…11
应用于何处…14

■ **读书心得篇 ／19**

90％的事，都能 10 分钟做决定…21
每一次挫折，都是成功的练习…23
三只小猪养出下一个巴菲特…26
让天赋发光…29
未来产业…32
假装是个好爸爸…34
写作吧！破解创作天才的思维导图…37
独居时代…40
333 销售心法…42
人类大历史：从野兽到扮演上帝…44
夫妻这种病…46
世界这样残酷，我们仍然温柔以对…48

阿德勒爱与引导在教育中的实践…51

定时器读书法…54

情绪勒索…56

最厉害的图解速读术…60

赛局教养法…62

简单思考…64

好想找人说说话…66

如何阅读一本书…69

如何养出一个成年人…71

动机背后的隐藏逻辑…74

苹果设计的灵魂…77

斜杠青年…79

给大人的人生翻转学…82

打造图像脑…85

上班前的关键1小时…88

不整理的人生魔法：乱有道理的！…91

心态制胜…94

文案大师教你精准劝败术…97

神奇树屋41：月光下的魔笛…100

决策时刻…103

刻意练习…105

智慧共享的社群人脉学…108

恒毅力…110

专注力，就是你的超能力…113

打开德·波诺的思考工具箱…115

越读者…119

创意天才的蝴蝶思考术…122

谢谢你迟到了…125

亲子共熬一锅故事汤…128

逆时针…131

每一次挫折，都是成功的练习…134

TED TALKS 说话的力量…136

跟 TED 学表达，让世界记住你…139

引爆会员经济…141

图解设计思考…143

每天最重要的 2 小时…145

发现我的天才…147

■ 文章笔记篇 ／ 151

脑力激荡三部曲…153

思考你的职涯策略…156

自由工作者四大联结…158

打造领导人数位力四部曲…161

成功者都在用的整理术 18 招…164

向学霸学画重点…166

舌尖上的历史…169

伊氏石斑鱼…171

雷根号航母…174

TEDx 逻辑思维…176

■ 记录笔记篇 ／ 179

美化思维导图课纲…181
图解艾美普…183
解密商业模式…185
萨提尔模式…187
树德论剑…190
如何经营自媒体…192
戒烟…194

■ 创意笔记篇 ／ 199

脑力激荡…201
Taking&Making…203
创意思考步骤…206
联想力训练…208
自我介绍…210
我的讲师梦…211
魅力演说…213
中华学习体验分享协会…215
2015…218
中秋节…220
尾牙…221
我的 2016 年…222
果汁店…224

GAS 笔记…226

关于拍照的二三事…229

礼貌的重要性…231

如何破冰…232

决断力的展现…233

谈判第一阶：首重双赢…235

脑力规划图通则…236

野柳的联想练习…237

河流…239

巴菲特投资学…241

Google 实习大叔…243

无国界医生…245

米歇尔·奥巴马…247

蜜蜂世界…249

马斯洛…251

减少食物浪费…254

向欧洲建筑学方正…256

赛局理论…257

■ **关于如何持续练习 ／ 259**

后记…263

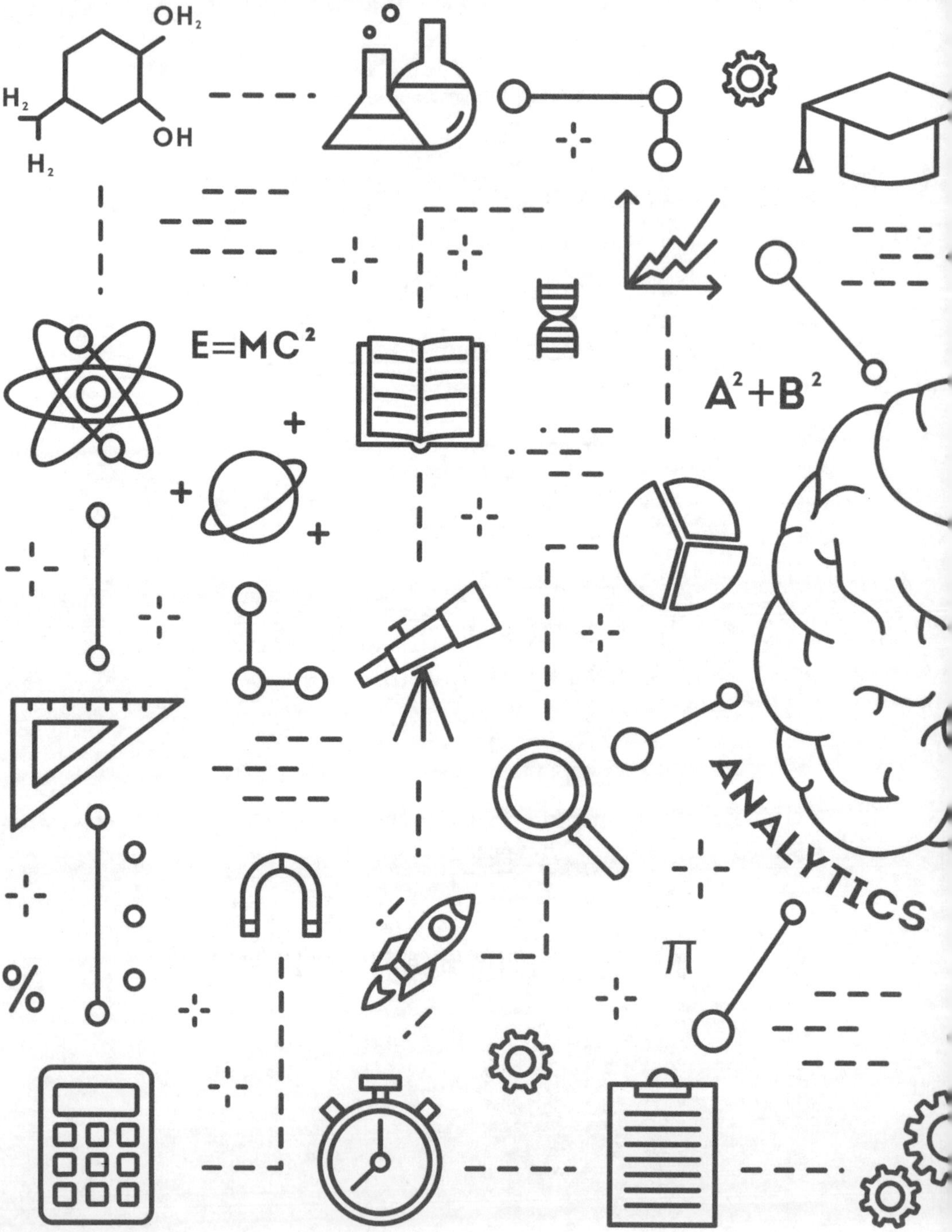
OH2
H2
OH
H2
E=MC2
A2+B2
ANALYTICS
%
π

谈谈
思维导图

思维导图的好处

还记得在最近一次的营销检讨会议上，我又被顾问"泼了盆凉水"。主因是我一直把TA（Target Audience 目标族群，简称TA）锁定成想要学思维导图，或是已经知道思维导图的好处，又或者是已经听说了思维导图应用范例这样的族群！殊不知其实我的目标客户群他们根本都不晓得啥是思维导图、思维导图到底有什么好处。

得知这个情况着实让我坐立难安。这很像是我在厨房里瞎忙了一大圈之后发现根本没燃气！也难怪食物没煮熟，因为根本没火啊！

面对没火这个艰难的处境，身为讲师的我最大的责任还是免不了"煽风点火"一番，在这个众说纷纭、人人都有意见可以发表的时代，许多专有名词的解释总有两套以上的说法！就连思维导图思考法在市场上也有许多版本！众多教学机构里所传授的思维导图法不尽相同。

我做了一些调查，发现大部分的原因在于大家不习惯"改变"，即便心里想着要改变但真正能立即采取行动改变的人有限！我发现改变这种事，要么就立刻付诸行动然后看到效果，要么就会一再延宕、一拖再拖，最后仍然没变，唯一持续改变的就是时间。但我不是心理医生、也非人类行为模式研究专家，我无法在教会你思维导图以前对你来个洗脑或是心灵喊话，毕竟我是讲师不是巫师！

所以我能着手进行的就是把教学方式改变得轻松一些、活泼一点，把思维导图法的精神与技法尽量拆分成几个简单的步骤，一个一个手把手地教会大家！我只能不断地重复这套方法有多么简单、连小学生都可以学会！我只能尽我所能在公开场合用最平易近人、最浅显易懂的方式阐述这个思考方式的简单美妙之处！

学会思维导图就好像学会游泳，一辈子受用！当然你不会一天到晚游泳，毕竟你生活在陆地上，你是人不是鱼。

曾经有位年轻人问我："请问学了思维导图之后会怎样？会不会立刻就变成人家说的什么记忆大师之类的？"

我回答他说："我教的是思考方式，不是幻术。"

这么说好了，如果你是个项目负责人，思维导图可以帮你进行脑力激荡会议，可以帮你整理会议记录、绩效报告；如果你是个营销业务员，思维导图可以帮你归纳创意、找出好的解决办法；而如果你是个学生，思维导图可以帮你抓住重点并且快速进入记忆模式。

思维导图是一种归纳思考的方式，而且是图像式的、生动活泼的、左右脑并行的思考方式，通常广泛运用在需要深入思考的各行各业。而这些属于 Mind Map（思维导图）的痕迹网络上比比皆是，就算是教法各有不同，我总觉得能够帮助人们思考，便是功德无量的一件事了！

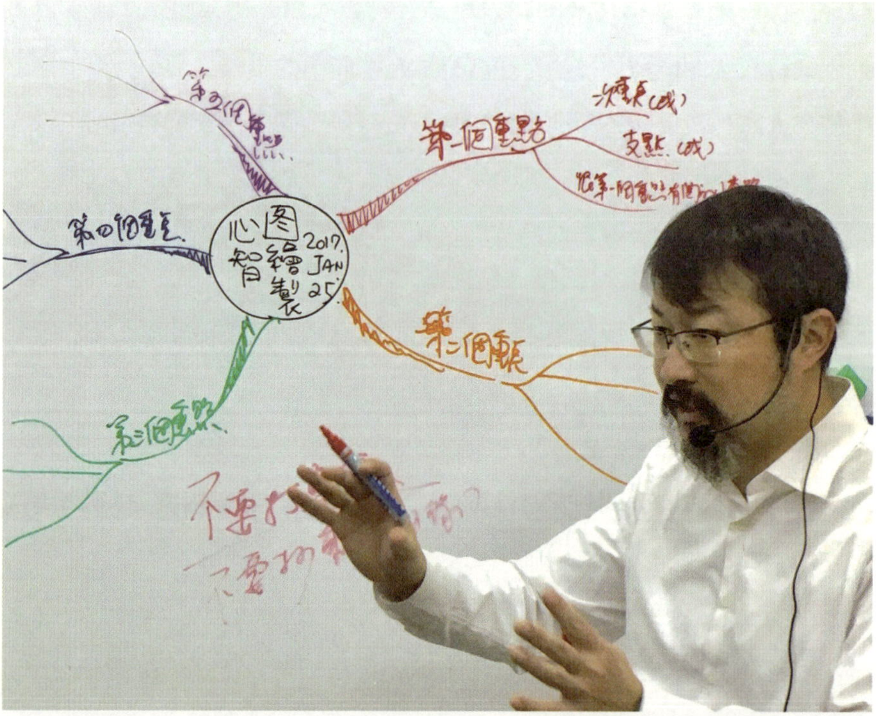
心智圖繪製
2017. JAN 25

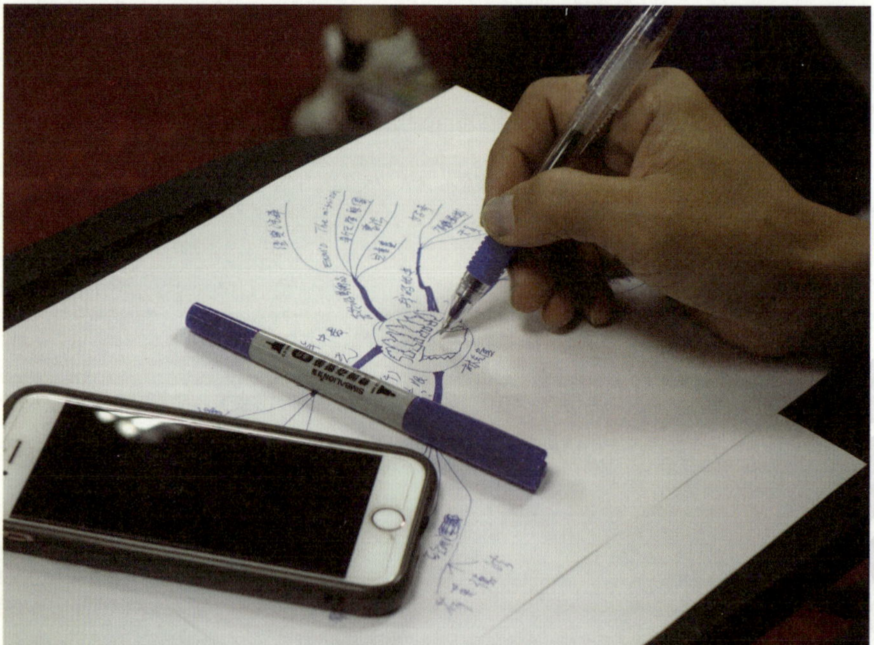

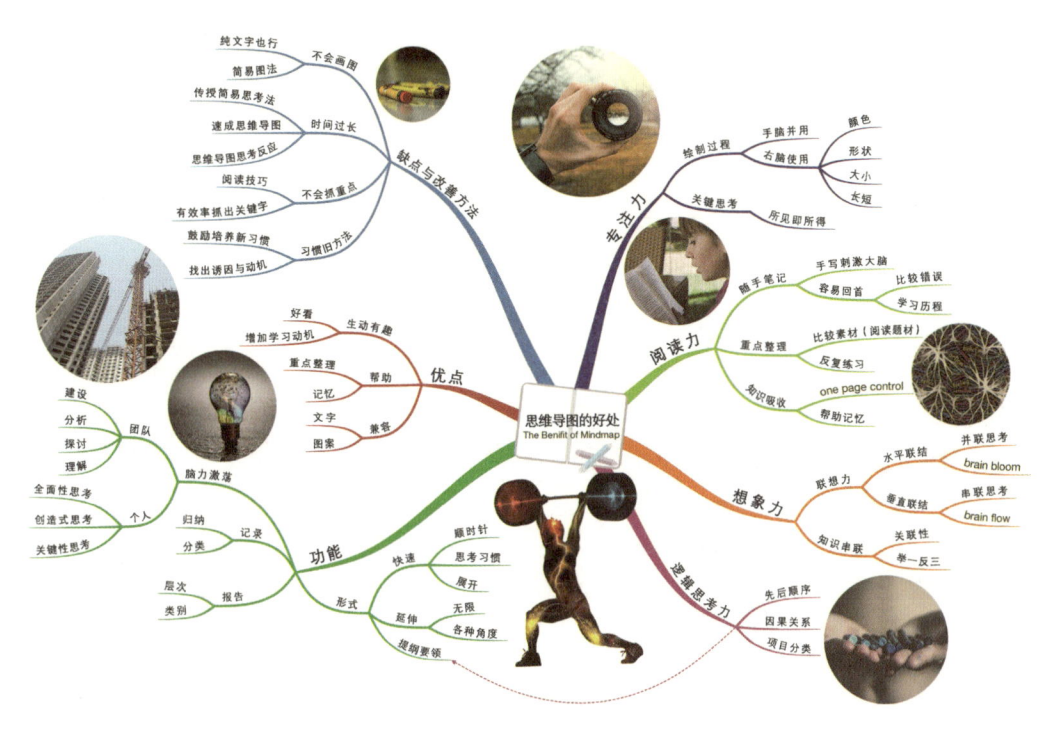

上面这张"思维导图的好处"思维导图，供大家参考使用，欢迎分享！

何谓思维导图

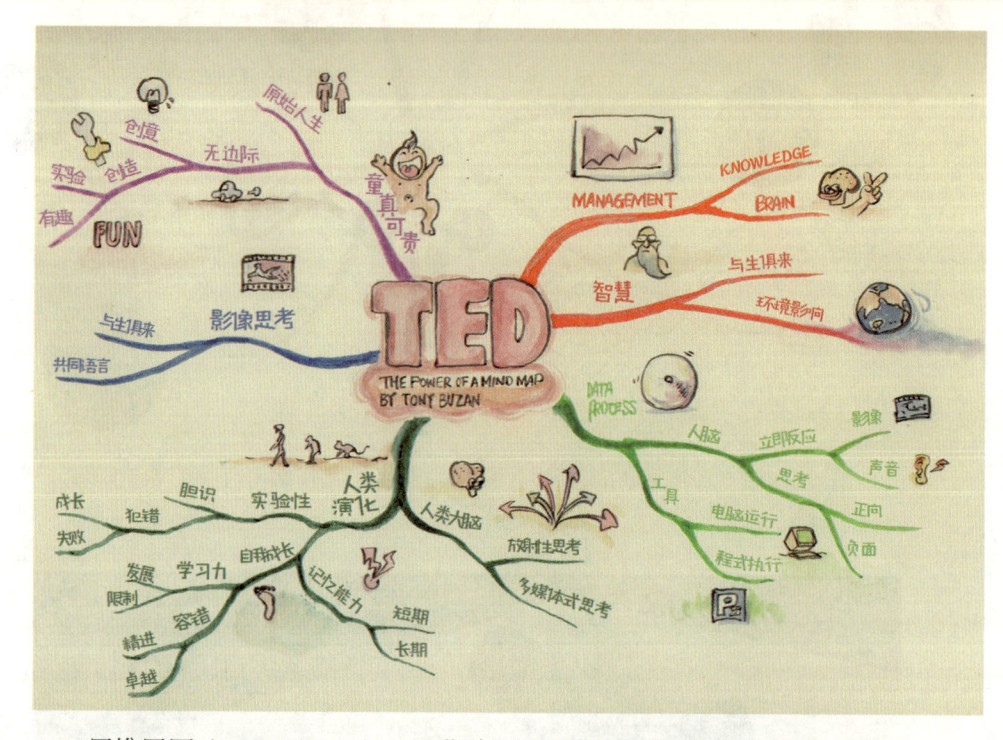

思维导图（Mind Map），又称脑图、心智地图、脑力激荡图、灵感触发图、概念地图或思维地图，是一种图像式思维工具以及一种利用图像式思考辅助工具，是用来表达思维的工具。中国台湾相关部门于2008年也出版了《思维导图法语文教师教学手册》，此书的目的在于让教学内容更有结构，提升学生的学习成效。

在我学习思维导图的过程中，不断接触国内外的文献资料、图像数据，不难发现这玩意儿历史悠久（起码超过40年）、使用者多如繁星！既然如此，为何市场对于思维导图依旧一知半解？许多老师虽然听过但是并未亲身使用，许多家长甚至会问思维导图与心电图有何不同？除了莞尔一笑之外，没有人解答。

说到此处，不得不推崇大陆对于 Mind Map 的翻译有别于台湾地区，"思维导图"的确要好听、容易理解得多！思维导图顾名思义就是引导思维的一种图像！而如何将思维引导出来，便是这个思考工具独到之处，尤其是它广泛应用在企业界各领域，特别是人力资源部门使用思维导图做人事数据整理、各项企业内训规划等！从应用面来介绍思维导图应该是最佳入门的方式，这也是本书的精髓所在。

至于介绍思维导图起源、来由、沿革等文字图像说明，网络上大概有上千万种数据，笔者在这里就不做深入引介，请读者自行搜索参照即可。一言以蔽之，简单来说，思维导图就是个思考工具。

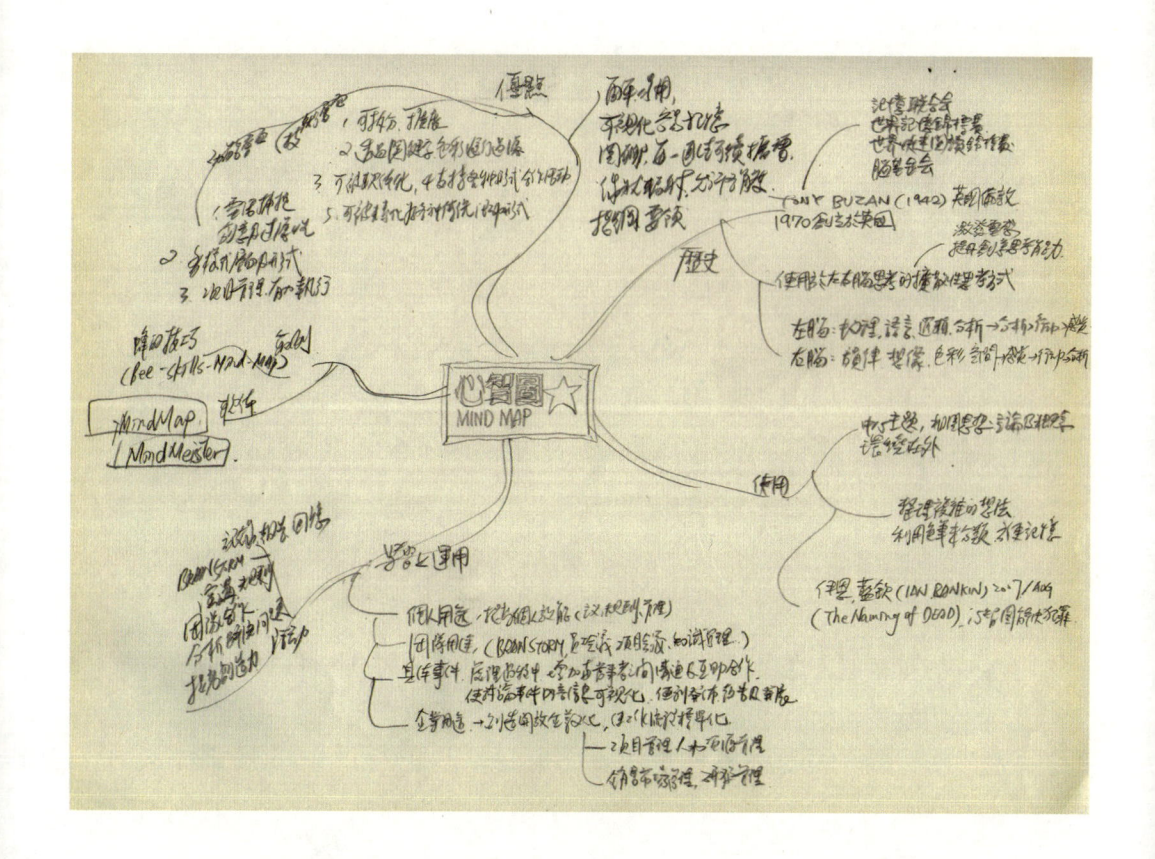

根据 MBA 智库百科中解释，思维导图法的优点有以下五个：

① 简单、易用。

② 关联性强、每一思想主题都可能有联系。

③ 可视化、容易记忆。

④ 线状辐射、允许从各个角度展开工作。

⑤ 提纲挈领、帮助我们立足全局把握问题之间的联系。

其广泛应用的层面包含：

① 个人用途。为了提高个人效能（如阐释个人的主意、规划，控制复杂信息，以及时间和项目管理）。

② 团队用途。提高团队的创造力和团队精神（脑力激荡 Brainstorming、员工会议、项目会议、知识管理）。

③ 具体事件。在处理具体事件过程中，增强与利益相关者的沟通以及互动合作，使讨论、交流的信息可视化，并使得后续的信息发布、报告更为便利。

④ 企业用途。创造开放、合作的企业文化，使工作流程标准化，并提供支持（项目管理、人力资源管理、销售与市场管理、研发管理）。

在 Google 搜寻"思维导图的好处"你也可以找到一百多万个数据，说法不一、各有千秋；学习一个工具除了理解其广泛应用的好处之外，还得看这工具好不好上手、容不容易学习！以我自己以及教授思维导图老师们的经验来看，要学会思维导图的绘制方法只需一小时，我有把握

在一小时以内教会你画一张"自我介绍"思维导图！可是，从学会到能够随心所欲地将其运用在学业上、课业上、工作上、事业上，却没有那么简单！而这一点，就是本书除了精髓之外让读者选购的理由：如何应用！

你可以不必照着书本里的图像来画，毕竟思维导图讲究的是个人思考的延伸、个人创意等，是个非常直观且主观的产物；但假设你愿意参考笔者的思考脉络以及表现技法，那么本书倒是可以提供很多不一样的角度！这就是为了达到"如何应用"而推出本书所费的苦心，原本只是孤芳自赏的几张手稿，没想到也有这般功能！笔者甚感欣慰、甚感欣慰。

总而言之，思维导图不是百货公司精品专柜里你看得到碰不到的高价商品！它不是颗高贵的珠宝，它是一块璞玉！它需要你用心琢磨、用时间雕砌，然后有心人便可以得到赏心悦目的、代表个人的一个信物，不但可以观赏还能疗愈、静心。它不是一个买来立刻能用的宝物，它是平价且越用越好用的工具。

学会思维导图的朋友几乎没有不推荐的！在工作上、学业上使用思维导图的朋友并从中获益的例子比比皆是。所以，何谓思维导图？众说纷纭，真实的答案得靠读者您自己去揭晓！而且我保证，不会让你失望。

绘制的工具

在我学习手绘思维导图以前，对于文具我一点抗拒感都没有，说我是个不折不扣的文具控一点也不为过。每次只要一踏进文具店里，不待个半小时不会出来！这跟我以前念复兴美工时的经历有关；当时，所有美术社里面漂亮的、高贵的美术用具都贵！因为买不起，所以我就狠狠地用力看、用力看，狠狠地把它们牢牢记住，并且发出豪语：将来有一天我买得起的时候一定全部、统统打包买回去！所以，虽然当时我只能windows shopping（只看不买），但从那时候开始，我就养成了收集文具的癖好！举凡笔、笔记本、墨水等，只要钱包里有钞票，基本上没见过的新品一个都不放过、统统带回家。

画思维导图需要用的是色笔，软硬都需要！因为线条的处理往往从粗到细，这件事可以让笔本身代劳，省去描绘柔软线条的时间，并且一笔就能完成！所以我一开始采购个人专属的绘图工具包的时候，就设定了这个蜻蜓牌的双头绘图笔，如图所示。这个笔最大的好处是，只要使用妥当可以很耐用！虽然价格是最贵的但是质量也是最好的，以往的经验是常用、惯用的东西可以考虑用好一点的，免得一天到晚添购便宜的新货。

另外，我个人还很喜欢使用自来水笔蘸水彩来涂抹画面上的插图，很多书的范例中都可以很清晰地辨别，使用携带方面的小水彩是这几年以来的习惯，虽然没有到处去写生，这种小盒子的速写专用水彩倒是应用面非常广泛。

再来就是小字的处理，很多枝节由于已经来到第二层第三层，双头笔的粗细无法满足这些小画面的安排时，细字笔就会很实用并且耐用。我挑选的是德国品牌STAEDTLER（施德楼）。德国的笔除了耐用之外就是耐用！建议常画图的朋友可以参考。

其他还会使用的大概就是品牌不同但功能相同的笔，大致都离不开双

头签字笔、细字笔以及蘸水笔；另外我还会使用荧光笔来画重点，使用从 0.05mm 到 0.8mm 不等的超细签字笔勾勒线条等。常用的工具我会放在一个包里，随身携带着！

总而言之，工具挑选追根究底要"趁手"，好用的工具跟交男女朋友一样，第一印象很重要，内涵更重要；花点时间使用并且习惯，不论品牌，只要好上手就是好工具。使用工具要注意工具的特性，就笔来说，最糟的情况就是没盖盖子、摔在地上、用力过猛等，爱笔的人当然不会做出这些事，但有时候你的工具会借给别人，那么就要提醒一下，这些工具很娇气需要用心呵护。

通常，只要不发生笔头意外耗损，一般来说就可用到没水为止！一支笔画到没水然后必须再添购相同颜色笔的时候，就是你练习做得很扎实的证明！

祝大家画图愉快！

应用于何处

我接受过许多学员询问:"思维导图要用在哪里?"

当然,首先会问这个问题的民众都被思维导图的名称给迷惑了!他们似乎都认为学思维导图之后就能立刻洞悉人性、了解未知领域,好像可以变成心理医生一样,接受病患预约并且每次谈话一小时可以收千元大洋。

思维导图充其量就是个思考工具!思考,照理说应该是每个人每天都会执行的事,只不过因为现在科技发达,信息大爆炸,大家对于思考渐渐地不再那么热衷,数字时代虽然推出了更多的意见领袖,却也造就懒得思考的普世价值。所以,我的课程中一开始便会使用一张又一张的图片、照片,引诱大家发动最原始的联想力、想象力!那些影像其实存在于脑中已久，只是一直都没机会派上用场！

有个问题曾经在网络上、教养专栏里出现过很多次："我学这个要干吗？以后用得到吗？"孩子心中的疑问，在画思维导图的过程中就能得到解答，练习画思维导图时，便能够知晓学习的基本架构与原理；利用思维导图扩散、放射状的思路延伸，我们真的可以想得更多、更广、更远！这时候，想太多并不是一件坏事！

具体来讲，根据专业数据显示，思维导图能够"帮助思考"已经不是新闻。但近年来世界各地包含台湾都提倡教育翻转，所以改变教学方法又是一个时代产物！所有关切教育演进的教师们纷纷找寻、探讨甚至发明新的教案、新的教学法！而思维导图则立刻受到专家、学者、教师们的青睐，纷纷变装上市；我所敬佩的王政忠老师的MAPS教学法便是很好的示例！他在《我的草根翻转：MAPS教学法》书中有明确详述，这里就不多言，请读者自行参阅。

除了教育界，思维导图思考法中对于"脑力激荡（Brainstorming）"也有许多应用！举凡水平思考、垂直思考、360°思考法、曼陀罗思考法、六顶帽创意思考法等，也都可以融合在思维导图运用方式中，让营销部门人员、搞创意需要大量动脑的设计师、企划人员受益。我在成人思维导图课堂上的最后一节课里，就会使用小组合作的方式，让大家合力动脑联想，合力完成一大张思维导图绘图，然后带领大家在这张图中找到一句能被执行的营销用语，也就是Slogan（口号），学员们对这堂课都爱不释手。

因为这个方法能够给大家体现的是，创意是可以制造出来的！只要用对方法，在《图解设计思考》这本书中，就明确地告诉大家思维导图也是很好的输出设计思考的方式之一！只要方法的执行步骤用对了、领导会议

的人对了、工具对了就什么都对了。至于思维导图法用在整理学生的课业上，坊间有数本著作提及如何用思维导图对付考试、如何用思维导图掌握得分要领等，稍加注意就可以找到。

本书对于思维导图的应用，分为以下大项。

第一：读书心得

就是把一本书念过之后留在心里、脑海里，把印象中的重点整理成一张思维导图。由于书本通常有两三百页，所以做读书心得思维导图练习，也等于累积自己阅读的能量！一举数得！

第二：文章笔记

看文章之后留下的重点整理。因为文章字数稍微少一些，1500～3000字的专栏短文比书本读起来要轻松愉快很多，所以适合初学思维导图者用来大量练习绘制思维导图！可别小看这个应用，做习惯了就会知道好处在哪！

第三：记录笔记

举凡工作上的会议记录、工作计划、部门绩效整合、活动规划等，都可以用记录笔记的方式来完成！思维导图做记录最大的好处是记录完成之后，往往可以在图中发现更多延伸出来的机会，不但为创造工作上的佳绩奠定基础，也很容易受到同事及领导们的青睐喔！

第四：创意笔记

相信熟悉思维导图应用方式的朋友都对扩散式结构的思维导图爱不释手！做创意的时候本来就天马行空，所以难的不是想象力发散，而是如何用思维导图来收敛你的想象，并且以实际需求及能耐来判断这个创意是否可以被执行！笔者认为思维导图拿来做创意笔记的功效大于其他笔记的功效，甚至可以说是激发创意最好的思考工具之一！

以下，笔者就针对这四个应用方向，提供自己的思维导图绘图范例，所以请将椅背拉直、餐桌收好，跟着机长胡子李悟老师来一趟超出你想象力苍穹的思维导图之旅吧！

思维导图可以用来记录心情哦！

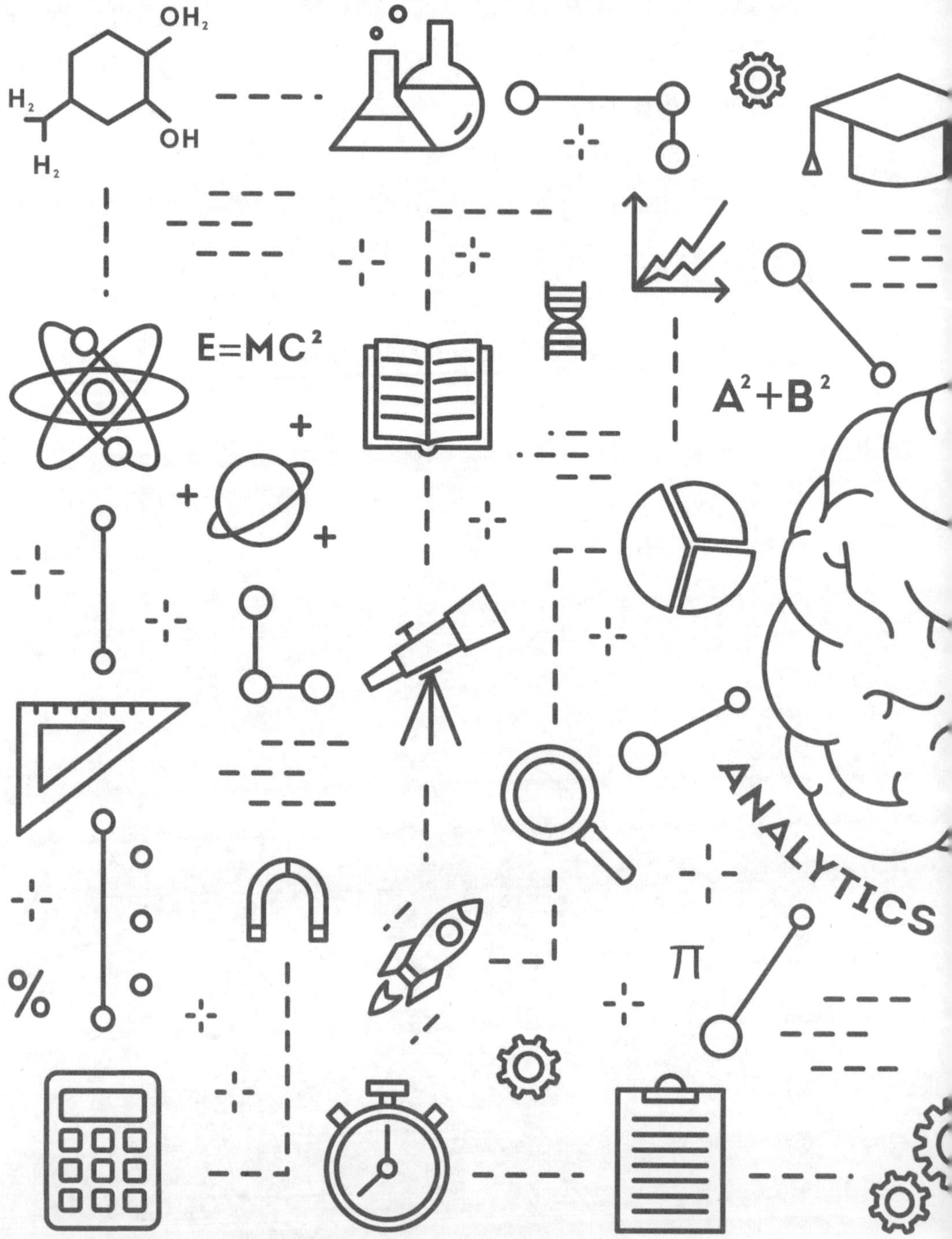

OH2
H2
OH
H2
E=MC2
A2+B2
ANALYTICS
%
π

读书
心得篇

读书心得篇

　　我有很多书，大部分书都翻过至少一次！然而，看书这个输入的学习行为与阅读不太相同。看书若无法融会贯通、举一反三，那么看再多的书只是徒劳地把书中的内容束之高阁，无法变成知识！但阅读的定义就不一样了，阅读的题材多、范围广，所以把阅读与看书混为一谈不太正确。

　　我个人的阅读习惯从习得思维导图法之后开始有了大方向上的改变！我会挑着看、跳着看，把时间精准地用在效率阅读上，记录重点，并且想办法与同类型的书本产生联结；如此方式使用久了之后变得容易将素材迅速做统整，对于知识管理非常有帮助！

　　接下来我列举了 50 篇思维导图与读者分享，希望能够让读者稍微理解属于我个人的读书心得，也许可以间接帮助你找到属于你自己的阅读方式。

90%的事，都能10分钟做决定

思维导图绘制难度：★

工具书的读后感很容易千篇一律！为了从同中求异，我会挑比较特殊的章节用力地看，看是否可以找出与别人不一样的观点，这是我阅读习惯中的小癖好。拿《90%的事，都能10分钟做决定》这本书来说，讲究的是效率，也就是日常生活中效能的安排！我会挑锻炼抗压力、意志力这几篇来逐字阅读，因为抗压非常重要！在大家都提倡"慢活"的小确幸时代里，追求效能似乎与提倡的慢节奏生活理念不符，但若非腾出更多时间，如何悠闲地喝咖啡聊八卦呢？

也是供参考而已啦！每一本书不同时候、不同情绪看，都会有不同收获。有些时候把阅读拿来当作游戏，也能激荡出一些特别的观点，读者们不妨试试。

这本是和田秀树所写的书。我直接采用书本封面上的蓝红箭头，就这样！另外在九个重点的安排上，也许会稍有拷贝书上的内容之嫌，不过该类型的书你若是看得够多，通常都会发现许多重复之处！比如，模仿、休息、找到模式、做计划、不做计划等。

图画多了可以发觉这些重复之处有另外一个有趣的学习点，那便是"牢记"！因为一直重复出现这些论点，关键词不免都相同，即便摆放在文章中不同的位置理解出不同的意涵，但关键词就是关键词，得想个办法区别才行噢！

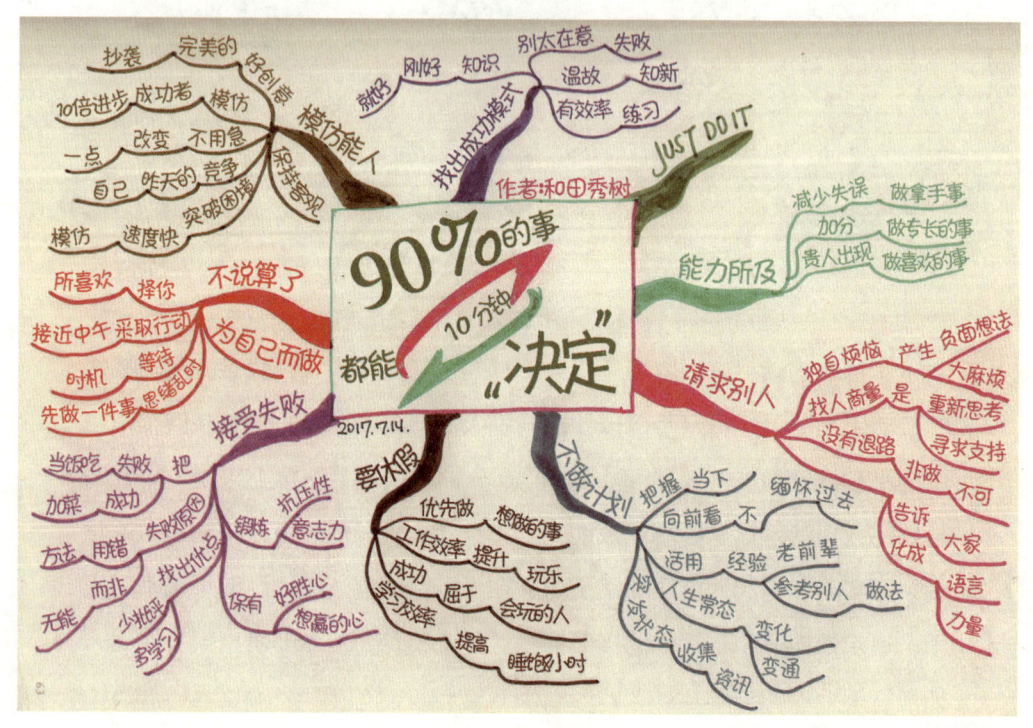

思维导图笔记

好吧！通常这种很普通的思维导图画法会让人有点想睡觉，我同意。不过用练字的角度来看思维导图练习，就会比较舒坦。你想想，原本枯燥乏味的笔记（前提是有做笔记的习惯），摇身一变换了新装！只是将主题描绘一下、加上线条与颜色，你的笔记就变得如此可爱并且具有阅读价值。

每一次挫折，都是成功的练习

思维导图绘制难度：★

让孩子从挫折失败中学习理解压力、化解危机，靠自己找到解决办法，而非依赖家人；所以常有人说："懒父母反而教出独立思考的子女、穷人养出富小孩！"孩子天生具有自己找到解决办法的能力，人类演化论里面说得很清楚！

当然这句话并非要大家 Do Nothing（不作为），而是选择从旁协助，或是观察就好！不过度干涉甚至帮子女完成原本该属于他们完成的事项，如功课、作业、人际关系等，让孩子了解失败与放弃的差异、让孩子了解父母为了做到放手必须与师长沟通、与孩子朋友的家长沟通、与孩子深入沟通。

教育孩子忍受失败、失望，忍受人生的不顺遂！身兼教师、演讲家、作家的洁西卡·雷希（Jessica Lahey），把自身积累的教养经验用文字表达出来，事实上，全球的家长都面临同样的问题：为了给孩子最好的，反而造就了被溺爱的孩子，这样的结果往往是最差、最糟糕的。

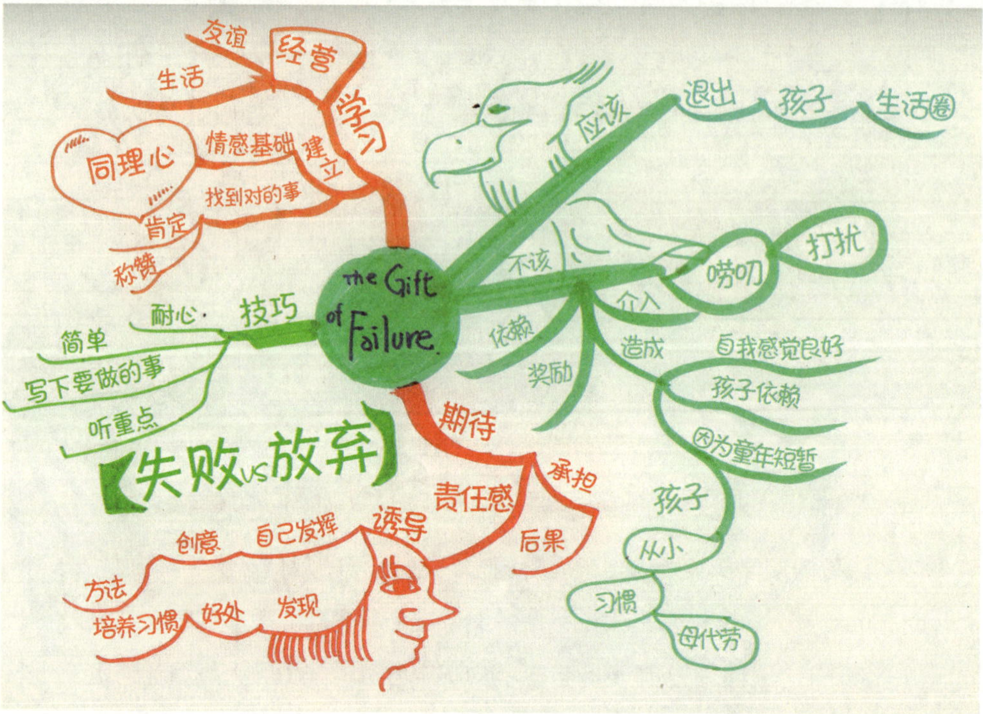
The Gift of Failure
学习
经营
友谊
生活
建立
情感基础
同理心
找到对的事
肯定
称赞
技巧
耐心
简单
写下要做的事
听重点
【失败vs放弃】
期待
责任感
承担
后果
诱导
自己发挥
创意
方法
培养习惯
好处
发现
应该
退出
孩子
生活圈
不该
唠叨
打扰
介入
依赖
奖励
造成
自我感觉良好
孩子依赖
因为童年短暂
孩子
从小
习惯
母代劳

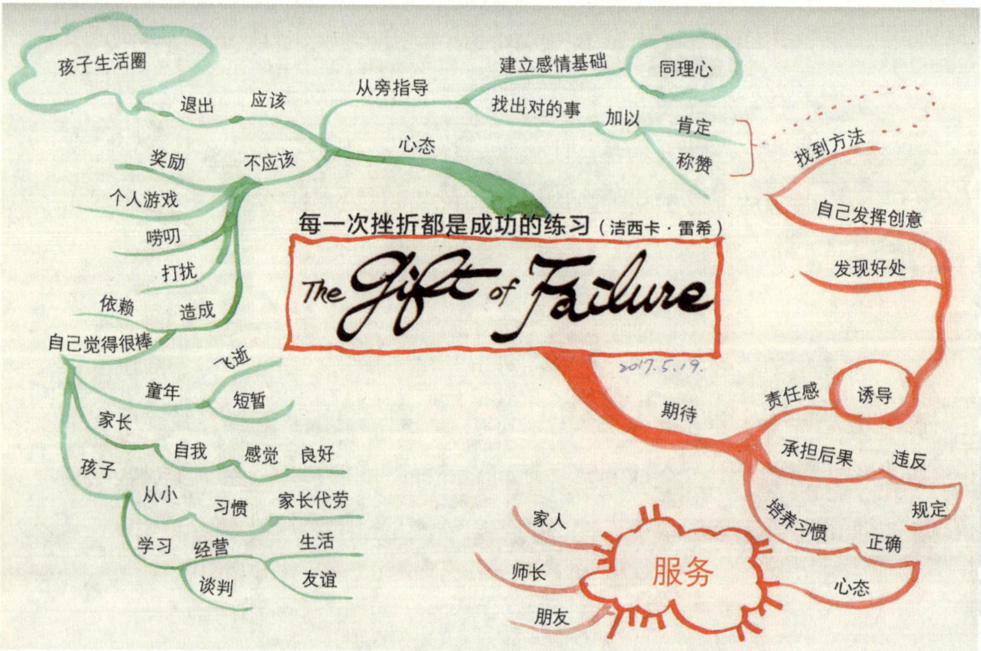
每一次挫折都是成功的练习（洁西卡 · 雷希）
The Gift of Failure
2017.5.19.
孩子生活圈
退出
应该
从旁指导
建立感情基础
同理心
找出对的事
加以
肯定
称赞
心态
不应该
奖励
个人游戏
唠叨
打扰
依赖
造成
自己觉得很棒
飞逝
童年
短暂
家长
自我
感觉
良好
孩子
从小
习惯
家长代劳
学习
经营
生活
谈判
友谊
找到方法
自己发挥创意
发现好处
期待
责任感
诱导
承担后果
违反
规定
培养习惯
正确
心态
家人
师长
朋友
服务

> 思维导图笔记

我说过与教养相关的书，我都会逐字阅读！《每一次挫折，都是成功的练习》这本书的理念我很喜欢，所以再次使用平头蘸水笔来试着写出可以让我满意的英文字！效果还是不错的。所以这张图的难度瞬间降到半颗星！是一般人绝对可以驾驭的类型。

只要掌握了读书心得，每一个人都可以勾勒出自己读书时的思考脉络，哪一个篇幅令你有感、哪一段文字讲到你的心里！这些很容易就记在脑子里的重点，一个都不要放过，利用思维导图笔记把它牢牢地记在笔记本上。

三只小猪养出下一个巴菲特

思维导图绘制难度：★★

我是一个不善理财的父亲。

拿到《三只小猪养出下一个巴菲特》的第一个画面，是我的右眉轻轻上扬少许，然后心中嘀咕：哦，这叫我怎么看得完？怎么写得出来？《未来Family》的编辑大人还真是爱开我玩笑，尽选我最不擅长的领域；不过，喜欢将困难视为挑战的我，还是义不容辞接下了书评的工作，很有耐心地将这本亲子理财书给看完。

最好的理财教育，不要等到孩子长大才找理财专员，而是从家庭开始，让家长的观念与行为直接影响孩子未来在金钱方面的发展！但与坊间青少年、家庭理财方面的书籍相较之下，作者朗恩·利柏（Ron Lieber）先生选择避开生硬的财经专有名词解说，改用亲身采访的形式来论述相关理论！如此一来，作为家长的我们便可以很轻易地从故事中体会如何与孩子讨论金钱、零用钱以及其他所有用钱的场合！

过度倚赖学校、补习班往往是一般双薪家庭的陋习！就新兴的翻转教育观念来说，我们总是提倡"做中学、学中做"！但是，正确的金钱观要怎么从做中学？向银行贷款来跟孩子示范怎么花钱？当然不是。

本书提出的七个问题，经由细分之后举出了实际案例，再详细阐述当事者的家庭、父母与孩子之间有关金钱方面的互动、出现的问题以及解决的办法，十足地为父母们解惑！许多家长面对金钱问题时所发生的尴尬及不安，顿时迎刃而解。

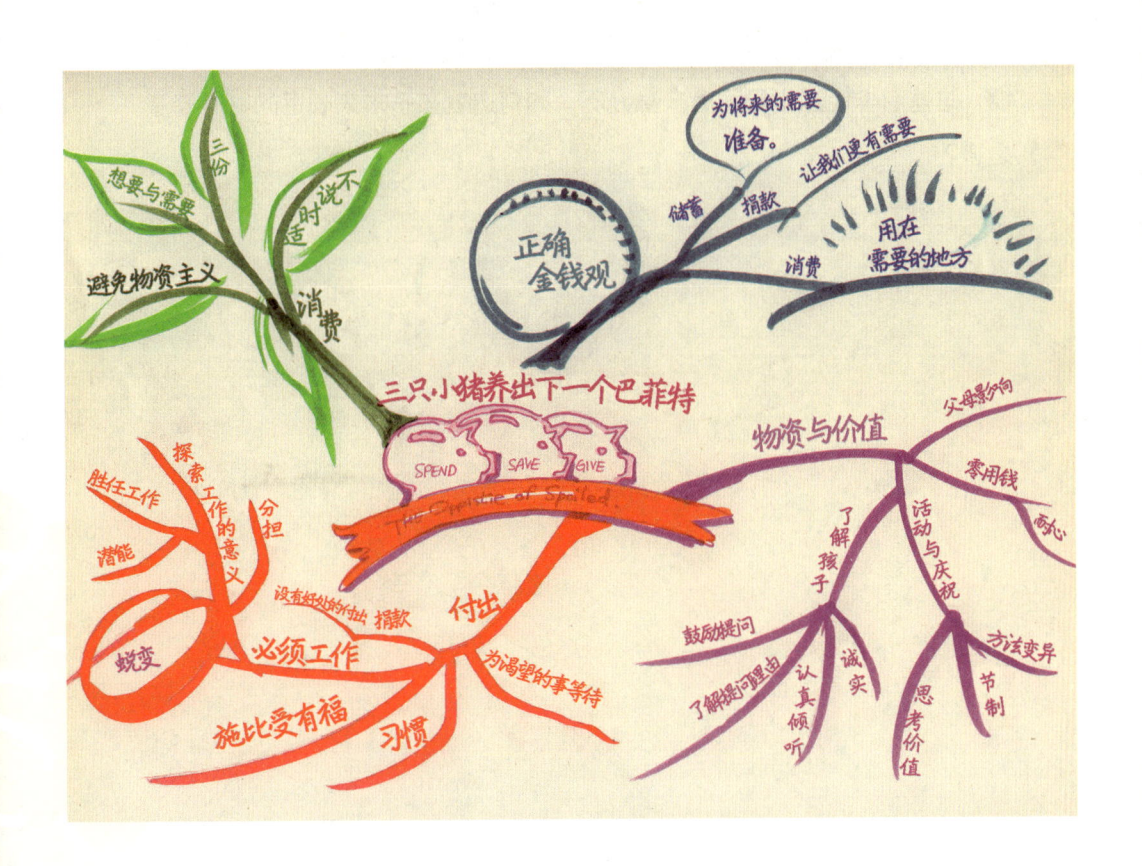

> 思维导图笔记

　　我曾经发表过一篇让思维导图带孩子认识钱财的文章《帮助孩子建立正确理财观念，交给思维导图吧！》，文中提及用少许金钱帮助需要帮助的朋友！这与本书中三只小猪其中一只"捐献（Give）"有相同意义，也经由这个事件，间接提出从孩童阶段开始，在尚未有零用钱以前就应正确看待金钱一事，为将来正式支配零用钱做心理准备！

　　从本书"问题 3：如何给孩子零用钱"这个单元中我获得许多新的观念！这也许正是许多家长夜以继日寻求的答案，从家长本身做起，固定时间给予、提出存款、捐献以及消费三个管制计划、培养孩子正确的消费习惯，这些若非经过指导而后亲身经历，如何造就孩子未来长远的财务健康之道？

让天赋发光

思维导图绘制难度：★★

这是一场注定由下而上的革命！

"不能用 19 世纪的思维，来培育 21 世纪的人才，教育系统需要的不是修正微调，而是彻底改变！别再让孩子的天赋被僵化体制消磨殆尽，这是一场你我都必须参与、分秒必争的革命！"

"你担心教育吗？我承认我很担心。"《让天赋发光》作者肯·罗宾森（Ken Robinson）语重心长地说。

站在教学第一线，我们都见到过许多"教育现场"与"教育现象"。孩子越来越难取悦（什么时候教育变成该取悦孩子了？）、上课时不可以再以威严来震慑孩子、教材不可以太过无聊、孩子的专注力与教学者的幽默程度成正比等。

拥有"世界教育部长"美誉的罗宾森爵士，研究教育超过四十年，对于学校的教育现场改善有许多具体的想法与建议，这本书除了逐步阐述他的理念之外，也替家长发声！他这么说道：

"我听过太多人说他们有多痛恨僵化的标准教育和测验制度，他们本身、孩子、亲友又是如何深受其害，但是通常最后的结论却是他们感到很无助，认为自己没办法改变教育。"

"现有教改不但没有解决原本宣称会解决的问题，反而让它们更加恶化。政治决策者往往想不通为什么会变成这样？有时，他们会处罚达不到预定标准的学校。有时，他们会另外拨出预算补救教学，想将成绩拉回正轨。可是问题依然存在，在许多方面甚至越来越糟。为什么？因为系统本身才是造成问题的主因，所以只要系统不变，不管其他方面再怎么努力，产生的效果都很有限。"

这是一本值得推荐给家长们的好书。

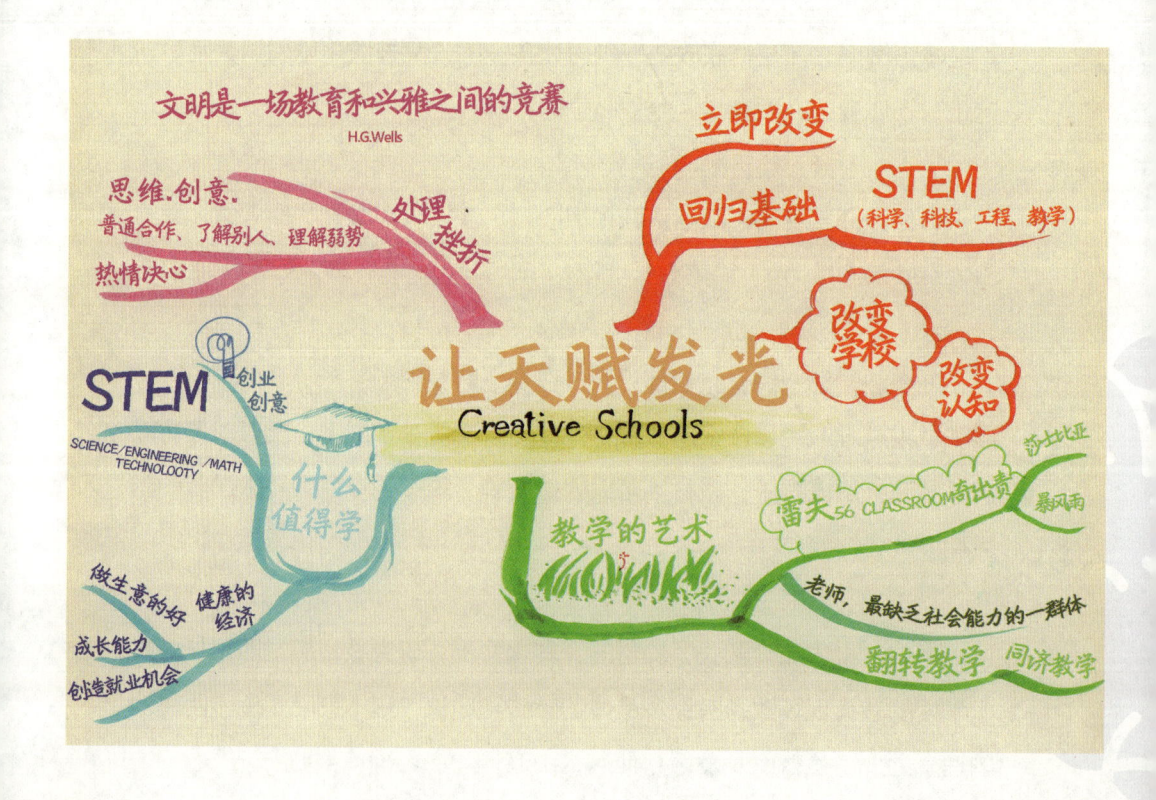

> 思维导图笔记

没有用太多图仅仅将教学的艺术比喻为草地、创意依然使用灯泡、什么值得学用了学士帽，本图单纯不具模仿特质。因为书本好看、心得很复杂，最后抓了几个很值得反思的重点来画。

未来产业

思维导图绘制难度：★★

通常企业主的责任与工作撇不开预测未来。当然，相关议题也受到所有企业中高层的关注！

《未来产业》的作者亚历克·罗斯（Alec Ross）以前任希拉里·克林顿的创新顾问一职，加上担任奥巴马总统任内科技、媒体及电讯顾问一职，有丰富的招集团队人手的经验，准确地预测了未来产业。

"上一波由数位领头的全球化与创新浪潮，帮助低劳动成本地区超过十亿人口脱离贫穷；下一波，将使最先驱产业晋升主流，却也严重挑战全球中产阶级的经济地位！"

"机器人、尖端生命科技、金融程序编码化、网络安全以及大数据，是推动未来二十年全球经济社会变迁的关键产业。我们如何在这一波创新浪潮中找到方向？如何适应工作本质的变化？"

思维导图笔记

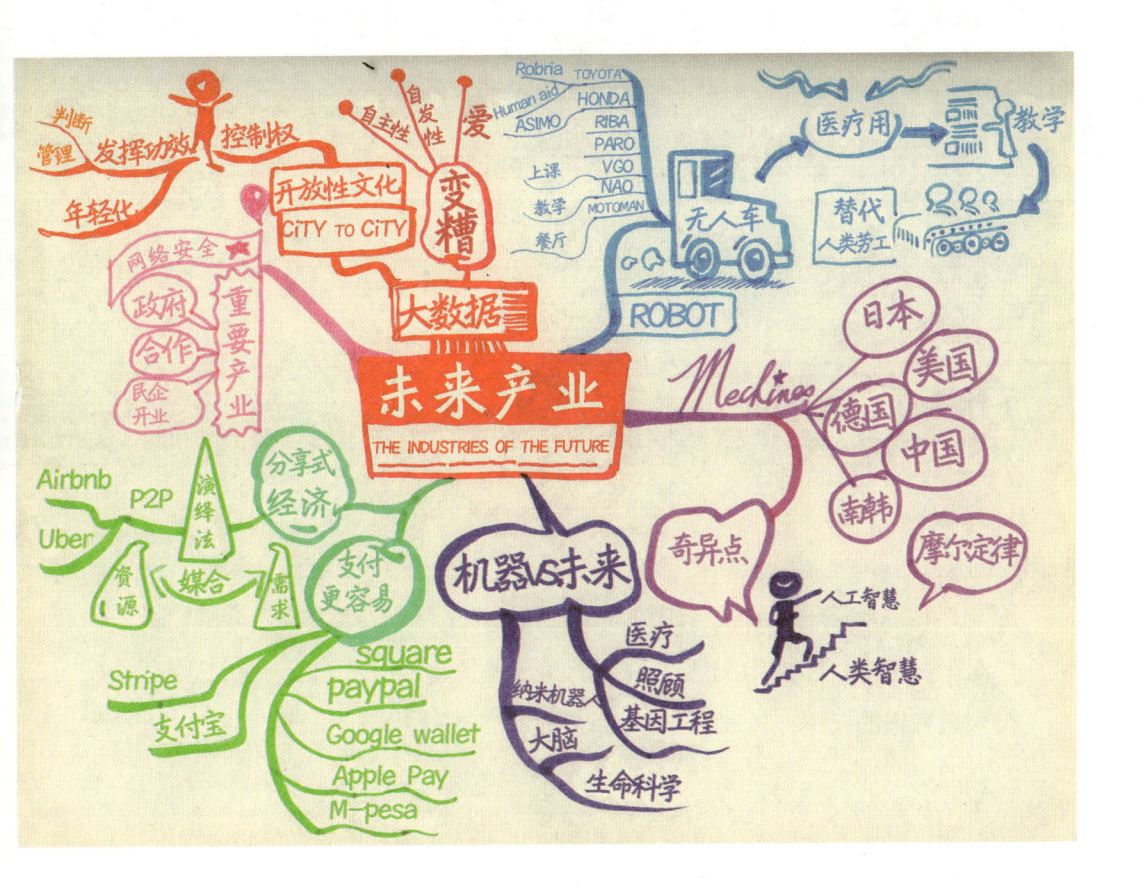

读完本书后最大的启发是，突然有一种面对控制权这件事无所适从的感受！尤其当最新的科技来临，你除了适应它之外，还得学习如何与它共处！反之，你将被机器所控制！看看街上来往人群受 3C 产品（计算机、通信产品及消费类电子产品）奴役的状况便知。

假装是个好爸爸

思维导图绘制难度：★

再过几天就是父亲节，好吧，其实还有一个多月！但我不得不介绍《假装是个好爸爸》这本相当有趣的书给大家，尤其是为人子女的、为人妻的，当然最厉害的就是：当人家老爸的。

作者麦可·刘易斯（Michael Lewis）笔调诙谐、口吻幽默！这样形容绝对没有夸张，这绝对是一本翻过之后立刻会想要坐下来好好阅读的"小品文"，这年头书店里的书籍不是励志就是商业管理，好像不做一个成功的人就对不起爸爸妈妈兄弟姐妹，所以这本书的标题立刻吸引了我的目光！而令人惊奇的是，书名一点儿都不矫情，它就是由一篇篇一位想要假装当个好爸爸的爸爸所写，只是这位爸爸的心得特别丰富了点儿、经历好玩儿了些。细节我并不想详述，这要大家亲自阅读体验才行！

想起自己顶着"爸爸"这个头衔，跌跌撞撞、战战兢兢地走过十几个年头，虽然我只有一个小孩，家里成员也比较简单，但我相信世界上每一个担任父亲角色的男人都会拍胸脯说："我可是一家之主啊！"

（其实心中的自白是：我是当了爸爸之后才学当爸爸的！）而这学习

的历程当然有很多心酸、有很多遗憾啊！尤其是我因为女儿练习了半年却没报上舞蹈比赛感到遗憾、两人相拥而泣的时候，我就会想起我与我的父亲之间似乎没上演过这样的情节！

有别于妈妈，爸爸这个角色之所以不同，很有可能是这个社会对于男女性别之间还是存在传统刻板印象，多数人还有着男主外女主内的传统观念；都已经 21 世纪了，旧有的存在势必会渐渐被新时代的思维取代！

"新好男人""家庭煮父""超级奶爸"比比皆是！男女渐渐趋向平等，父亲、母亲的角色扮演也会相互影响调整！

最重要的，除了开心过每一天之外，我们都知道当爸爸不简单、当妈妈不简单、当父母不简单、当子女不简单……哪有什么比较简单呢？人生本来就不简单！所以别只想要简单，用心过好每一天就是最好的心态。

HOME GAME:An Accidental Guide to Fatherhood

> 思维导图笔记

　　因为作者刘易斯先生其实是个很有趣的爸爸，所以我下笔前的想法是：不希望留一张规矩的思维导图！于是以这样带着气球，童话意味十足的延伸思考图像就出来了。事实上，就延伸的角度来看，很多形体都可以被利用一下：比如箭头、Free Style（流畅）的线条、树状结构的分叉直线、往上延伸的气球，甚至是蜘蛛网、树枝等，只要有延伸的意涵，只要作图的时候开心，都可以去试试看！

写作吧！破解创作天才的思维导图

思维导图绘制难度：★★

喜欢思考、喜欢涂涂写写的 thinker（思考家）应该入手《写作吧！破解创作天才的思维导图》这本书。蔡淇华老师写作功力深厚、教学经验丰富！从这本书入门（虽然作者还有另一本入门作品：《写作吧！你值得被看见》）可以有效窥探写作技巧，铺天盖地的写作 36 计中有深有浅，适合大多数愿意花工夫在文字上的朋友；包山包海的古今范例，可供莘莘学子仿效。

文字的美好如同作者在书中"时代切片法"里提到的："文学与政治的语言不同，文学起源于人性的善解与包容，但政治却必须分出对立！在制造对立时，礼数会消失，人群会被贴上标签，所以我们需要文学！需要文学帮我们撕掉丑陋的标签，需要文学的善解帮我们重新拉近彼此。"

在这个信息快速移动的时代，科技帮助了我们取得信息，却也同时让我们丢失了许多体会文字美好的机会；大量的影音充斥着市场，影响、左右了听众。当人们不再反复咀嚼具有令人思考的魔力的素材时，因为好奇而主动深入阅读文字的能力便渐渐消失。我们发现这一点，期待文字工作者能够发挥所能，持续不懈地影响学龄孩童，让他们自小就能理解——文字是另外一种力量，不可能轻易取代的力量！

笔者曾经在观看第一部《哈利·波特》电影后，大失所望地走出电影院！因为电影中的画面与我脑海中想象的画面大相径庭！魁地奇球场应该更大、霍格华兹宿舍的移动阶梯应该更活泼、预言家日报里的相片动起来应该更活灵活现。正因为文字刺激大脑想象力的能量如此之大，所以对于被拍摄成电影的第一部有截然不同的感受，因为文字先入为主，所以电影的影像显得赢弱而无法满足书迷对声光组合的期待。

然而要写好一篇文章究竟有没有快捷方式？答案是很肯定的！

作者在"积聚成篇法"中这么说道："这个时时有吉光、处处有片羽的年代，创作者必须善用工具及习惯，那是李贺没有的优势，那是我们这个时代给我们的礼物。"即便我们的优势听起来效率高很多，但依然不是写出好文章的保证，套一句老主厨在面对顾客问他40年掌厨经验有何特殊之处时的回答："餐厅的菜单是我开的，我可以根据我对食材、烹调的经验和知识，组合成让食客满意的菜肴！这绝对不是两三年就出师的年轻厨师可以办到的！"

所以，用力写作吧！

> 思维导图笔记

很棒的工具书就要搭配很棒的思维导图进行内容整理。就工整漂亮的角度来看这张作品，笔者问心无愧了！除非有人要挑剔为什么画一棵树，其实答案不就在树的旁边吗？

破解创作天才的思维导图

写作吧！ 蔡淇华 著 2018.09.06.

首尾呼应法
- 前后意象呼应
- 哪里开始
- 哪里结束
- 龙首、猪肚、凤尾

矛盾语法
- 反惯性
- 死亡的美
- 以生讲死
- 以死讲生
- 反思日常
- 内在的真实

科幻聊结法
- 一开口的关系
- 根据已知预测未知
- 有弃

异感情理法
- 五字诀
- 差异化
- 习惯&不习惯
- 思考
- 看见

起手式法
- 6秒
- 6张海报
- 由简取繁
- 起手式
- 起承运合
- AIDA
  - 注意
  - 兴趣
  - 欲望
  - 行动

视角破题法 绘树弃林
- 视角
- 视野
- 学习
- 找视角
- 好奇
- 新视角

时代切片法
- 时代的价值
- 从容
- 人性
- 善解
- 理解
- 上一代

图表论述法
- 态度
- 主题
- 思辨
- 位置
- 记得
- 内容

诗眼转品法
- 虚实
- 物我
- 五感
- 三态
- 系统

独居时代

思维导图绘制难度：★

你可知道超过 25 岁离婚后，只有 44% 的女性、55% 男性会再婚！40～69 岁之后离婚者，只有不到三分之一会再婚！这个来自国外的数字虽然国情不大相同，但都同时显示出一个现象：独居时代已然来临！

越来越多的年轻人选择晚婚、不婚，他们宁愿自己一个人住，也不愿忍受怪怪室友、唠叨的家人与不合适的伴侣。因为现代人非常清楚："没有比跟错的人在一起更寂寞的事！"宁愿孤单自己一个人面对也不愿妥协因为结婚而结婚，或是害怕寂寞随便找个人来陪。

独居显然有许多好处：时间自己安排、想去哪就去哪！自己一个人睡多舒服，事实上符合人体工学的设计本来就是一个人睡觉；还有社交圈子其实不是缩小而是扩大，因为一天到晚有很多人排队等着和你约会。独居是时代潮流，是青年人独立自主的象征，也是经济能力、自主能力、社交能力等表征！《独居时代》用了许多研究机构的数字来佐证，来自美洲、欧洲等大国的独居比例显示现在是 21 世纪中独居数量最高的时候，而且持续攀高！

然而，人类仍属群居物种！独居时代的来临影响了社会经济、房地产形态、人际关系，甚至很有可能间接影响生育率（可能是我想太多了！），这个时代的变迁究竟会影响我们哪个层面？"独居时代"也与"单身世代""个人经济"等紧紧相连；这个世界上的许多国家，新生儿越来越少、年老的人愈活愈长，各国政府面对的压力不仅是经济体转变的压力，也很有可能是长期照顾老年人方面的压力，毕竟以本书的角度来看，日后独居老人将会越来越多。

当然，那个时候会怎样，没人知道！

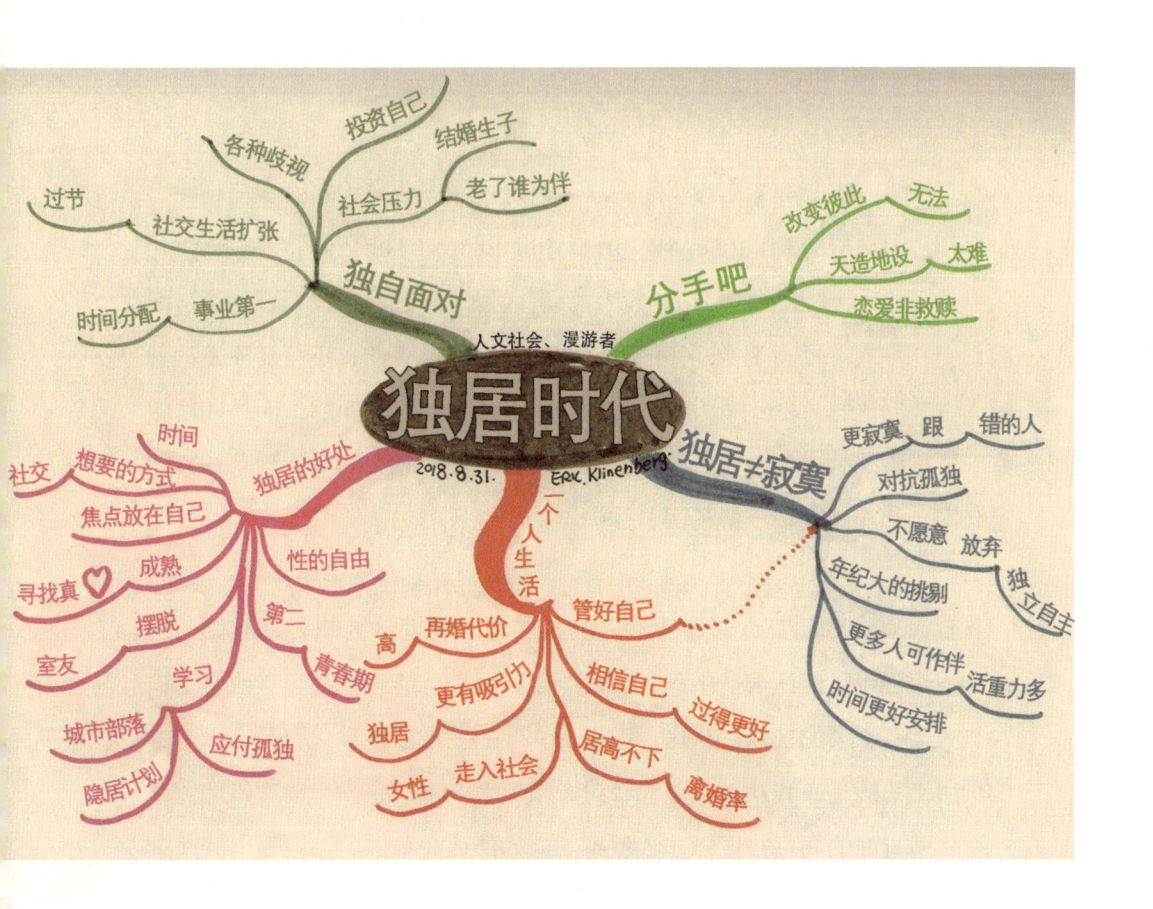

333 销售心法

思维导图绘制难度：★★

我还依稀记得有一次在一个读书会上，品睿大哥是这么说的："倾听很重要！"这句话听起来很普通，问题是，对方是这么问的："请问李老师，要怎么样说话客户才会听进去啊？"这一问一答，其实蛮耐人寻味，而且话语中充满了智慧！我认识的品睿大哥，学员们眼中的李老师就是这样的人物。

《333销售心法》作者李品睿从事保险金融产业高级主管多年，拥有辅导超过100位有MDRT（Million Dollar Round Table，百万圆桌会员）头衔的商业人士提高业务量的经验，品睿大哥的高超业务技巧自然不言而喻！但是，人性是一门学不完的学问，要做好业务工作，不可能不主动了解人性，而这本《333销售心法》教的，不是如何做好业绩，而是如何做好一位称职的金融保险业务员：拥有正确的服务心态，不管你到哪一家保险公司，都能让客户一辈子跟着你。

我很喜欢跟品睿大哥聊生活、聊工作，天南地北地瞎聊，从他的谈话中我永远可以抓住很多重点，而每个重点很有可能都是某一堂业务营销人员必须要学会的技巧！从这一点来说，我的朋友里还真只有品睿大哥一位！可惜巧的是，我从来没跟他谈过一张保单，也从来没有请教过他任何一个保险方面的问题！很怪，我也不知道为什么，也许我们就是很简单的朋友关系吧！做朋友比做生意要单纯多了，不是吗？

> 思维导图笔记

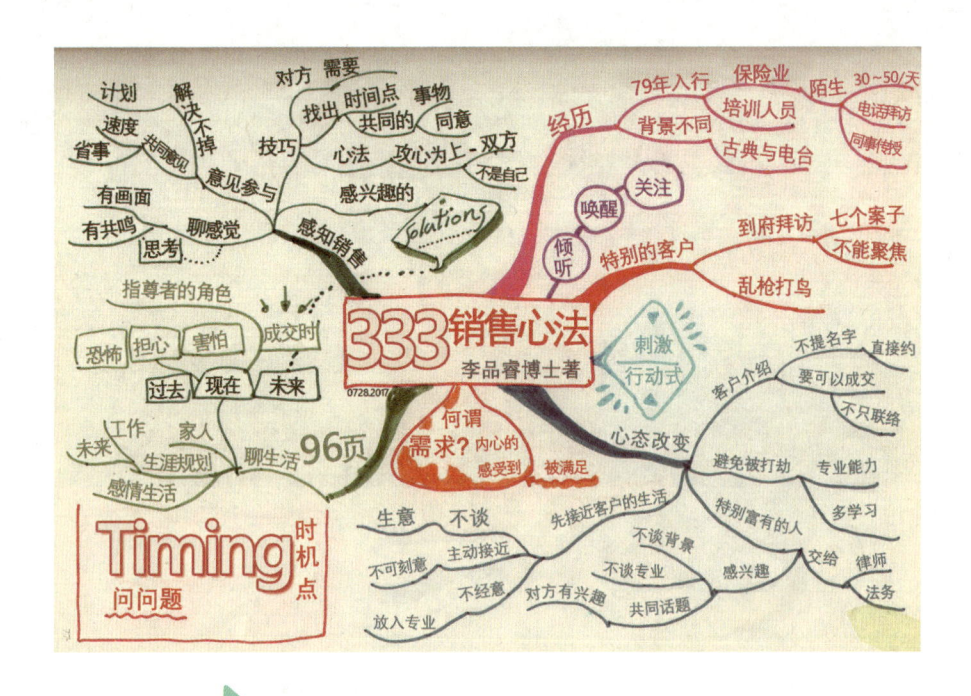

不花哨、不求新求变，画这张图的时候我就只是专注地把书中的重点一一表述出来！我喜欢"倾听、唤醒、关注"，所以特别画了三个泡泡来强调！

我也喜欢描述"何谓需求？"，所以做了一个烧杯来好好咕噜咕噜熬煮，看看是不是可以提炼出书中精华。其他最醒目的大概就是"Timing时机点问问题"了吧？ 这个独立出来的对话框是因为我个人认为，现代人最不会用的业务技巧、最学不会的业务技巧，就是问问题的时机点了！

很有可能，最后一个会这项技能的人将被奉为大师级人物也说不定！因为真的不好学，想当初我在做业务员的时候，一天到晚被前辈批评，就是因为说错话、问错问题以及不该开口的时候乱讲话！所以，画出来也是提醒自己，不要轻易重蹈覆辙，即便已经不再从事业务相关工作，但是时机点还是很重要的！

人类大历史：从野兽到扮演上帝

思维导图绘制难度：★★★

很久没有将一本书从头到尾逐字阅读、细细品味。《人类大历史：从野兽到扮演上帝》作者哈拉瑞（Yuval Noah Harari）先生，以色列历史学家，熟悉中世纪史、军事史以及宏观的人类历史演进史！

我得知此书之后立即收藏并研读数周后，发现了作者想要披露的人性！人类之所以不断进步，原因来自承认自己的无知、有好奇心以及不断征服其他物种的野心，这些特质同时也是地球上其他物种身上少见的特质。

好斗、征战的野兽基因，主宰了这个世界上高等物种的繁衍过程！人类亦然。回顾历史，从考古学家挖出来的文物证明，军事行动所涵盖的一切物质，包含武器、战略、后勤补给等，都证明了人类族群社会之所以战争是因为挂进化之名、行淘汰之实。智人之所以称霸整个地球，凭借的绝对不是仁善之心、道德之义！也可以说，咱们老祖先可是踏着骨骸、踩着鲜血一路厮杀而来！人类文明发展的背后，堆砌的其实是人性暗黑的一面。

思维导图笔记

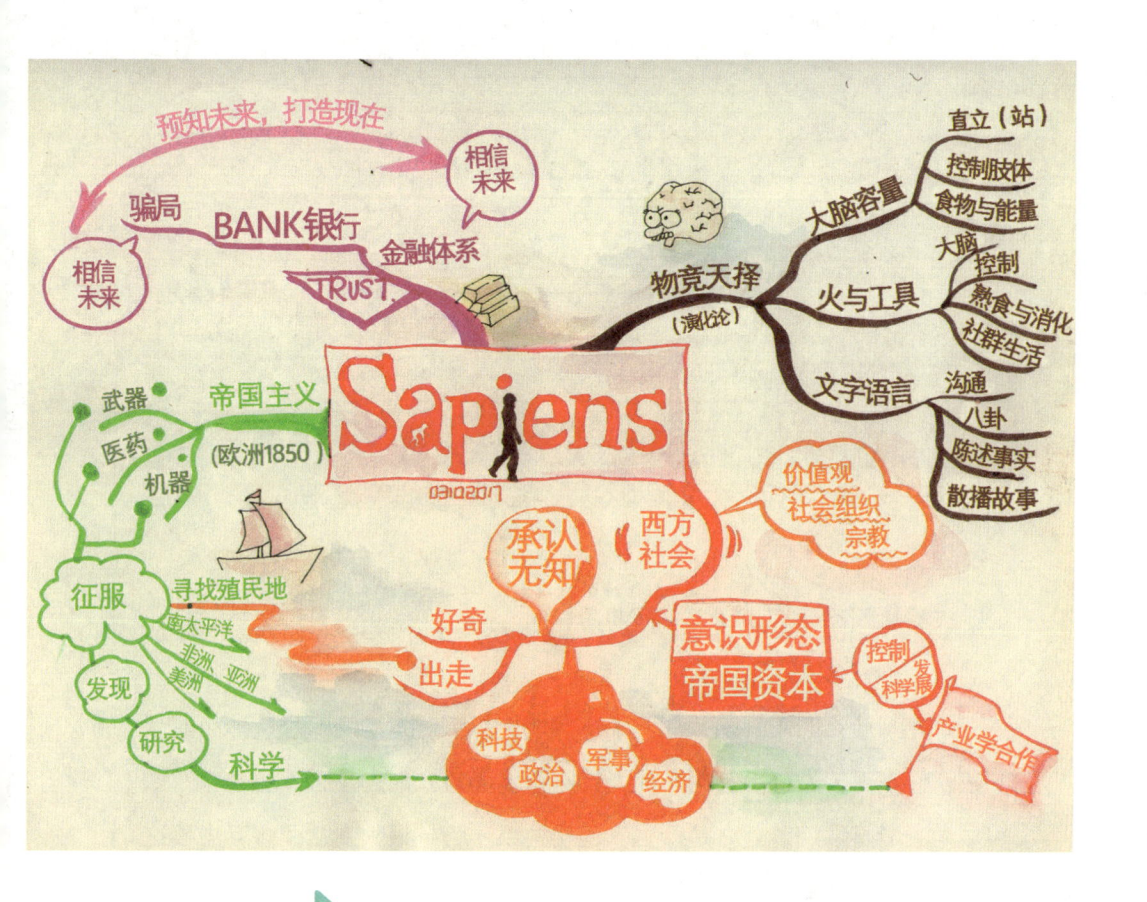

　　我将本书依据个人所好画成思维导图，书中所谈论的重点实在太多，整理起来会有很高的难度！所以，首次描绘的思维导图必须分成好几个类别，最后再集结成此篇！很有可能因为熟悉军事史的缘故，作者并未详述在人类历史演化过程中文化的部分，也就是艺术，所以读完本书有一种深层的思考，有一股淡淡的哀伤。

夫妻这种病

思维导图绘制难度：★★

夫妻之间不是病，病起来很要命！

"是从什么时候开始，你们不再热切地想跟对方沟通？是从什么时候开始，你觉得努力也没有用？他为什么不能面对？你为什么不想包容？如果成为夫妻是种病，处方是什么？逆转关系、跨越极限就从了解'夫妻这种病'开始。"律师林静如这么说。

两性关系是人生的大课题；你选择诚实面对自己的过去、现在，还是逃避？每个美丽的女人也许都有些丑恶的成长历史，每个爱孩子的家长也有可能直接或间接给了孩子一生难以磨灭的疑难杂症！

夫妻不应该是病！虽然婚姻关系很难，但是就因为难所以需要更加小心呵护！就是因为难所以才要珍惜！

思维导图笔记 ▶

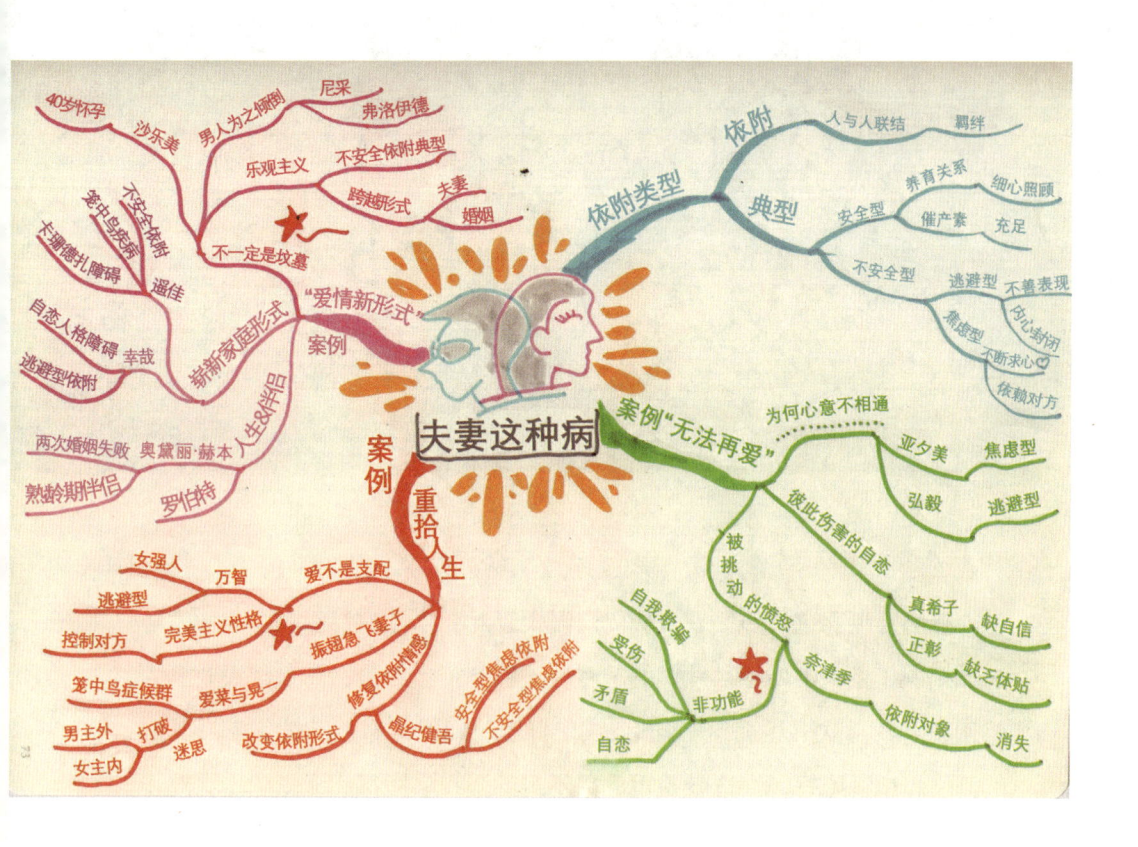

　　我对冈田尊司医师所著的《夫妻这种病》这本书的看法其实很单纯，可能是自己有过一次失败婚姻的关系，夫妻关系对我有种很不一样的意义，它变得更神圣、难度更高！所以我在阅读此书的时候抱持着很尊敬的态度，希望从字里行间找回一点男女关系的自尊，希望得到一点对未来两性理想关系的救赎！画着画着，规矩了起来、施展不开的结果就成了这张看似单调、却有着翻腾心理状态的思维导图作品，现在回想起来，还是有股悻悻然的感受。

　　夫妻不是病，健康的两性关系构筑在互信互谅上。

世界这样残酷，我们仍然温柔以对

写给每一个曾是女孩的你

思维导图绘制难度：★★

翻阅《世界这样残酷，我们仍然温柔以对》当然是开心的，与作者林静如相识年余，她诚恳且朴实的态度让人感到相当舒服，一点都没有名人的架子。我喜欢书里面这一句话："在有限时间里，努力给彼此制造美好的回忆，愈多愈好。"这就是再简单不过的爱！字里行间流露出作者对于女儿的关爱，以及与丈夫情比金坚的证明，相信这位女儿贝贝识字以后肯定要被感动很久很久，而这个Moment（时刻）应该也会让世界上大部分的女孩羡慕。

我也有一个女儿，心肝宝贝。我也曾经写过些东西给我的心头肉，尚未曝光地、静悄悄地留在云端某个角落，身为父母，我们都希望孩子平安成长，顺便学习自己将来独立以后，身上必须具备的品格、能力、知识，等等。在教育孩子的过程中，父母们难免将自己身上的优缺点同时表现出来，而孩子们通常好像也没有太多选择的机会，只好照单全收。

是以这份爱其实没有那么复杂，成分只有自己、血缘、关怀、期盼和优缺点，还有就是满满的亲情。这本书分为四个章节，简单阐述了一个妈妈想对女儿说的话，其中不乏许多书本中的吉光片羽以及身为妈妈的生活经验。同理，在我写下对女儿的话里头，多半是从自己的角度出发，讲述自己的感官体验，为的是希望孩子可以尽量快一点了解我的良苦用心，这种期盼孩子"别走冤枉路"的愿望相信每个父母都会有。

"永远要为你所驯服的负责"，书中提到《小王子》这本世界知名的故事书，以这个故事为背景讲述人与人之间除了亲情以外最深刻的联结——朋友。律师林静如这样跟贝贝说："将来，你可能会为了某人掉眼泪，也会让某人为了你掉眼泪，这都不是坏事，只要记得永远保持感情的纯真。"好棒的期盼！好真切却又实际的期盼，做父亲的看到这样的文字深受感动，果然以女性的角度看待事情，事情柔软许多，这是我所钦羡的。

总之，这本以母亲的爱为出发点的书推荐给大家，其中包含了教孩子要爱自己、做自己、保护自己，懂得谈判、要有勇气、遇生活的艰难要愈挫愈勇；有观点、择善坚持、不轻言放弃；要有目标、知道为了什么而爱，最后，爱是个很简单的东西。

现实的生活很残酷。然而世界上还是有像律师林静如一样的人物，持续稳定地以她的力量浅浅地发声！而我相信，这个正面的能量正在发挥她的影响力。

思维导图笔记

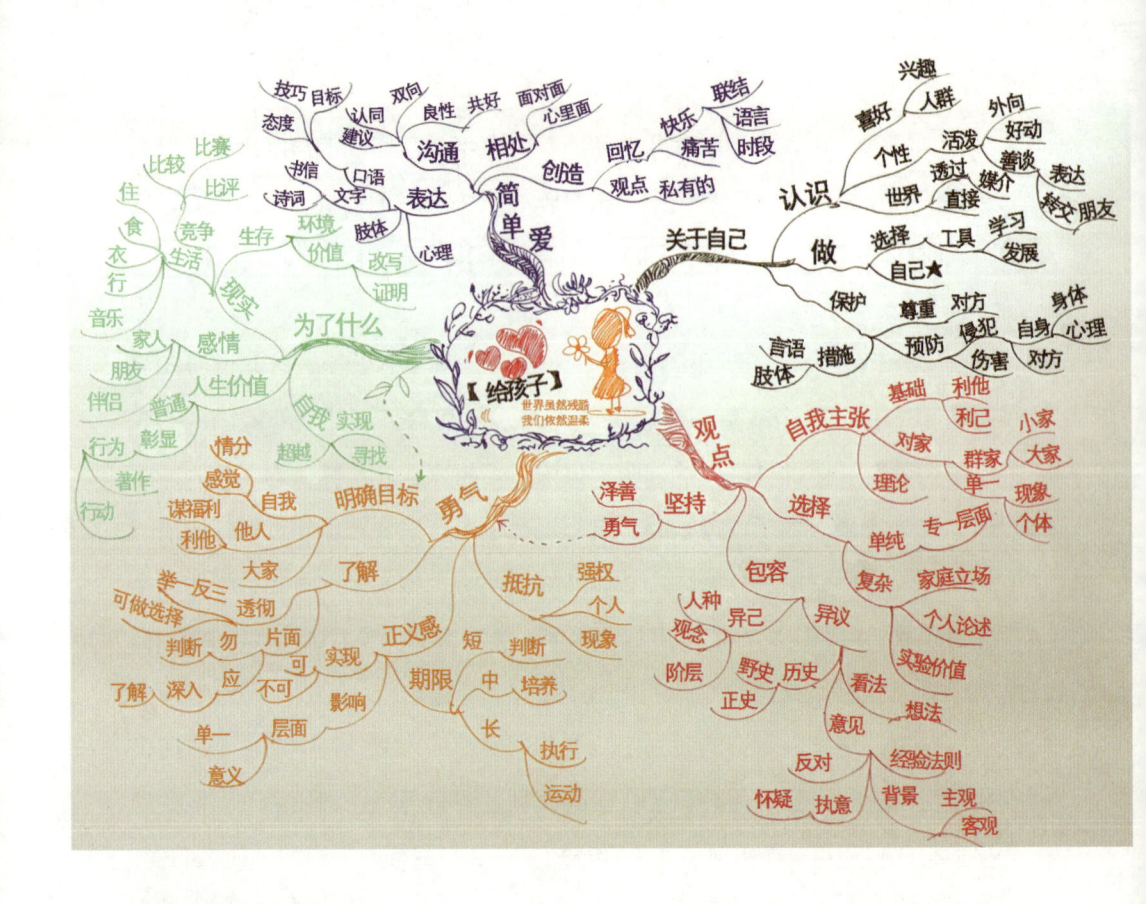

那一天心血来潮想用白板来绘制，并且录像做记录！绘制过程当然也没有花太久时间，我打了一点草稿、拟了几个大分类方向，并且先在脑中预习一两遍。用白板绘制思维导图跟在纸上画图有何不同？其实没有。白板笔在白板上很滑溜，很容易画出你想要的线条，唯一不同的是涂色！所以我并没有在这个作品的中心思想中涂上太多颜色。另外颜色选择只有五个，所以第一大项如果超过五个就会有颜色重复的问题。

这个作品值得探讨的点在于，所读的书不是工具书！而是好几十篇信件的合集。那么分类的做法便值得拿出来探讨与说道，因为要聊的不是书中的重点，而是读下去之后的心理收获。

阿德勒爱与引导在教育中的实践

思维导图绘制难度：★★

我因为教学工作需要而认识了许多老师，因为与老师们交流而认识了"阿德勒"，然后在一次书籍采购过程中我发现了这本《阿德勒爱与引导在教育中的实践：12个帮助孩子发展归属、信心、贡献的教育现场故事》；没想到随意翻阅竟然久久无法自己，潸然泪下。

透过12个在教育现场真实发生的故事，我们看到老师们面对这些"伤心"的孩子时，用爱与引导，一步步引领着孩子走出困境，他们是什么样的孩子呢？

- 身陷看不见光的原生家庭中，看不到未来人生的孩子。
- 一溜烟逃出学校让老师追着跑，写字只会画圈圈的孩子。
- 全身长着坚硬的刺，内心疲累又脆弱的孩子。
- 惯于偷窃，与他人起冲突，一失控连老师都攻击的孩子。
- 在原生家庭中被轻视，在学校中骂脏话、破坏公物的孩子。
- 自闭症，放弃学习，失去生命动力的孩子。
- 不断挑战老师，甚至呵斥老师闭上嘴的喷"火龙"孩子。
- 眼神和肢体散发着不安与戒备，在人际关系中受挫的孩子。

- 以自我为中心，不懂同理他人的孩子。
- 在上课中刻意捣乱、发出声音的孩子。
- 一被碰触到身体就攻击对方，情绪管理能力不佳的孩子。
- 从原生家庭中得不到关爱，在网咖之间流连的孩子。

不管是老师还是身为家长的你，是否也曾经或正在面对着这样的孩子？书中运用"我讯息""同理""精心时刻""团体讨论""鼓励"等技巧，期待能带给你面对课题时温和而坚定的勇气，陪伴孩子成长，帮助孩子培养社会情怀，双手握满信心。

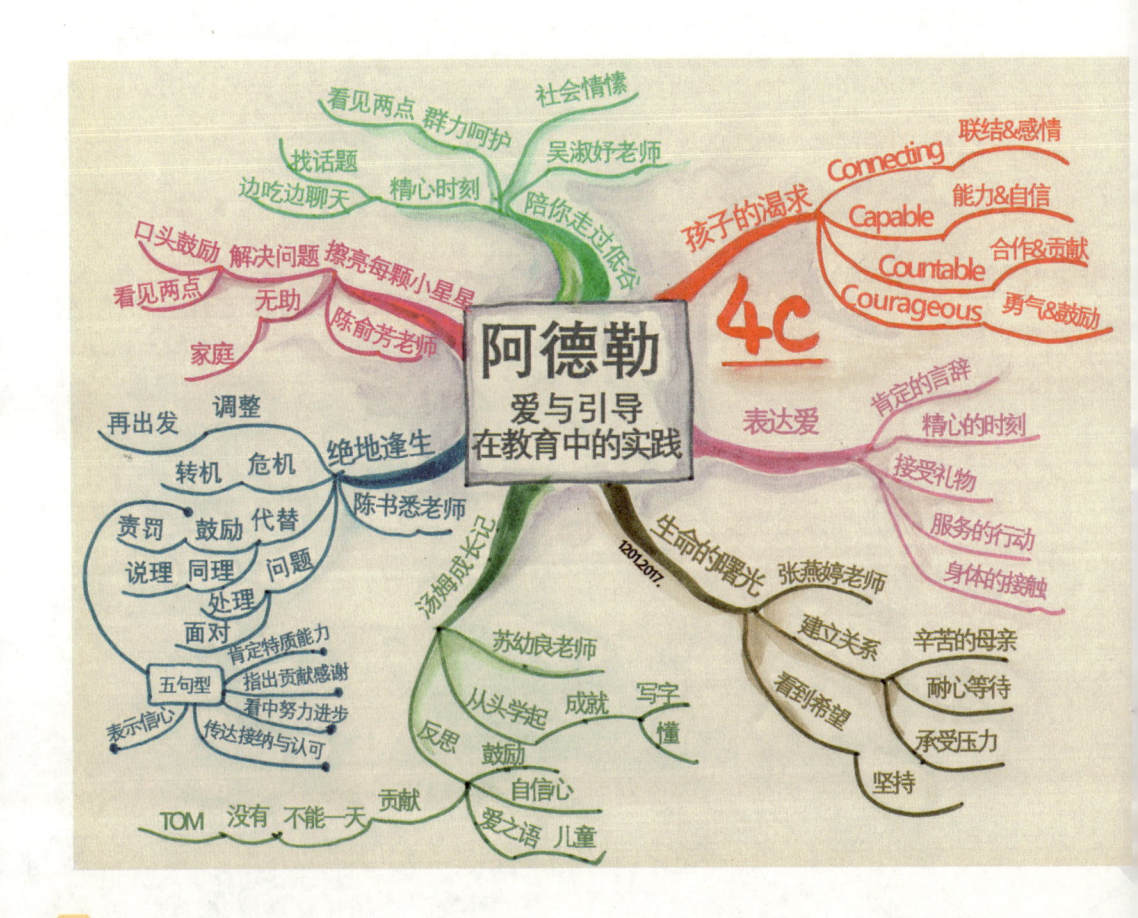

我发现的这些教学记录中，每位杰出的老师都有共同的特质，就是："面对问题！"这不仅仅发生在教学领域，其实也运用在生活周遭，不管孩子们怎么特殊、背后的问题如何难分难解，只要态度正确了，即便这条路再难走也都要咬牙撑过去。是以具备耐心、和善的态度，永远以鼓励、赞赏方式来引导，通过适当的相处总是可以让孩子渐渐走入正常轨道，好好与其他同学一起学习，融入社会。

思维导图笔记

很多人以为，要画这样的思维导图有难度！但你看我才给这张图两颗星星而已，为什么？原来是因为画图容易，但字要写得好看却不容易。

说到这里，你一定又会想："李悟老师该不会又要卖弄，聊起写字的故事了吧？"非也非也！我要讲的是"静下来写字"这件事。静下来是一个人人必须要学会的技能，只有静下来才有机会好好写字、好好思考，只有静下来我们才有办法专注在思维导图整理的情境中。我知道很多人可以在运动的时候思考，我自己也可以办到，比如在游泳、跑步的时候思考等；但我说的静下来是要身体也必须保持不大量运动的状态。

这个时候可以练字，把字练好有许多好处！包括画思维导图的时候不再担心图中关键词日后没人能看懂、包括书写笔记时速度及效率，当然也包括人家说的"见字如见人"。可能，现在没几个人能理解这句话的含意了吧，我想。

定时器读书法

思维导图绘制难度：★★

倾听身体的声音、运用生理节奏的科学，掌握18分钟立即进入读书状态，提高阅读速度、理解力与记忆力！这是作者菅野仁教授在《定时器读书法》中想要跟大家阐明的观念。

想念完一本书，却因为没有专注力和毅力导致你无法完成，也许你常发生以下情形："明明星期天要念英文，却因为懒散，迟迟无法开始，最后浪费一整天。""回家不是看电视就是在滑手机，上课前的预习完全都没做，导致上课听不懂。""要念的书太过艰深，无法持续念下去。"

日本大学教授经过研究，发现读书学习的秘密——配合人体天生的生理节奏和大脑运作模式！提出18分钟最大的优势：15分钟会有疲累感，但一想到"还剩下3分钟"，就会燃起动力，产生"接近终点的跳跃效果"。

说实在整理完这本书之后我发现，要养成一个良好的读书习惯你得先学会小小地催眠自己，也就是说一定要相信自己办得到、强迫自己照本宣科！经过一段辛苦的练习之后，也许就能体会教授想传达的定时器读书法的好处。

思维导图笔记

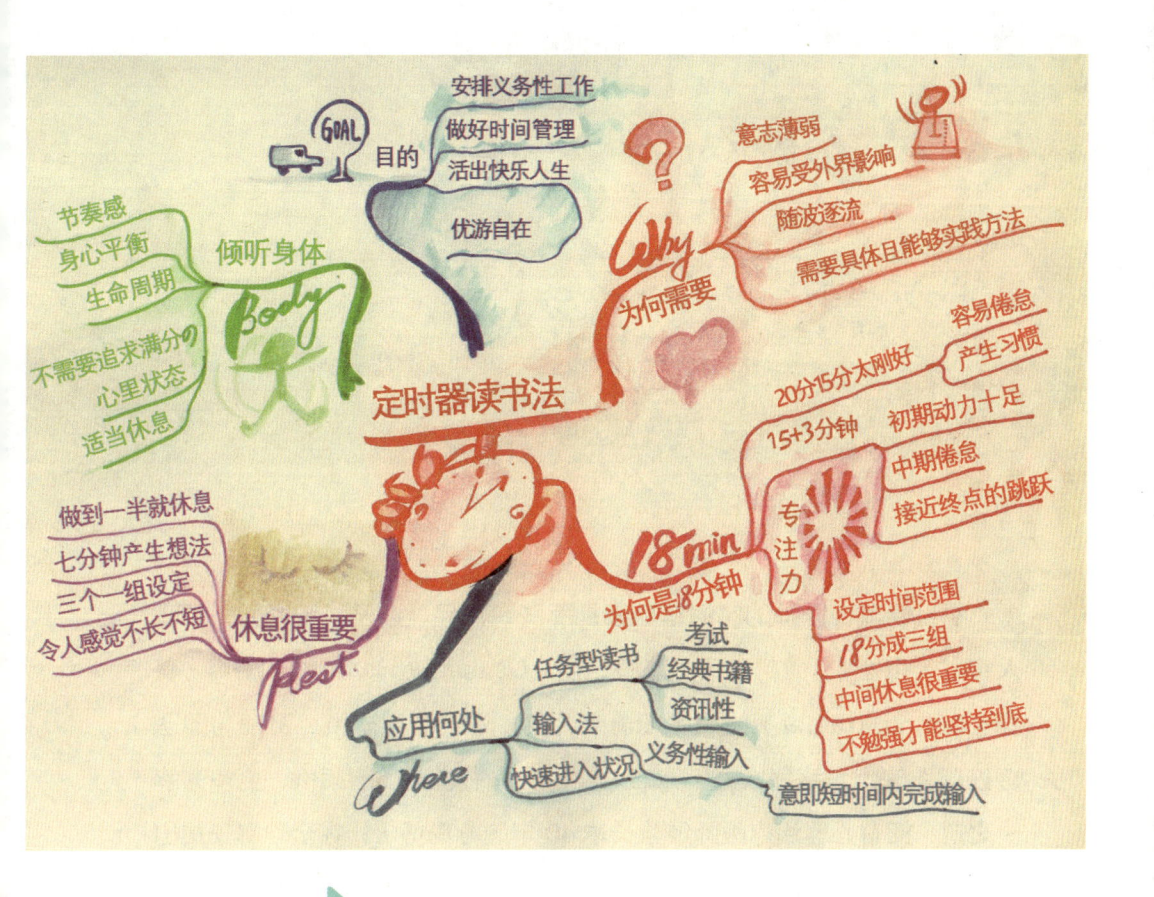

我在刚刚进入大量练习的阶段画了这本书的心得，其实可以看得出来绘图时时间很紧迫！因为我用的是上班的空当时间，区区三十分钟要能够将读书的心得有系统地整理，而且还在初步学习阶段，其实还是有画得草率的地方。还好我一向喜欢在平凡之中追求挑战，所以我加上了英文，又加上了几个示意性质的插图，注意了画面平衡！虽然没有非常注意拆解关键词的原则，却也轻轻松松完成一本工具书的整理，算是一个可以拿出手的示范。

情绪勒索

思维导图绘制难度：★★

看过周慕姿医师的《情绪勒索：那些在伴侣、亲子、职场间，最让人窒息的相处》，激起了我对苏珊·佛沃（Susan Forward）和唐娜·费瑟（Donna Frazier）的版本《情绪勒索：遇到利用恐惧、责任与罪恶感控制你的人，该怎么办？》的兴趣，这本书有更多的案例、更多的解决之道！拥有心理治疗医师经验长达 40 年的苏珊博士，在全球率先提出情绪勒索这个概念，她不但深刻剖析了常见的心理威胁行为，也解释了这些行为背后的原因。

书中提到："你做过的所有准备，正逐渐引领你走向重要时刻：向情绪勒索者告知你的决定。但我知道，随着行为改变而带来的不安、忧虑、焦躁等冲击性的情绪，仍然在你心中徘徊不去。"

"现在我想要提供给你一些有用的策略，不管对方如何响应，这些策略都能帮你陈述事实并固守立场。当你反复练习并实际使用这些策略之后，我保证你将能改变人际关系中的权力失衡状态。这些策略包括：非防御性的沟通技巧、改变敌对关系成为合作盟友以及幽默感的运用，都是终结情绪勒索最有效的方法。"

"当你告知情绪勒索者你的决定时,我多么希望能在你身边,但事实上我办不到。我能做的就是告诉你一个学习要点,好让你在面对情绪勒索者时,能坚持住原则。请注意,当你和一些反复无常、具有潜在危险的人住在一起,或有任何瓜葛时,千万别让他们知道你即将离开的消息,你必须保护自己的安全,并且从容离去。如果在过去这段关系中,你曾有过身体被侵犯或被虐待的记录,此刻对你而言更是危险。找到一个安全的地方藏身并试着求助。即使不能从家中获得帮助,也应该找一个避难所,千万别落单!找一个救援机构来帮忙,并且好好保重身体,因为我不认为这些策略在习惯使用肢体暴力的人身上会管用。"

书之中有几个特别之处可提出来大家讨论:

① 你是否有意无意在言语中给对方造成压力?

② 你是否常用略带威胁的语调对下属或亲人说话?

③ 你是否很轻易地就妥协?尤其面对上司或家人、不管大小事都是如此?

④ 你是否容易紧张、神经紧绷?

⑤ 你是否很喜欢与人比较,只要比不过就会沮丧、失落甚至乱发脾气?

⑥ 你是否让很多不顺遂的情况持续,甚至变成常态、形成模式?

推荐你读这本书,帮助你更了解人性。

思维导图笔记

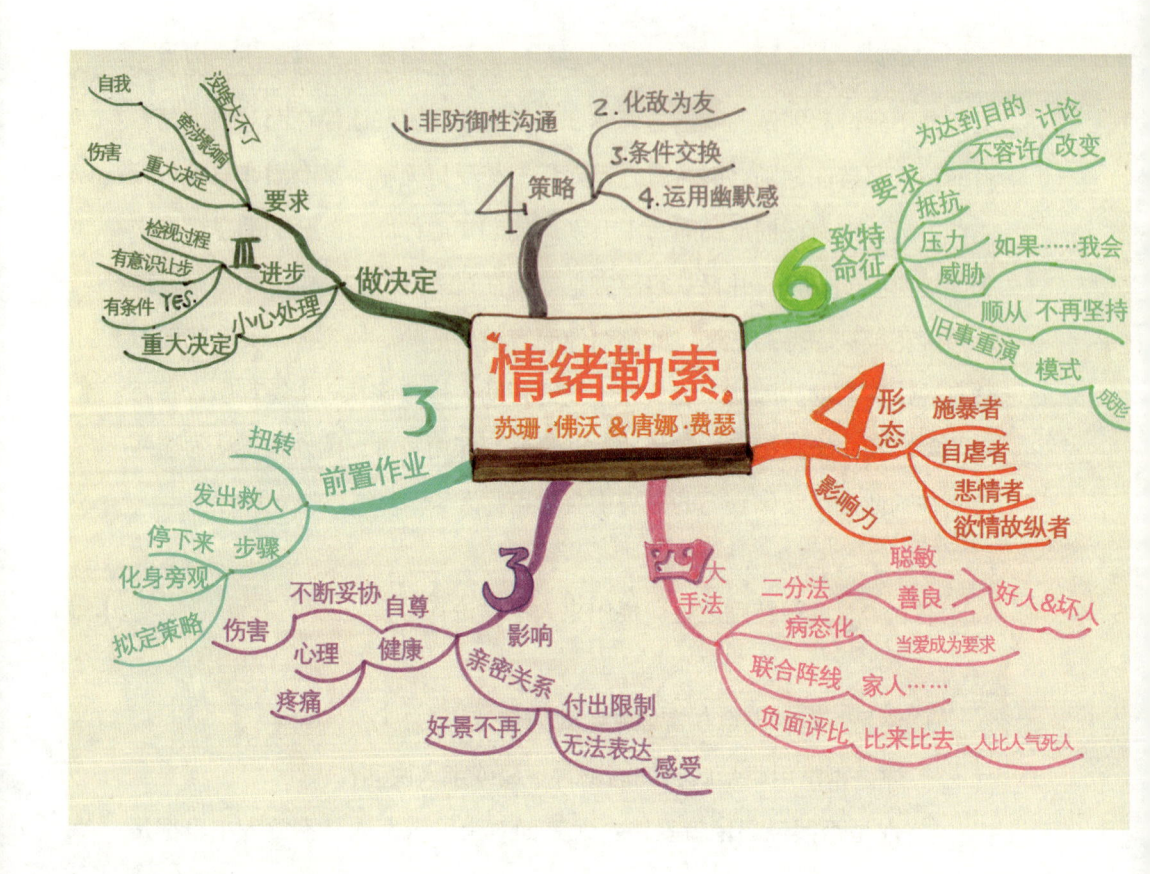

画一张工整的思维导图如上面这张，是很基本的功夫哟！而我用了几个数字来做关键词代表，是为了在通识的情况下示范好记与思维导图的关系。

对于这张示范图我要稍微讲解一下，如何使用思维导图来帮助记忆！首先我们必须把要记的文字数字记录下来，当然要使用思维导图的方式、不求美感但求精确地记录下来；然后我们来看这些关键的文字数字中有没有"记忆关联性"，所谓的记忆关联就是从"形、音、义"上面着眼，从"发挥想象空间"着手。

也就是说，我要迅速从整理的数据当中再一次找出具有记忆关联性的文字数字，然后再用这个记忆关联牢牢地记载在脑子里。记忆点与思维导图美化，一点儿关联都没有！看到这里不免失望地举手？

放心，这本思维导图创意应用百科讲究的又不是超级记忆术，而是思维导图应用啊。

附上周慕姿医师《情绪勒索：那些在伴侣、亲子、职场间，最让人窒息的相处》的思维导图。

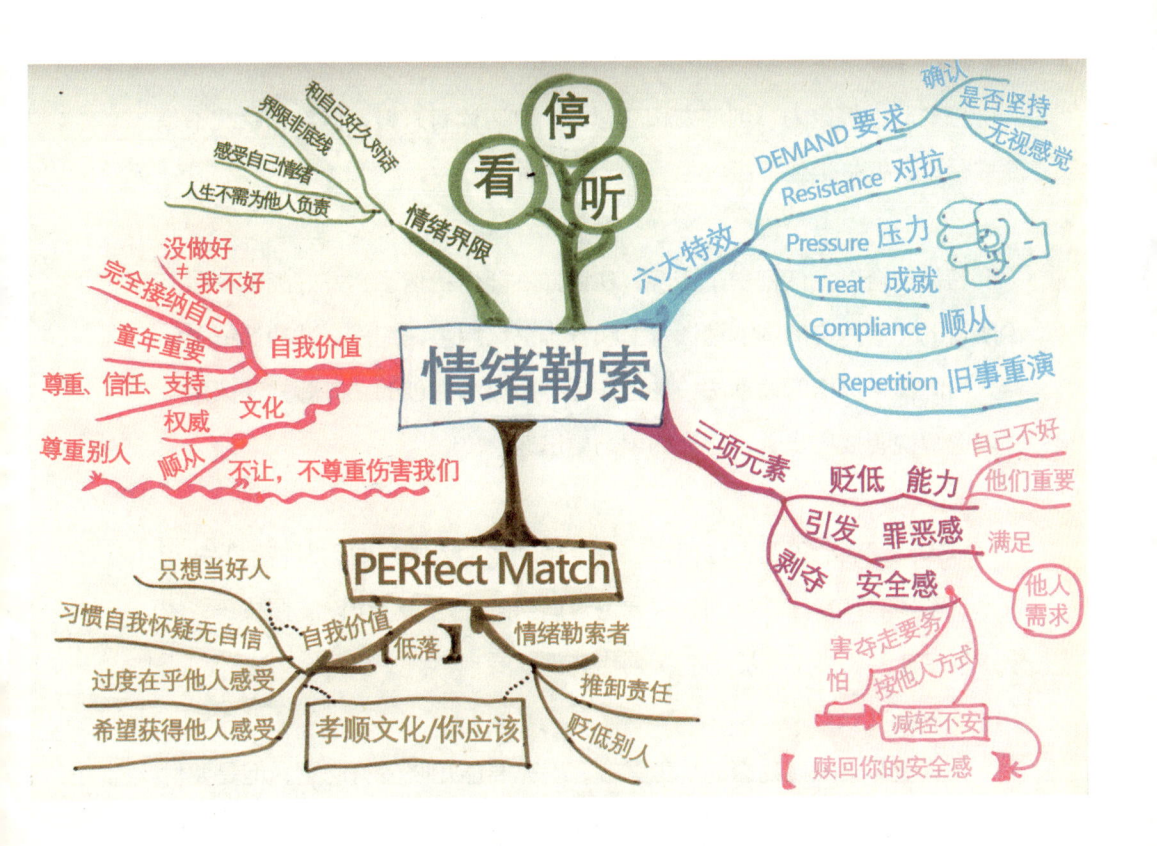

最厉害的图解速读术

思维导图绘制难度：★★

希望在有限的时间内阅读更多书籍？工作数据、文件堆积如山，却没有时间看？

想要增进想象力、创造力和注意力？对速读有兴趣，但学习状况不是原地踏步，就是半途而废？

若你符合以上任何一个情况，建议你不要再犹豫了，好好阅读齐藤英治所著的《最厉害的图解速读术》噢！本书采用金氏纪录全球速读纪录保持人哈渥德＋贝格的速读法！加上作者齐藤英治独创的"齐藤式速读术"并以图解说明技巧步骤，让你的学习更迅速！

本人阅读后心得是：任何杰出、卓越的成功人士想要习得特别的技巧权术，都要非常专注地练习！只要透过适当的练习，就可以掌握技巧，慢慢走向专业。（当然从犯错中学习也非常重要！）

其实是非常浅显易懂的。工具书，看完要能知晓没有问题，但是要付诸每日练习，就要看是否下定决心。

思维导图笔记

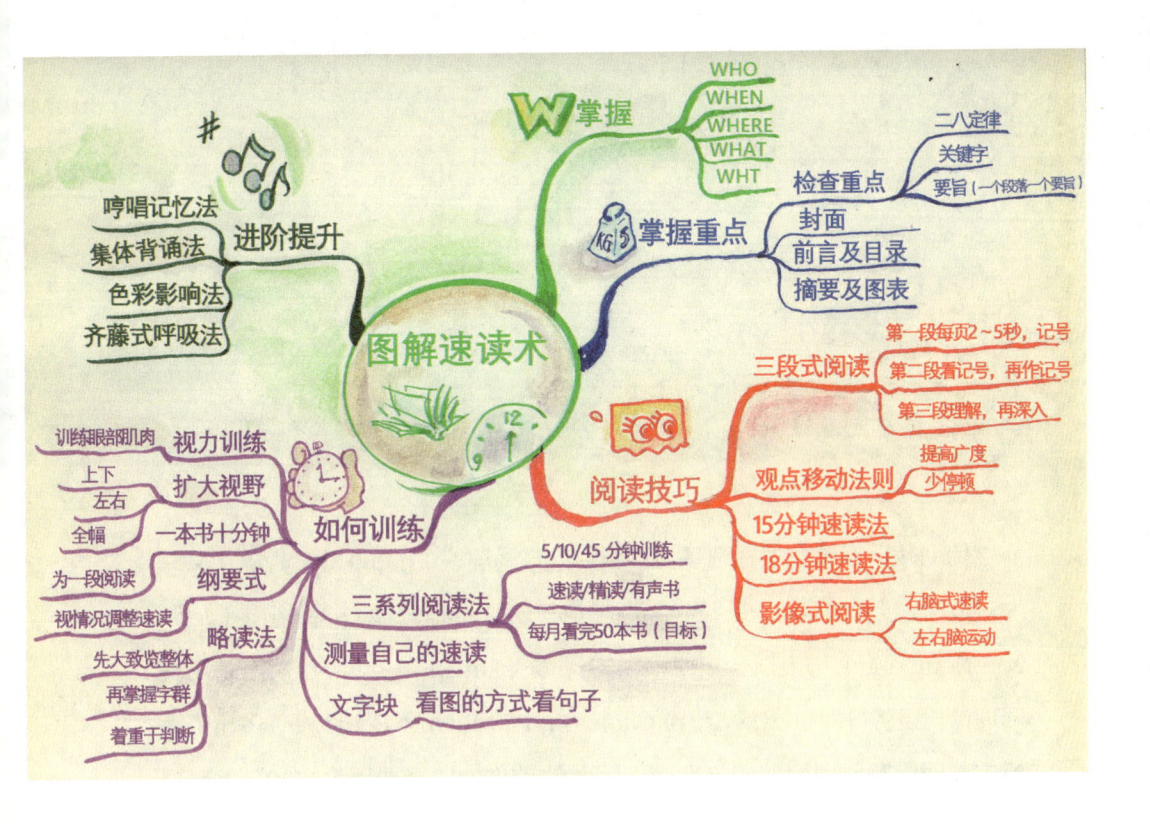

这张图完成的时间约在 2014 年冬天，当时我正沉浸在思维导图绘制最佳的状态，每一两天就会完成一张全彩思维导图，题材是学习心得与其他杂物。这个阶段我的图看起来比较不够奔放、用色也稍显沉重，算是我个人思维导图作品的 1.0 版，还未升级的那个初级阶段。

但这个阶段非常重要！这个初级阶段我大量地绘制，也大量地犯错！虽然思维导图思考法里比较少评论对与错，但毕竟这是个具有多年历史的思考工具，一定有其规范！而我指的错就是拿来跟世界级的思维导图相比，我的这些图有其绘制错误的地方。想知道这些错误是啥？欢迎跟我联系噢。

赛局教养法

思维导图绘制难度：★★

何谓赛局理论？根据维基百科所示：赛局理论（game theory），又译为对策论，或者博弈论，是经济学的一个分支。1944年约翰·冯·纽曼（John von Neumann）与奥斯卡·摩根斯特恩（Oskar Morgenstern）合著《赛局理论与经济行为》（Theory of Games and Economic Behavior）的出版，标志着现代赛局理论的初步形成，因此他被称为"赛局理论之父"。赛局理论被认为是20世纪经济学最伟大的成果之一。目前在生物学、经济学、国际关系、计算器科学、政治学、军事战略和其他很多学科都有广泛的应用。主要研究公式化的激励结构（游戏或者博弈）间的相互作用，是研究具有斗争或竞争性质现象的数学理论和方法，也是运筹学的一个重要学科。

赛局理论常用在政治、心理、行为、经济领域，直到近年才应用在教育教养这个极具挑战的领域。《赛局教养法》这本书将帮助大人用点巧思，加上一点经济学、一点心理学、一点练习，就能给孩子不一样的思考。你不用跟孩子开战，就能做出让孩子服你的公正决定；不仅能减少亲子冲突、增进家人和谐，还能教导孩子双赢思考，并让孩子学习以同样的方式跟其他人相处，以更聪慧灵敏的方式认识这个世界。

双赢思考，以趋近完美结局为终极目标的思考模式，为了达到目标必须施点小技巧！两位作者将亲身经历简化成诸多小故事，几乎是手把手地教育读者如何操作，毕竟要在公开、平等又兼顾教育意义的事件上取得平衡，需要的不只是智慧而已！

两位作者雷伯恩（Paul Raeburn）和佐曼（Kevin Zollman）在书中提出九大赛局策略，运用于不同的教养情境。推荐此书的最大原因也在于此！

思维导图笔记

就用那九大策略来画，没有加入任何图片，属于纯文本思维导图发挥！而关键词的部分就纯粹以阅读理解经验来做，将书中目录以及内容浓缩成思维导图。此书适合细读，与教养经验比对后可产生令人意想不到的心得。读者们不妨试试！

简单思考

思维导图绘制难度：★★

先来看看《简单思考》的导读：

LINE（一款社交软件）前任CEO森川亮首度公开经营法则：简化思考，抛开所有表面的需求，商业的本质就是持续提供使用者真正想要的东西；首先，必须找到有能力也有热情满足消费者需求的高手，同时，还要打造能够让高手尽情发挥的环境，此外，一切都不需要，都应该舍弃！

企业经营者必读！

SIMPLE 简单，就是 LINE 的成功之道！

LINE 不需要大人物，因为有权力的上位者往往不懂第一线的真实状况！

LINE 不制订计划，因为按部就班，只会让员工疏于应变！

LINE 不追求差异化，消费者要的不是"差异"，而是产品价值！

LINE 不追求创新而是专注于满足眼前的消费者需求！

这本书简明扼要，追求极简风格的日本精神，似乎也道出了知名企业的经营之道！把不必要的舍弃，注重企业经营、环保、追求真正的产品价值，都是所有创业者必须深入思考的课题！

而我喜欢这本书的原因无它，向来，我对日本大企业员工那种从一而终、跟着企业存亡的武士精神莫名向往。优秀的人才选择在企业内部发挥己长，用报效国家的那种心态在企业工作，而企业当然也就等同价值地照顾优秀员工、照顾他的家庭，这样的精神也曾经在中国台湾出现过吧？曾几何时，不但台湾不再，日方也渐渐不再，而现在呢？年轻人的未来在哪里？

好想找人说说话

思维导图绘制难度：★★★

认识南琦姐是在一个数字专栏的聚会上，知道她是一位心理医师；当时，她给我的印象就好比我家邻居，低调又有亲和力，说话不是很大声然后非常爱笑。

殊不知她可是一位出过二十多本书的畅销作家，而且临床经验将近20年！这样的大人物竟然可以保持如此低调真是不易，再加上后来渐渐拜读姐的文字，才发现文笔很美好！

来说说这本每个人都应该要读的《好想找人说说话：与临床心理师的话疗之旅》。这不是写给心理有问题的人看的，反之，我认为，诚如南琦姐在新书发布会上所表示的，现代社会的人压力都很大，不是说来挂号就代表一定有病！但是轻视一些情绪上的症状也不是件好事。

引用封面上的一段话："当'心'开始裂了、崩溃了，如何修补平复？找适合的人，聊心也疗心。只要勇敢向前走，就会有亮光。"这里提到的"适合的人"并非是临床心理师或是精神科医师，而是泛指你身边可以聊心的朋友！这样聊天式的情感交流，通常是遗憾发生前最迫切需要但却没有发生的事件。可见心病这件事已经慢慢充斥在现今都市男女之间、家庭生活里，甚至职场上也有许多的压力，这些都有可能导致心开始出现裂痕。

　　本书精彩之处，在于南琦姐不断提出临床实践里值得探讨的个案，以实际案例的前因后果发展，来告诉读者如何剖析自己的情绪、精神状况！因为通常一个案例的产生，原因不会单单是一个，很有可能背后有真正的推手，所以找出病因、对症下药（不见得要吃药啦！），才是正确地面对状况发生时的态度，而这个态度很有可能把心理困顿的人从黑暗中解救出来。话不多说，推荐给大家这本书！看完这本书，你将豁然开朗、只要你愿意敞开心胸，你会发现身边充满光明。

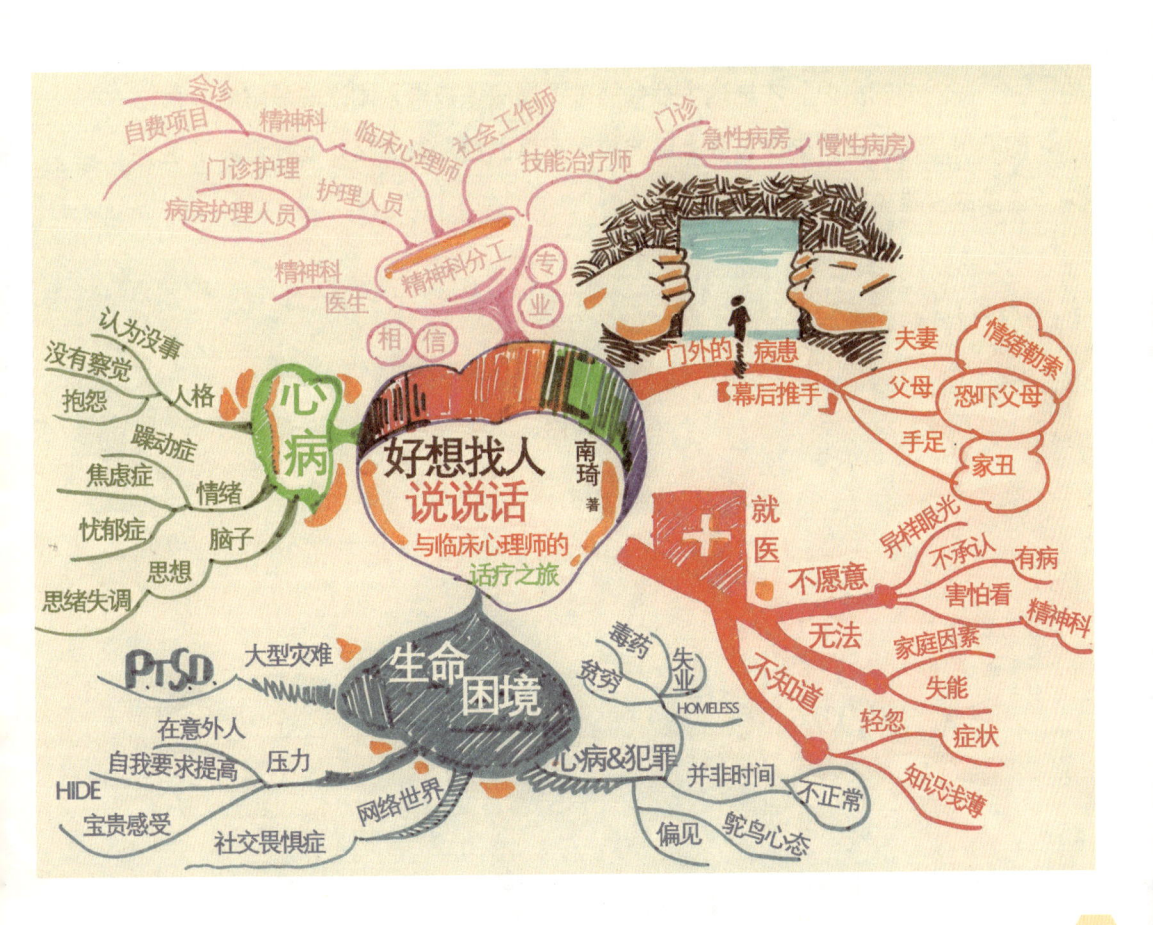

> 思维导图笔记

　　南琦姐的书要不要做成思维导图啊？我拿着她的签名新书独自端详着，又到了一周一篇思维导图分享时间，理当完成一篇满意的作品才是！想到这里，我二话不说翻书阅读，没过半晌，发现书中自有黄金屋、书中自有颜如玉啊！

　　这书这么好看怎么画成思维导图呢？这是一本看似工具书却又非工具书的读物！而面对这样的题材，我只有将自己最赤裸的一面展现出来、把自己原始的对于字里行间的想法看法，化为文字、图像，也正是因为如此，中心主题不是这张图中最丰富的元素！

　　"门外的病患"才是这个社会病态下最应该被透入阳光的黑暗处。我的心得与作者在新书发布会上讲的故事不谋而合！真的是如此！看完了这么多故事难免陷入一阵沉思。

如何阅读一本书

思维导图绘制难度：★★★

在看《如何阅读一本书》以前，我没想过"如何阅读一本书"这个问题！读了数百本书之后竟然没有很仔细想过、思考过这件事。然而经过逐字阅读此书之后才发现，要通过阅读来学习知识，需要很多技巧。

简单地说阅读分为四个阶段：基础阅读、检视阅读、分析阅读与主题阅读。在进入分析阅读以前，每个人都应该可以轻松培养出阅读的习惯，也就是说，只要稍加练习，每天固定看一两篇文章并非难事！毕竟，书中提到一段话可以当作参考：理解并非记忆！理解更多事物并非记住更多事物！

所以，从这个观点来说，我念书的目的并不是为了要记住书中内容！至少，不是为了应付考试而背答案的时候！看书变成了一种休闲运动甚至是一种娱乐！若以此角度拥抱阅读，知识的取得变得非常广泛（事实上本来就是如此！），尤以现今信息爆炸时代来说，要能阅读大量的数据早已经是易如反掌的事。

"这似乎是一本很难读的书！"我的同事，在他拿到那本书并且稍做翻阅之后这么说道；可不是吗？就连具有长期阅读习惯的我也深有同感。

不过我们必须知道"不入虎穴，焉得虎子。"这句俗语绝对不是随便说说！就是因为难读而必须静下心来，逐字阅读、反复参透、深入思考。经过这些反复眼脑练习之后，可以迈开脚步前往分析阅读以及主题阅读，达到新的境界之后阅读当然会演化成一种功夫！可以透过阅读，自我成长。

> 思维导图笔记

　　越是难阅读的书本，越是难表现的题材，在我的观念里只有要不要做的选择，并没有其他选项。所以，确定要做思维导图整理，那么就根据读下来的心得来做吧！我调皮地用了一些圈圈、填色、线条，还有一点小插图，在绘制过程中反复咀嚼书里面的经典文字。难读却一定要读的书做成思维导图之后，有一股畅快之感！这份畅快的感觉只有做过的人才懂噢！

如何养出一个成年人

思维导图绘制难度：★★★

我宝贝女儿今年就要满 13 岁了，这两年来小妮子变化最大的地方便是言语少了、表情少了，连跟我逗笑谈天说地的机会也少了。怎么会这样呢？我那天真无敌可爱的小宝贝去哪儿了呢？难道这就是迟早要来的"青春期"吗？怎么觉得自己的青春期刚过没多久，就碰上了女儿的呢？

孩子的身体的确渐渐不一样了，从外形上便看得出来；然而心理层面呢？她是不是对于这样的生理变化产生好奇？心情无来由地起起伏伏？随着旁人尾随自己的目光不同，她是不是拥有足够的自信心与学习动力？我的女儿渐渐要变成成人了吗？

求知欲旺盛的我总是希望为问题找到答案，虽然每个独立的个体指的就是一副肉体身躯，但每个做家长的重视的一定是灵魂，那化为形体便是一缕青丝的玩意儿。所以《如何养出一个成年人：别因为爱与恐惧，落入过度教养的陷阱，让孩子一直活在延长的青春期》便成为现阶段我的最大课题！一个童心未泯的老爸想要理解一位亭亭玉立的少女的心，得花多少心思？

当然我依然故我，逮到机会便在女儿面前逗她笑，若是有啥让我不开心的还是会念叨两句，偶尔还会施放"狮吼功"。但我还是我，数十年可能没啥大变化！如今面临要更改戏码这件事，对老爸我来说就是一种很大的挑战！毕竟说学逗唱样样精通的我，就没试过想办法每天逗自己的女儿开心，更何况，她很有可能根本没有不开心，只是，不再习惯保持天真的笑容罢了！

好难！

我只希望自己还能拥有几年跟"上辈子情人"有说有笑的时光，尽可能争取这件事的最大值，然后狠狠地记录下来，往后好有素材可以回忆！要不然到时候孤家寡人一个，没有个视频或是影带作为娱乐消遣，往后的退休日子可怎么过啊？好吧！聊聊这本书呗！

作者茱莉·李斯寇特·汉姆斯（Julie Lythcott Haims）是哈佛法律博士，是个作家同时也是两个孩子的妈妈。观察入微、喜欢接近人群服务人群是她的特质，所以，这本书的出版对于很多父母来说等于是教养圣经！书中诸多家长与孩子对话的范例，正反两面都提，也都加以说明，可以说是浅显易懂、看了人人都会！只不过，她是一个美国人！西方的教养方式本就与东方有很大的差距。

台湾地区的爸妈们，只能当作一个参考吧！不过，我对于第四部里面所提到的另类父母倒是很认同！因为我自认为我就是一个追求自己人生方向乐此不疲的人，好不容易在接近人生半百的时候给我找到了人生方向，那么看在眼里的我的心肝宝贝女儿，当然必定为我感到骄傲，而她正直接地接受这样的正面刺激，所以她也要好好努力，为了成就自己。

对了，当孩子们为了成就自己而自己努力时，就说明他已经够资格是个成年人的时候。

> 思维导图笔记

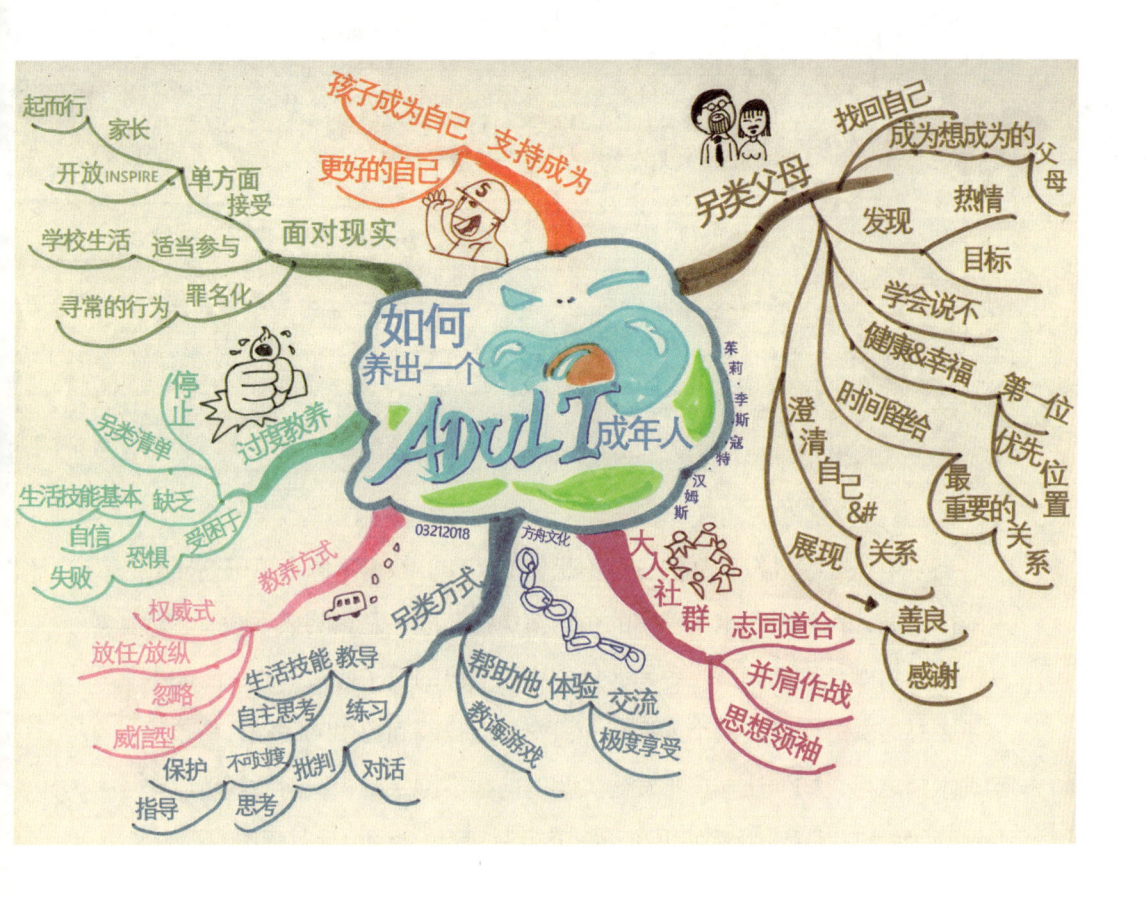

通常有关教养的书籍我习惯逐字阅读，生怕漏掉了什么关键词！有阅读习惯的人就会知道，大量阅览书籍、文章时，大脑会自动自发跳过常见的字眼或是专有名词。但教养书比较特别，因为书中大部分都会带有许多案例，这些故事描述时就会出现难得的关键词——对我来说啦！

也因为如此，书里面所有文字的目标读者就是像我这样的父亲，我更是不可以轻易忽略。所以，最后整理的时候我就会大量使用"心得"。供各位读者参考喽，教养嘛，没有人可以说是真正的专家。

动机背后的隐藏逻辑

思维导图绘制难度：★★★

当了爸爸之后才发现你的孩子不是你的工作，教育不像上下班这样的有规律可循，养育过程也与平常的企划案执行不同，是真的很不同。然后从男性的角度我们必须开始思考、找方法让自己的日子好过一点：比如带孩子去书店看书可以让两个人拥有一段安静而且瞬间自由的时光！带孩子到美术馆之后，如何让她在不发出尖叫的前提下跑来跑去，然后我可以安心看画、欣赏艺术品，当然如果孩子好奇起来，我也会讲出我对画作的看法。

似乎去书店、美术馆这些行为都是出自我自己的喜好，不算是教养孩子。不过，我发现这个互动，可以通过我自己的动机引导出孩子的动机！因为生活上诸多的事物全然是我自己的兴趣，孩子受我影响天经地义，从这些事物的学习过程中找到她自己的学习动机与方式，是现在这个阶段我们父女正在学习体验的状态。

然后我开始大量阅读有关于学习、动机、创意思考这一类型的书籍，我们（一群对教学有热忱的老师朋友）发现把自己做好很重要！现在的孩子非常机灵，倘若你自己不喜欢阅读，你不可能把阅读教好！倘若你自己不喜欢，在引导孩子阅读的过程中将会碰上许多无法解答的问题，然后这个教学过程就会崩盘。

然而，当我发现人类的动机因素原来是这样复杂的时候，我更确信一点，家长们本身外在行为的影响力远远大于我们所想。

在这张思维导图里，我依然没有将作者丹·艾瑞利（Dan Ariely）著作的重点昭然若揭，反而是大纲抓出来之后就只表现我自己的想法，然后将想法延伸。如果我们要来讨论"如何引发孩子的学习动机"，那么我应该会把我自身的经历分享出来，当然要不要画思维导图不是重点，重点是思考，经由常常交互式的思考，把喜欢的那个动机找出来，不见得一定是学习，也许是喜欢动、喜欢音乐、喜欢涂鸦，从这些喜欢的事情里面进而发展下一步行为，然后学习更丰富的相关影音信息，建立下一次自发学习动机的诱因。

别再使用命令式的方法要求孩子，尤其是大一点的孩子，因为那没有帮助！相反，多丢一些让她可以自己找寻答案的问题，在孩子寻找答案的过程中观察与互动，建立正确的亲子关系，建立良善的沟通渠道，如此一来就算孩子没有学习动机，当家长的也可以用"过来人"的角度来协助，而不是以爸妈期待、然后要求的姿态，直接施压造成孩子的叛逆。

思维导图好用的地方，就在于它是一个全面式的思考模式：从影像、联想，发展许多可能性！

> 思维导图笔记

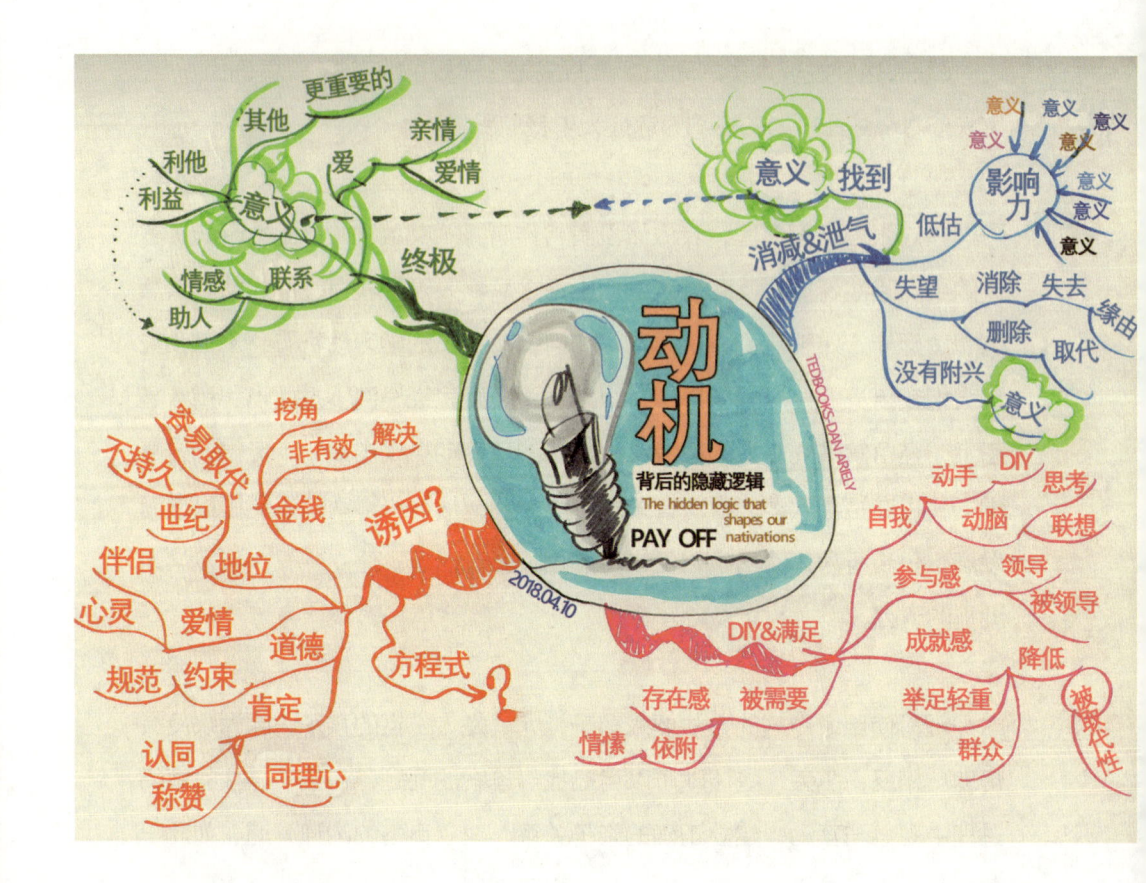

　　我真的很喜欢画灯泡，各式各样的灯泡层出不穷地出现在我思维导图的作品里。原因是用灯泡来代表创意的做法很棒！我相当认同！但我更加认同的，其实是让灯泡亮起来的能源，那便是动机。所以这本书虽然开本小、薄，但却未减其功能及影响力！是以我就用双倍的时间来绘制这个灯泡并且安排了显眼亮丽的线条。效果还不赖！

苹果设计的灵魂

思维导图绘制难度：★★★★

容我引用《苹果设计的灵魂》中作者利安德·凯尼（Leander Kahney）写的："在这过程之中，强尼都扮演着不可或缺的地位。"

苹果的设计文化日渐稳固，设计部门在2001年搬回苹果总部后，更凸显设计部门在公司内部的重要地位。据书里一位工程部门的前员工说，设计部门从供货商那里离开时，都会有豪华礼车送，设计部门的地位如何，不言而喻。

设计任何东西都要有理由。从这本书中，我们可以了解到强尼·艾夫的设计哲学深深影响苹果的设计文化。他认为一款设计要做得对，也要做得有意义。

"科技要符合人性，设计师除了要有绝佳的点子，也要懂得将想象化为现实，美丽的外观与实际实用性并存才是真正的工业设计。"

思维导图笔记 ➤

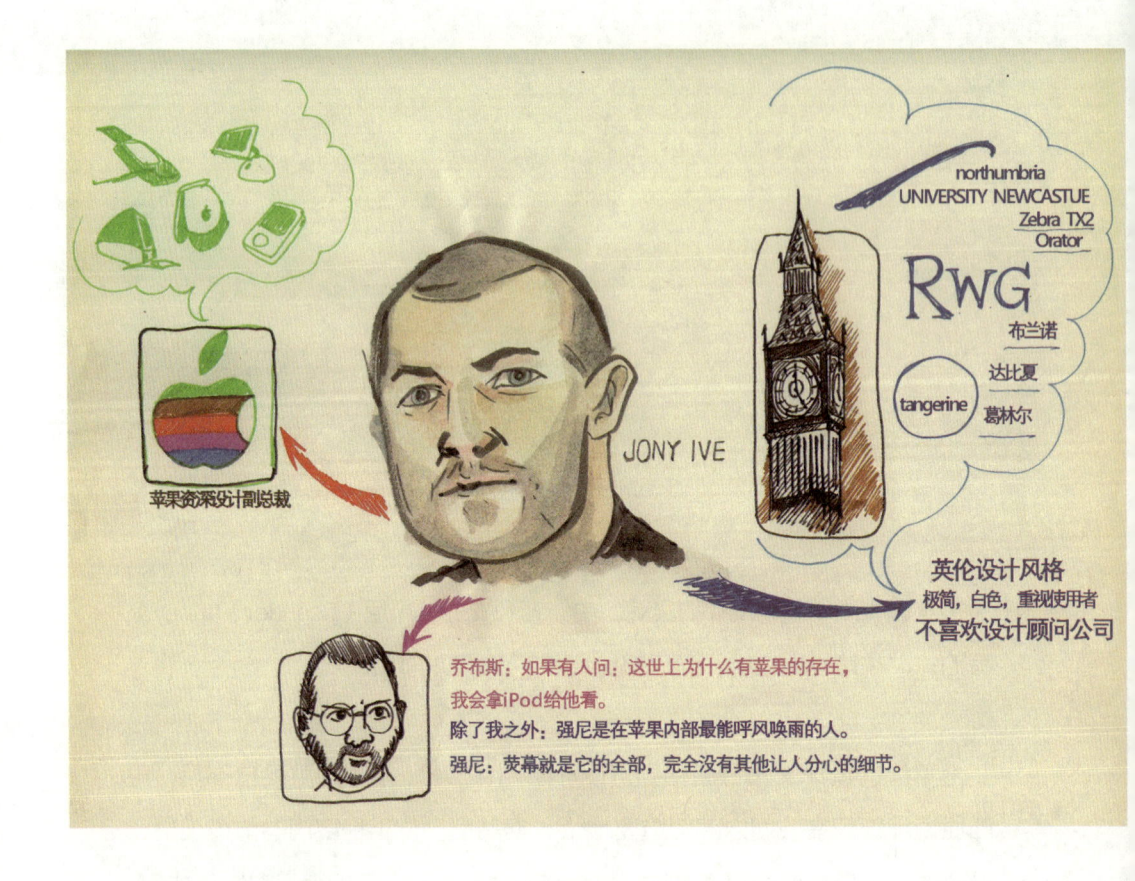

　　这是我第一次将图像绘制得"不要不要的"！当然花了很多时间，一般学员写完数据的整理之后我还在刻画强尼的头以及英国大笨钟，这也导致最后我必须放弃乔布斯，所以他被我画得一点都不像。

斜杠青年

思维导图绘制难度：★★★

前一阵子刚入手时翻了翻这本《斜杠青年》内页，也上网Google了作者苏珊·黄（Susan Kuang）。我其实进入社会以来一直在执行"斜杠"这件事情，"斜杠"对我来说没太多新鲜感，所以顺手将这本书在书桌上一摆，就束之高阁了。后来我因为信息流的推动，无意间又在网上梳理了许多关于这方面的探讨资料，对于斜不斜杠大家早已不再琢磨，取而代之的是"人生价值与意义"，以至于我又去把这本书拿出来重读了一下。

为什么要斜杠，又为何会斜杠？

在我那个年代我们称之为兼差，以美术工作者（泛指许多可以在家工作的形态）来说又叫阿鲁拜德（日文音译），简称阿鲁。当时接阿鲁的唯一目的是多一份收入，很单纯的动机！而且要很小心地在家里做，因为老板不会那么有大爱地让你使用公司的工具做自己的事（赚了钱又不分他），所以大家接阿鲁都非常低调，偷偷地暗着来。

当时的社会没有现在那么多元，也没有那么多"特殊名词"，所以我认识的美术从业人员几乎人人身上都有一两件阿鲁正在进行，毕竟美术设计的薪水通常不会很多，算是花心力投入工作却得不到正常报酬的一群人，所以接阿鲁很正常，大家茶余饭后也会把接阿鲁过程中发生的趣事拿来七嘴八舌一番！

然而过了二十多年之后，社会形态渐渐因为科技的改变而质变了，许多雇主考虑到竞争力、工作性质与成本的性价比（CP Value），甚至因为推出的工作休假制度，促使许多投资方开始缩短工时、区分职别，并且创造出新的营运模式，许多人甚至不需要进公司打卡上下班，在家工作即可！这样的形态转变看在中年的我的眼里其实喜忧参半。

喜的是许多专业人士多了很多空间来学习、进修或是接更多工作增加收入，这对职场人士来说是好事！毕竟专业的工作能力本来就需要一定的成长来堆砌，以往的工作形态如果再与家庭生活重叠，当父母的实在很难腾出时间来进修或者是学习第二、第三专长。工作形态的转变也代表着劳资双方往更正面的方向进步，而这种进步是我们很需要的力量！

忧的是考验青年人的自律性！许多"啃老族"的形成正大大抵消这份正向力量。很多人不明白所谓斜杠青年指的可是先有一份核心工作能力（专业素养），之后才有机会行使斜杠特权！趁年轻还能斜杠的时候大胆拥抱人生、挑战艰难；可许多"草莓族"（指表面上看起来光鲜亮丽，但却承受不了挫折的年轻人）似懂非懂地这里接一份兼差、那里搞一份项目，辛勤地嗡嗡叫一阵子之后，非但本来的专业没有累积足够的经验，连其他的次要工作也做不出什么名堂来！徒劳追求好听的头衔，却失去了这个名词所代表的真正意义！

所以，有没有斜杠根本不是重点！不管全职兼职，每一份工作都要能够专注地投入、理解本质，从业余到专业、从兼职代理到全职，认识自己的才能与天赋热情所在，先培养一套可以与人比试的硬功夫，站稳脚之后再考虑是不是要多学两套功夫到隔壁去踢馆。

斜杠人生卖的观念绝对不是你有多少斜杠，而是你对自己与人生的态度是否健康。

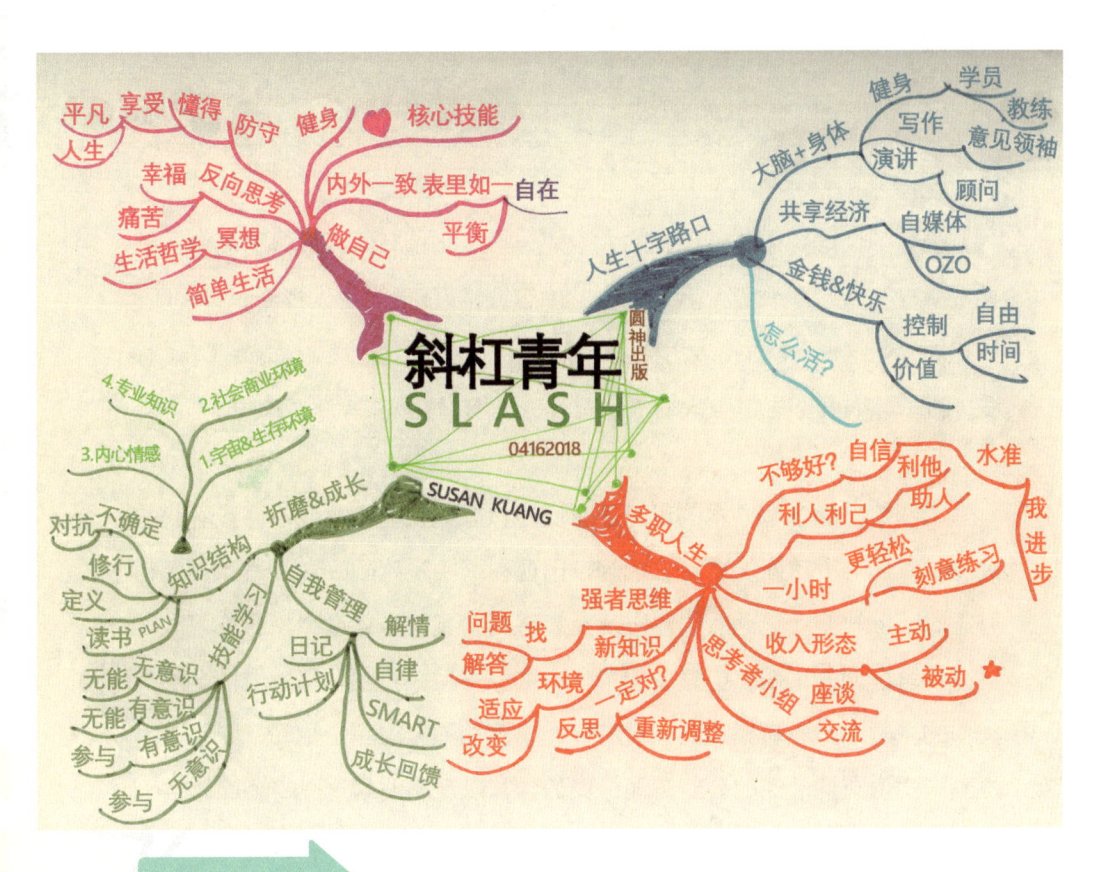

思维导图笔记

中心思想的图像稍微参照了书本封面设计，这个技法我常用。老实说书中提到了很多旧时代的思维（我本身很喜欢旧时代思维），也提到了许多年轻人的新想法，算是融合了过去与现代思想，所以除了中心思想以外，就是线条与分支，算是平铺直叙的作品。

给大人的人生翻转学

思维导图绘制难度：★★★

因缘际会地知道《给大人的人生翻转学》（哪有什么具体的书单！都是看朋友的"脸书"介绍），我对书中的内容非常好奇！（因为提到思维导图，只要提到思维导图的书都会引起我的注意！）我马上上网 Google 了一番，没经过多久时间的思量（大约不到五秒）这本书就被我加入购物车。

依照惯例翻了翻书本的目录还有自序，立刻在书中发现值得我研读的亮点，然后对于"新加坡"这个国家出现在书中也感到好奇；然而，提到心态方面的转变、运动的重要以及反复练习（其实应该说"刻意练习"）这些一再出现的主题，更是引起了我的浓厚兴趣，我发现每一位科学家在类似的主题上虽然有相同的结果解释，案例却不见得完全相同。好比书中提到天生患有抑郁症的公交车司机麦道丝，以及小时候遭受霸凌而休学、长大后却成为学院管理者的赛瑞斯，都曾在学习过程中，使用不同于一般人的方式学习，这当然可以说是一种成功的人生翻转，但对普通的泛泛之辈来说，这不凡的翻转比登天还难！

这样说起来似乎偏离那本书所要倡导的意义。

我的意思当然不只是这样！要能够正确达到人生翻转，就要付出相当大的代价！首先是心态，一般来讲一个正常人通常都会懒惰、都会逃避，都拥有一些奇奇怪怪的坏习惯而且是难以改变的坏习惯！光是改正就已经很伤脑筋了何况是重塑？

但这些都还只是一开始而已，倘若你真心想要翻转，除了心态上对了、方向对了、习惯也慢慢改了，还得开始进入刻意练习的行列！要知道刻意练习得花上非常多的力气，还要找对专家、确定目标，一点一点地将一个小动作练到能够神经自主反射为止。这里就是一般人通常会放弃的阶段！毕竟能够成为顶尖卓越的人少之又少。

你可能会认为我是在打击想要彻底翻转的人，当然不是！能够有绝对性的认知目的不是为了要吓唬人，相反，其作用就是要真正了解自己的本心是否愿意接受这个挑战，难上加难的挑战！即便是从小做起（但似乎这是本给大人看的书？）、即便人生七十才开始！

我个人认为，方法真的很简单！

不像是变魔术、也不用上山去找白胡子都长到地上的师父，只要平常对人生充满正面的期待，多培养几项日后可以派上用场的兴趣，平时在自己专业领域里多观察、多累积人脉，最后，不排斥使用刻意练习的招数来向自己挑战！那么，你的人生已经具备翻转的能量，要不要翻转就看自己的造化。

> 思维导图笔记

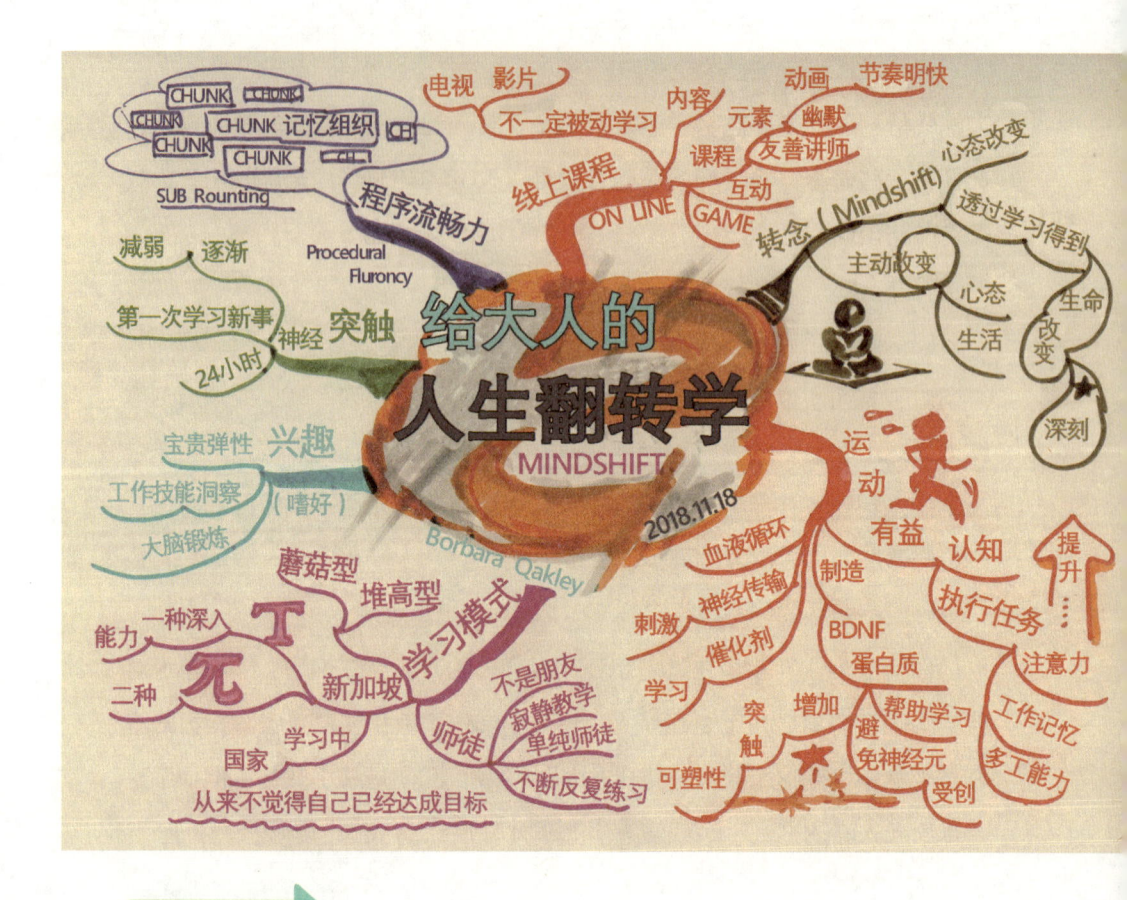

　　我喜欢写字是小学时代的事了！当时我家邻居是位退役的上校，他写得一手好字，当时与父亲聊天时问到我们是不是愿意在寒暑假时到他家去练字，然后我就这样写了几个寒暑假，虽称不上写得好看却也种下日后喜欢练字的善因。多年后上了学，在字体的钻研上更是下功夫！所以造就了日后（包含服兵役那段时间）对于美术字体的擅长。

　　将擅长的美工字体套用在思维导图绘制中心思想上实在是恰到好处。而这本大人翻转学里面，特别提到了思维导图法的好处，对于找寻、思考人生方向，有很大的帮助！这么帮思维导图讲好话的书本怎能不用力地画上几笔呢？

打造图像脑

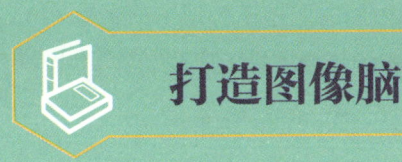

思维导图绘制难度：★★★★

《打造图像脑》的作者丹·罗姆（Dan Roam）告诉我们：人类的大脑有三分之二在处理图像！但却有百分之九十的人不善于使用图像沟通！

我想先从画图这件事来看，小时候大家都爱画画，几乎没有不爱动笔的孩子，可上了小学以后这件事就渐渐被其他学科给取代；数学、语文、历史地理、生物科学等。然后用画图来沟通变成了一种新的观念，殊不知其实人人都会画图，只是这项技能被遗忘多年。

所以，这本书里头所有的图像及文字都是那么浅显易懂！一个圆圈加上几条线条，一下子搞定你想要表达的意思！如果再加上一些简单的绘图原则，不但人人都可以用画图来沟通，将画图运用在工作上也可以无往不利！举凡会议、简报、财报、产品营销等，你想象得到的场景统统能用画图来获得好效果！

现在你可以知道用图像沟通绝对不是来比赛画图！

而本书也从头到尾没教你怎么素描、上色等绘画技巧，讲的纯粹就是用心思考，然后尽量使用最简单的方法把脑袋里想的画出来。所以一般人之所以不能画画，问题不在技法而在想法，只要别想得太复杂，轻轻松松你也可以成为沟通达人！推荐此书还有一个最大的原因是，透过画图，你可以将领导、销售、创新与训练融为一体，利用诸多图像的组合来完成组织运作，整个图像表达的过程不但完整，而且不那么严肃，是近代知名企业都推崇的方式！

试试看，利用画图来表达自己吧！

> 思维导图笔记

　　本图不难！真的不难！应该可以看到我用了大量的几何图像，绘制几何图像是所有人的基本技能，所以若要模仿这张图像你已经用掉唯一的借口了！而我也常常强调：中心主题的表现技法很多，我最常用的就是图像加文字或是文字本身的美化，这篇"draw to win"也是其中具有代表性的一幅。

　　由于书本身实在很引人入胜，我们又是右脑思考的人，所以一开始画就欲罢不能！另外值得一提的是为画这张思维导图我做了条列笔记，先整理了要表现的重点笔记之后，再行绘制。我知道我常常告诉学员们画思维导图哪有先做笔记的，但这张图在绘制之前我就希望有传阅的价值，所以花了比较多的时间，真正说起来应该是用了比平常多三倍的时间！因为看完书之后就完成第一次笔记整理，之后又画了一次思维导图草稿，最后才以比较细的笔触完成这张成果图。在思维导图运用图例中，这张作品是少数我很满意的一张。

上班前的关键 1 小时

思维导图绘制难度：★★★★

你每天上班前 1 小时在做什么？还在睡？上厕所？梳妆打扮挑衣服？还是拼命赶车？

成功人士上班前做的事就是不一样！

《上班前的关键 1 小时》作者是创造早晨奇迹的哈尔·埃尔罗德（Hal Elrod）。他曾经在医院昏迷六天，醒来之后面对脑部损伤、无法走路的残酷事实！然而，短短一年之后他却可以回到工作岗位上，成为顶尖业务员！如今更成为马拉松选手、畅销作家以及励志演说家！

哈尔究竟是怎么做到的？

原来，康复过程中他接受了朋友早起的建议，意外领悟出"S.A.V.E.R.S. 挽救人生六法"！只要利用上班前 1 小时做这六件事情，就可以立即改善生活质量，甚至改变你的人生：健康、财富，你的人际关系以及任何想要达成的人生目标！

这六件事情本身并不特别困难！困难的部分肯定是早起！许多"夜猫族"从一开始的"难以忍受"到最后变成了"难以抗拒"！实际执行后生活的确发生了巨大的改变！而这一切只要持续做 21 天——三周之后见效！比商店里卖的减肥茶还有效！

这六件事分别是：Silence 静心、Affirmative 肯定、Visualization 观想、Exercise 运动、Reading 阅读，以及 Scribing 书写，笔者用最快的速度读完此书之后发现六法口诀非常好记，并且决定从自己开始尝试改变生活作息，为了获得更高层次的生活质量，这一小时的确需要好好运用！

你相信吗？

> 思维导图笔记

　　有好几幅作品我运用了极细的油性签字笔画插图，然后搭配蜻蜓牌的软头彩绘笔作线条、硬头写字，就这样完成了插画风格的思维导图。这样的思维导图难度当然比较高，适合有绘画专长的朋友来尝试。

　　而这六个重点其实很好画啦，我也是参照了网络上的图片才加速完成的。画图有些时候必须参考素材，做思维导图也是一样的道理！运用的素材多了，也是增加图像思考数据库的一种应变！我一直强调，脑袋里的图像素材若是不够多，想象的能力必定会受影响！在思维导图规划的领域里，天马行空无边无际有时候无法帮助解决问题。有一点限制，才是真正发挥创造力的好时候！

不整理的人生魔法：乱有道理的！

思维导图绘制难度：★★★★

这是一本很有趣的书！作者提姆·哈福特（Tim Harford）以"卧底经济学家"自居，他是《金融时报》最著名的专栏作家之一，这本《不整理的人生魔法：乱有道理的！》引起笔者阅读兴趣的当然是书上说得乱有道理的标题："乱，但是更好！"

"乱，但是更好！"这是什么样的概念？书中提到Google办公室，所有员工都有权力决定自己工作环境的样子，有人把沙发搬到公司，有人把墙打掉后又砌回来，有人的办公桌乱到不行！但是经过研究发现：这样的乱其实带来更好的工作效率！工作效率提高了30%这么多！

乱，其实代表的是创意！许多好的创意来自意外的麻烦！所谓的"乱入"反而刺激、激发了创意的产生！所以乱七八糟的办公桌里藏有莫名其妙的点子其实没人知道！另外大自然界也有数不清的紊乱——异花授粉是一例、森林里的生态又是一例！

我曾经在亲子专栏里写过一篇文章，文章讲述的是怎么保持整齐清洁；文章是这么写的："就一个男生而言，我的房间很乱！也许正因如此，长期耳濡目染的结果造就了女儿小乖也没有好好维持整齐环境的习惯！一个外人认为懂事乖巧、富有创造力及表达能力的小女孩，却每每可以将手上的任何物品任意摆放。这一点十足让我伤透脑筋！倒不是为了框定她的创意而刻板要求，纯粹是希望在她这个年纪可以稍微懂得爱物惜物，维持基本的整齐清洁！因为没有人会喜欢一个生活习惯不好的女生！做爸爸的我心里总是这么念叨着。"

然而，在经过不下百次的道德劝说、软硬兼施、恩威并济的沟通之后，依然不见效果！最后只好再次请出我擅长的思维导图法，看看能否在一片混沌不清的家庭环境中，找出一块净土。

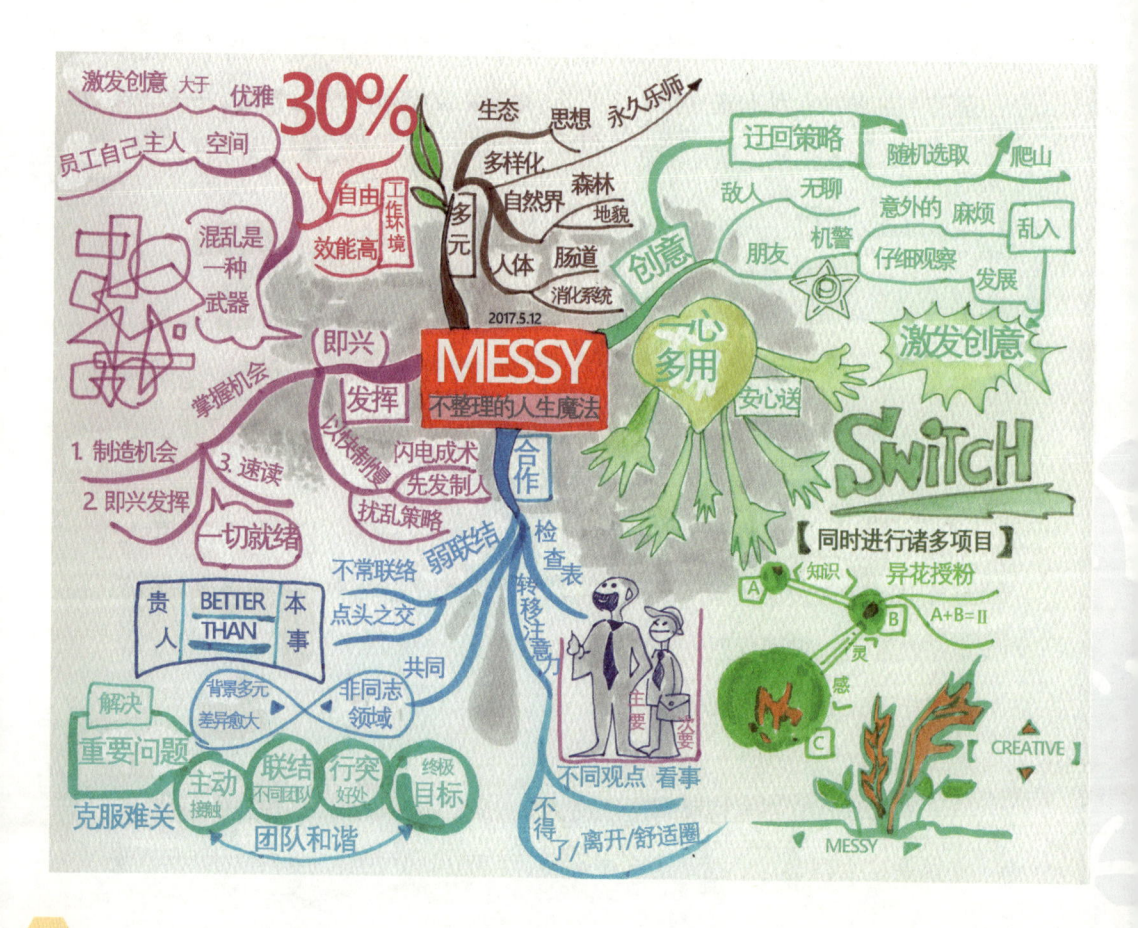

不整理不是要你脏，而是要保持活力，保持创意的来源，太规律无法产生创意。这是书里面想要表达的核心价值，我读到的是这样。

> 思维导图笔记

逼近五颗星难度的绘制方式，叔叔绝对是有练过的！没有要筑起学派的高墙，相反，我想让你们了解为什么要这么画思维导图。

就应用面来说，我们对思维导图的了解都是帮助思考！那么，有没有一种可能就是思维导图本身也是一种会思考的东西？我的意思是，当你使用画图的方法整理思考脉络的同时，这个图像本身也会具备让你再次思考的动能！边画边产出不同的表现手法，不同的表现手法又再次引爆大脑右边的创意区域！

有没有可能发生这样的事？我有！那么会画图的你愿不愿意试试？

心态制胜

思维导图绘制难度：★★★★

来想想看，你的心态是哪一种?

A：我们可以一直学习新事物、新技能，但智力无法有多大改变！

B：不论你是哪种类型的人，总是能够明显改变！

《心态制胜：成功心理学》的作者杜维克博士（Carol S. Dweck）经过多年针对不同群体的研究，发现人有两种心态："定型心态"和"成长心态"。

拥有"定型心态"的人总是急于追求证明自我，将所有成果分为成功或失败！拥有"成长心态"的人则是乐观看待自己的所有特质，将个人的基本素质史作为起点，可以借由努力、累积经验和他人的帮助而改变、成长！

杜维克博士的著作点明了两件事：一是大多数人同时拥有这两种心态，二是使用了诸多例证来告知读者，定型心态可能会造成的影响，而这影响通常是负面的！

所以，若要以追求卓越为人生志向以及最终目标，拥有正确的心态是不二法门！从教育的观点来看，若是教师本身拥有的是定型心态，那么莘莘学子受到的对待以及加诸在身上的爱与关怀，都是以鼓励天赋和能力为出发点，而非鼓励努力；能不能够在离开学校之后找到新的学习目标而调整成为成长心态，便是个人造化了，是不？

求人不如求己！

从家庭教育着手或许是不错的方式，习得这样的心态分类剖析之后，我们是否可以渐渐理出一套更好的教学模式，让孩子从小就建立正确的心态，以面对将来变化剧烈的人生？

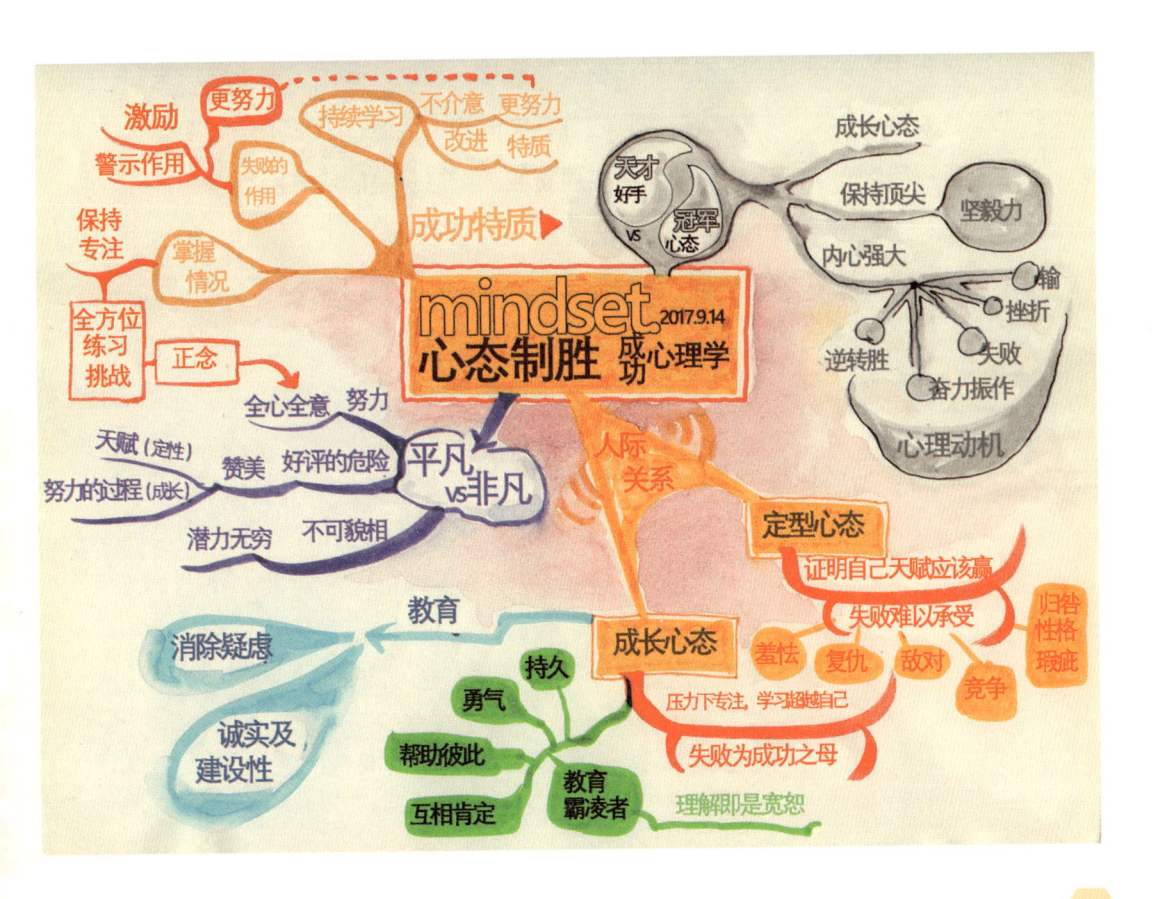

> 思维导图笔记

　　这本书一上市就有许多老师、同学、家长争相阅读分享！所以我很早就买来拜读，并且稍微看了有关杜维克博士的文章。然后我在准备画这张思维导图的时候，望着笔记本发呆了好久！

　　我想要用不一样的思维导图来诠释这本书。我很想很想！想着想着，我试图把脑中的虚幻变成一个可以看得见摸得着的实物，我试着想象：在一个空间里，要怎么把我想表达的书中重点摆上去？我一边想象、一边让我的右手自由发挥，然后一笔一笔、一画一画，完成了这幅接近虚幻、不切实际的思维导图整理。

　　这当中我并没有按照规范将线条妥善安排，相反，我用了许多色块来凸显我要强调的重点！这跟有些画思维导图的软件很像，但却不是"字在线上"。所以同学可以拿着这张图来质疑我："这算是思维导图吗？"

　　这一次，我不想给答案了。就让大家选评吧！

文案大师教你精准劝败术

思维导图绘制难度：★★★★

这一本《文案大师教你精准劝败术》是从事营销企划或是广告从业人员的必读红皮书！恰巧书皮正是大红色，摆在书架上很是显眼！

罗伯特·布莱（Robert W. Bly）从事文案写作超过25年，经手过平面广告、宣传手册、直效营销邮件、广告函、公关新闻稿、特别报告、新闻快讯、登录网页及网站等各式文案类型的撰写。与他合作过的客户包括IBM、朗讯科技、麦格罗希尔出版公司、《医疗经济学期刊》、《富比士》杂志等。

看过这本书的唯一感想就是身为一个广告人，除了要洞悉市场概况之外，了解人性才是最重要的！了解人性能够剖析产品本身与消费者心理之间的关系，了解人性才能从需要的角度出发，为消费者解决需求问题！

厉害的文案人就是坐在键盘后方的业务人员！"文案写作力"是营销人员最应该扎实练就的基本功！此书就要教你如何把握不同媒体的特性，以及不同消费者的特质，进而写出有效沟通、促进销售的好文案！职场上需要写的各种营销文案的写作要领一次掌握！

网络原生的营销心法＋数字时代的用户叙事，本书作者是资历超过25年的文案达人，他的作品得奖无数，在平面广告、宣传手册、直效营销、公关新闻稿、特别报告、公关新闻与网站等多元类型广告领域均有丰富的经验，此书也是最为营销界推崇的一部经典营销文案写作宝典。在这第三次改版中，作者为读者揭晓在数字时代该如何应对多元媒体的现况。句句精彩、毫无冷场！成功召唤消费者的内在热情！

还在为好创意绞尽脑汁、拿"桃色新闻"来吸引消费者吗？还在抓不到重点、用华丽夸张的词汇写文案、定标题吗？此书强势主张：顾客掏钱买的是"产品功效"，而不是"产品特色"。又臭又长的文案没有销售力量！只要正中读者需求，就能瞬间点燃他们掏钱购物的欲望！

既然了解人性如此重要，除了接近消费族群之外，妥善地将文字技巧学起来，也就不在话下！推荐大家有空可以翻一翻此书，保证清凉消暑、炎炎夏日不无聊！

思维导图笔记

我的重点放在"文案大师"这个几个字眼上，所以花了点时间画了羽毛。中心思想构思一向是下笔画思维导图以前最重要的仪式，通常我都会花一点时间想要来点不一样的突破！羽毛当然不会很难画，只是要边画边回想书中的重点，就有些难度了！一般我们告诫学员练习思维导图法时，尽量多利用联想、多从脑子里挖掘想法而不是照抄书本，我必须告诉你这一点的确不容易办到。

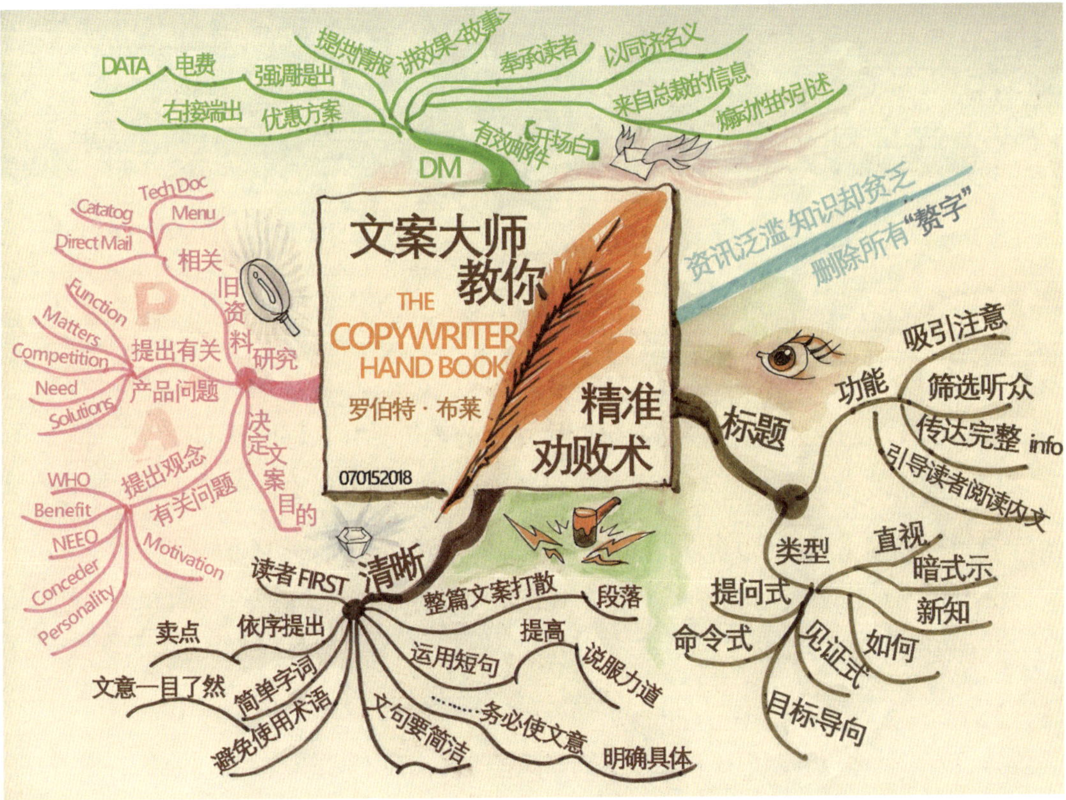

文案大师
教你
THE
COPYWRITER
HAND BOOK
罗伯特 · 布莱
精准
劝败术
070152018
DM
DATA
电费
强调提出
提供情报
讲效果<故事>
奉承读者
以同济名义
来自总裁的信息
优惠方案
有效邮件
开场白
资讯泛滥 知识却贫乏
删除所有“赘字”
标题
功能
吸引注意
筛选听众
传达完整 info
引导读者阅读内文
类型
直视
暗式示
新知
如何
见证式
提问式
命令式
目标导向
清晰
读者 FIRST
整篇文案打散
段落
依序提出
卖点
运用短句
提高
说服力道
文意一目了然
简单字词
避免使用术语
文句要简洁
……务必使文意
明确具体
研究
旧
资
料
相关
Tech Doc
Catatog
Menu
Direct Mail
提出有关
产品问题
Function
Matters
Competition
Need
Solutions
决定文案目的
提出观念
有关问题
WHO
Benefit
NEEO
Conceder
Personality
Motivation

神奇树屋 41：月光下的魔笛

思维导图绘制难度：★★★★

莫扎特你听过吧？

当我拿到这本《神奇树屋 41：月光下的魔笛》并且好好地阅读完毕之前，没料到有人会把两件事情联结在一起：神奇树屋与莫扎特；后来我又翻了这本书的前言，发现作者玛丽·波·奥斯本（Mary Pope Osborne）小时候在奥地利居住过，并且告知读者她很希望将故事的触角延伸到这个美丽的国度。

"为什么所有人都在看这个小孩假装弹琴？杰克不明白。接着，他发现一件惊人的事：沃夫在键盘上弹的简单曲调，正是魔笛在花园里吹奏出来的旋律。"读到这里我忽然一面起了鸡皮疙瘩，另一面赞叹作者笔下虚实转换的绝妙！

这么看起来，以莫扎特来做最后故事引爆点的方式实在是太酷了！不得不佩服作者对于题材掌握的方式绝妙，如透过树屋穿越时空、魔法点缀情节精彩之处、人物主角鲜明个性的安排等，而最吸引孩子们喜欢阅读的最大原因，莫过于读完了故事之后还能够学习到其他学科的知识！

历史、地理、人文、艺术，这些平时躺在教科书里无聊的文字，穿上了奥斯本神奇的衣裳竟然可以变得如此有趣！以文字工作者的角度来看，这套"神奇树屋"无疑是童书界的典范！畅销多年、翻译成多达34种语言，销量超过一亿本，实至名归。

大朋友小朋友，应该都来翻阅这系列好书，一窥杰克与安妮的探险之旅。

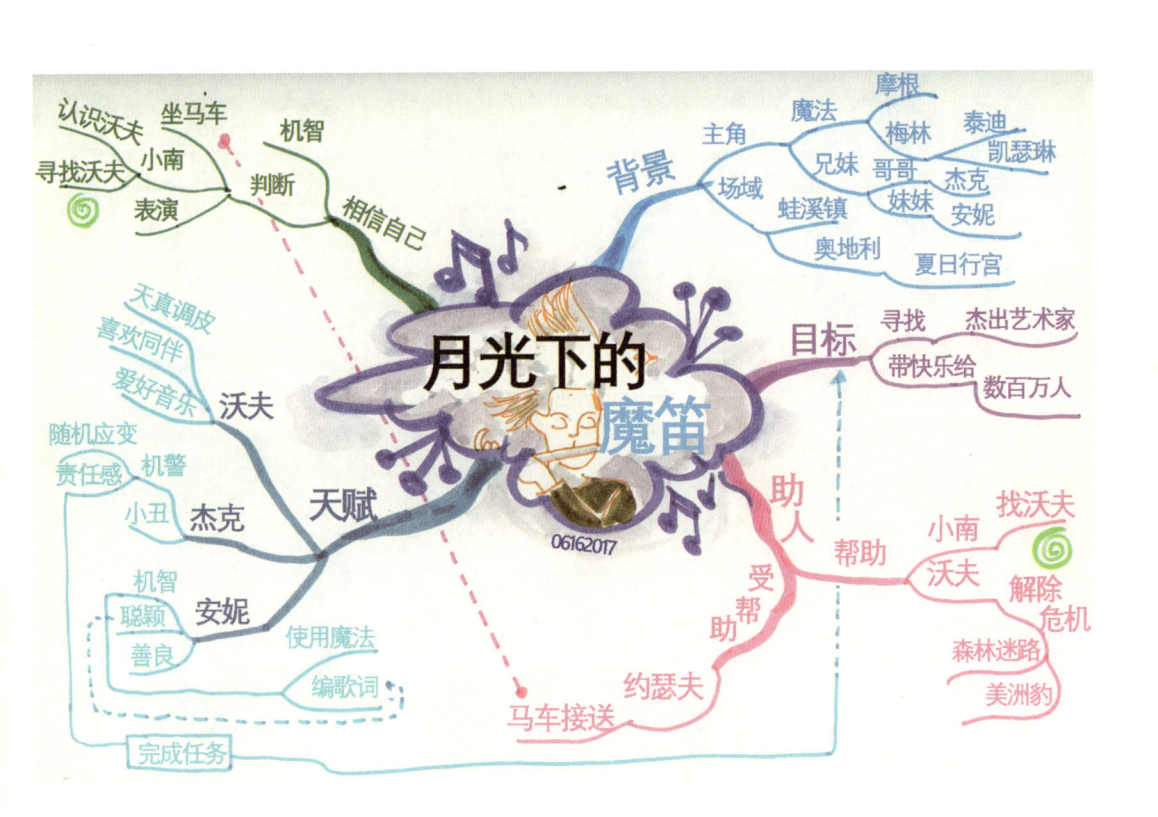

> 思维导图笔记

为求好好表现此书故事的关联性，我一定会使用虚线与箭头！这是初学者不曾见过的符号，也是进阶学习者常常在课堂中提问的主角；一件事拆解的过程中难免会解出一些具有重复字眼、却有相同或不同含义的关键词，而这个时候就是虚线箭头出来表演的时机。

虚箭头的正确用法参照本文的思维导图可以一窥究竟。另外，这是我第一次拿平头笔尖试图写出漂亮的中文字。结果，看得出来效果不是很好。

决策时刻

思维导图绘制难度：★★★★

2001年9月11日，一项恐怖行动撼动了美国纽约市，当时的市长朱利安尼（Rudolph W. Giuliani）先生发挥了冷静的人格特质，沉稳坐镇市政府救难中心，一点一滴、胼手胝足重建纽约。第二年，《决策时刻》中文译版出版，我立刻不假思索收藏了一本。

十多年过去，留在我心中的印象全是朱利安尼是一位决断力十足的领袖人物，书中的细节早已忘得一干二净！而多年后的我心智状态已不相同，重启此书再次细细品读的结果竟然是有异常丰富的感受；除去政党政策的因素，单看朱市长对市政府团队的要求，就能理解在当下改革的气氛之中，决断力（独断专行）的重要性！纽约市市民其实是渴望接受改革的！

身为企业领导人，决策时刻常常发生！但愿我们都能在最重要的时刻做出最适当的决策！

思维导图笔记

要做类似这样的应用,这张图除了自己要能看懂以外,别人也要能读出一点兴致才行!除了书本我很爱之外,我对朱利安尼市长的风范也是非常景仰的!可能都是出自个人情感因素吧,画这些图都会有一些理由的,很个人的理由。供各位读者参考一下喽!

刻意练习

思维导图绘制难度：★★★★

听过"一万小时法则"吗？《异数》《恒毅力》《我比别人更认真》等书都曾引用此书作者开创的"刻意练习法"，关于广为流传的"一万小时法则"运用错误之处，作者也特别做了一些说明。

找到天赋，不如找到方法。书中不乏因为挑战"某些具有天赋"而立下大志向、明确目标的人，利用刻意练习法渐渐在某一领域表现达到良好进而杰出，然后达到顶尖的现象！这很有可能是21世纪第一本找到精通任何事物诀窍的解答书。常常，我在思索如何教育孩子对于人生目标、梦想、成就等议题的理解时，为了找到支撑"一定要出人头地"这个说法，举了许多成功人士的案例，一再说明这些人怎么厉害、怎么伟大，人类因为这些伟人的存在而过得更好之类的说辞。但是，有没有人就是甘于平凡呢？抑或平凡人能否根据科学的方法走到不凡之处？

《刻意练习：原创者全面解析，比天赋更关键的学习法》就是在传授这样新奇的理念与实践——通过刻意练习来达到专业的程度。当然，书中提到的专注投入与找到好老师是两个至关重要的关键，若没有具备这些关键点，我指的是，很多事讲求一个标准！你认为的好老师倘若不是真正的专业，请问你如何能够从专业、杰出到卓越？

正确的方法加上正确的观念才能事半功倍啊。

倘若你希望在工作上表现杰出、希望帮助自己的孩子学习、希望自己为爱好投入大量心力而且看得出成效，倘若你是个热爱学习新事物的人，那么向你推荐此书。

> 思维导图笔记

　　这是少数我很仔细挑选的工具书。原因是书中有一些颠覆性的观念让我感到惊奇，所以我决定好好地把中心思想给颠覆一下！运用蘸水笔加上水彩，把这张思维导图的样貌推向图画那个地方，然后加上一些额外的线条、没有意义的线条！加上那些线条唯一的理由就只是美化导图而已，至于有没有帮助提高记忆，读者们可以帮忙验证一下，有答案记得写 E-mail 告诉我。

智慧共享的社群人脉学

思维导图绘制难度：★★★★

听过社群人脉学吗？

你知道怎么"正确"猜出一头牛的体重吗？"众志成城，众口铄金"不再是中国历史上春秋末年的成语故事，而是活灵活现的21世纪社群现象！街头巷口七嘴八舌的无聊八卦，很有可能是主流市场上不容忽视的消费大众的声音。

脸书自2004年成立以来全球已有将近15亿人口使用，这个全世界最大的社群媒体已经颠覆每个人的日常，推翻了广告业的运作模式！有许多平台的推广及宣传都跟着脸书的算法而生存着。

即便如此，科技的发达造成人们在工具使用习惯上的改变，唯一不变的却是："Make them remember（让他们记得）！"所以，《智慧共享的社群人脉学》毫无保留地将作者数年来的操作手法公开，跟大众聊聊，怎么样在网络上、社群平台上保持热情，如何持续地提供与他人有关、有意义的资讯！如何真诚地与群众联结，然后这些强弱不分的联结，造成了一股力量！你绝对不可抗拒的力量！

21世纪，智慧共享的群众力量将会颠覆一切！如果你还不知道的话！

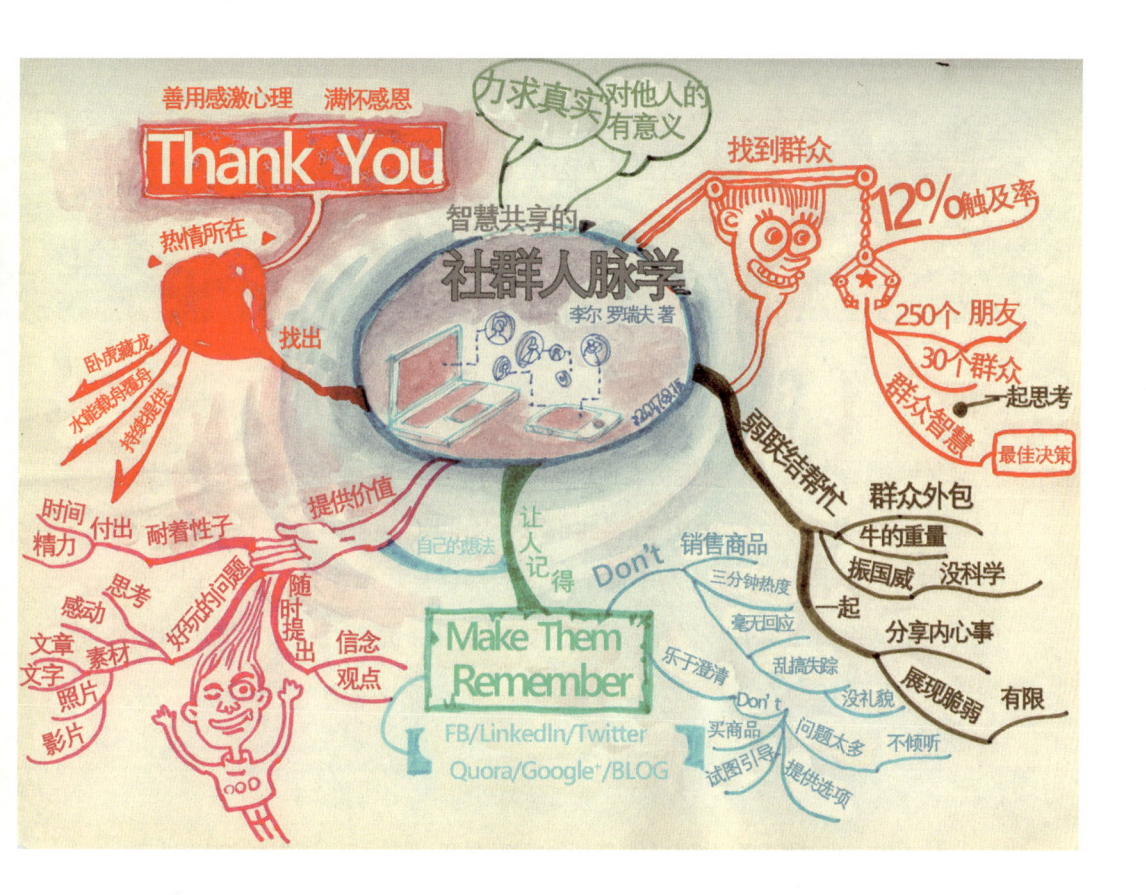

思维导图笔记

很有趣的工具书，可以帮助读者思考如何经营社群！所以我用了一些只有我看得懂的插图、画了一颗红彤彤的心，这些元素可以因人而异，但却必须使用妥当！因为一不小心，你就回不去那种很普通、很无聊的思维导图喽。

恒毅力

思维导图绘制难度：★★★★

父母都是中国人，早年全家移民美国、研究心理学多年的安杰拉·达克沃斯（Angela Duckworth）在多年前的一场TED演讲中提到了"GRIT"。我记得当时Youtube影片对于这个单词的翻译是"意志力"。几年以后就在这篇演讲点击量节节攀升的同时，她的新书《恒毅力：人生成功的终极能力》（Grit: The Power of Passion and Perseverance）出版了，毋庸置疑，这是一本绝对会畅销的书。

我喜欢这位学者的原因当然不只她秀丽的亚洲脸孔，还有她演说时表露无遗的专业以及热情！后来在看书的时候当然完全融入其中，书读起来顺畅无碍，并且令人赞叹不已；虽然自己的恒毅力分数不高，但却因为自己也非常相信未来的目标，并且正在很努力地练习与进步，所以对于书中所提到的种种案例及方式，不仅认同，而且必定能够成为将来对孩子解释未来与成就时，不可缺少的题材。

没有一个父母不希望自己的孩子有成就！中国人更是如此！"望子成龙、望女成凤"不是口号而是家长们的心声；然而要能真正做到成龙成凤，必须认清事实、找到方向、勇往直前并且永不放弃。我对于"恒毅力"的理解是"坚持到底",成就"坚持到底"这四个字当然会吃很多苦头!然而我发现具备恒毅力的成功者最棒的特质便是将吃苦当作吃苦,并且从中还要找到吃苦的乐趣,这是多么难得、多么遥不可及的能力啊!

然而,透过作者的清楚描述,我们不禁发现透过刻意练习,你也可以拥有这样的能力!

且让我们将对自己的疑问放在一旁,先别急着怀疑自己能不能做得到,做,就对了。先开始一点一点地产生对目标执行的乐趣,一点一点地开始接受挑战,一点一点地开始承受压力、然后再继续承受压力、然后再继续承受更大的压力;任何极大的事都是从极小的平凡事开始累积,所以千万别小看自己做出的平凡小事。

如果恒毅力可以透过练习而成,那么你想变成什么人?你有什么远大的目标?

> 思维导图笔记

　　这本《恒毅力》也是我相当喜欢的书籍之一，作者很面善是其中一个重要因素。我在她的演讲中，不，应该说我在她 TED 演说时就很关注她的相关新闻，所以她出书的消息一发布我立马收藏。"喜欢书所以用力画思维导图"似乎成了我每周最喜爱的活动之一！这个动力让我可以持续做画作心得，持续有新书阅读、持续吸收新的知识、持续拥抱美好的人生。

　　喜欢或不喜欢思维导图的朋友，愿你们都能找到自己喜欢的人、事、物，找到热爱并且拥抱人生的理由！

专注力，就是你的超能力

思维导图绘制难度：★★★★

工具书上百种，看中哪本工具书除了缘分，剩下的就靠朋友推荐了。因为另外一个读书会知道的这本由日本著名读心术大师DaiGo所著《专注力，就是你的超能力：掌控自我、提升成绩的18个学习武器》，让我又重新认识了一次高效能学习法！所谓的高效能当然指现代都市人时间很少、要做的事却很多的条件下，最渴望拥有的能力。

读过了《刻意练习：原创者全面解析，比天赋更关键的学习法》知道一个专业人士在累积练习经验的过程中必须要无比专注！而这份专注的能力其实等同于你的意志力。然而，这个听起来颇玄妙的名词并非要将你引导至心灵成长、心灵探索那个方向，反之其实要是告诉你这其实也可以靠一些简单的习惯培养，达成刻意练习后的显著成长。一个人只要随时能够进入专注的状态，那么在那样的状态之下，所有的学习都能达到最高的效率！所剩下来的时间当然就能让主人自由运用，听起来真是开心，不是吗？"人的一生不过三万天！我们无法改变时间的长度，但可以改变时间的密度。在短时间内提升专注力，一次拥有时间、速度与成果。"

根据书中的内容我个人最好奇、也最难克服的，就是超早起。你们呢？

思维导图笔记

好吧，我承认这篇有点卖弄技巧了！并且我也忘了当时是不是喝了点酒（呵），李白是这样的，喝了酒之后诗兴大发，产出的诗句都非常经典！所以他是诗仙也是酒仙。当然，这眼睛画得不是很好，可却能表达当时我对于书中重点的心得感受。画思维导图从来都不会是一件枯燥乏味的事噢！

这个中滋味得靠你自己好好地去品尝！切记，如果你也尝试喝点酒来助兴，千万不能画完了思维导图之后去开车噢！酒后驾车是非常危险的。

打开德·波诺的思考工具箱

思维导图绘制难度：★★★★

爱德华·德·波诺（Edward de Bono）是公认的创意思考大师、创意思考领域的重要权威人士，在国际上备受推崇。知名的《水平思考法》（The Use of Lateral Thinking）于1967年出版，"水平思考法"一词收录在《牛津英文辞典》中，意为："尝试以非传统或看似不合逻辑的方法解决问题。"

本书副书名："从'水平思考'到'六顶思考帽'，有效收割点子的联想技巧。"但我必须说这是一本有深度的工具书，波诺先生毕生创意思考的智能转化为文字，没有想到却是这么的枯燥乏味、艰深难读。不过，我是从迅速翻阅的角度来说不好读，实际上却有海量的知识蕴藏在书本当中的。

首先要说这"六顶思考帽"，许多老师会将其运用在班级经营上，采取主题式引导，让孩子们试着扮演设定好的角色，以诱发他们的思考，他们时而担任领导者、时而协助组员达成任务。角色扮演并非全是"六顶思考帽"设计的本意，换位思考很有可能更甚于做好角色扮演！产生创意的过程难免有许多争议、辩论，在思考的过程中，波诺先生可以采取的攻势多元，有快有慢！每一招都放到核心位置里，每一个技巧都需要不断反复演练。

即便是艰深的文章整理，在思维导图的领域中都是小事一桩！

我采取的是最保险的"目录标题整理法"，先把最好理解的章节找出来当作主干，然后试着将文章的部分关键词提出来成为支干。这就是整理不好阅读的工具书时，可以运用的技巧！既不多花时间，也可以迅速掌握你可以掌握的重点！

阅读技法里，有一个"柿子挑软的吃"的说法，也就是无论如何一定要先掌握自己最喜欢、最容易吸收的部分做第一次阅读，拉近和书的距离感、将抗拒的生理反应解决，然后再慢慢地攻克下来。

"水平思考"所注重的细节程度远超过你的想象，假使运用得当，所有的创意思考都将能按部就班完成！如同波诺先生在书中所说："想出创意是最了不起的事，看到创意奏效是最令人欣慰的事，而符合自身需求的创意才是最有用的。"

首先，我们重新拆解了书中可以让大家立刻上手的重点，所以这张思维导图的大项分类变成了创造性暂停、六顶思考帽、聚焦、质疑以及刺激；除了六顶思考帽之外大家可以发现这次的拆解单纯许多，次分类的解释也比较容易懂。

其次就是我们舍弃了图像的植入，而强化了这张图的结构！就理解记忆的层面来说，这样的思维导图（纯文本）是比较聚焦的做法，在思维导图法学习中也是常常运用的做法。

而作者最喜欢的一项创意思考技巧，除了六顶思考帽之外，便是创造性暂停了！所谓创造性暂停，并非刻意说停就停噢！而是在思考过程中，主动地将顺畅流动的思绪停一下，然后刻意发现小小的不同的地方，这个刻意发现就是创造性暂停的创造所在了。

那么暂停的时机，虽然在书中也有详述，但我个人最常用的便是"生理需求暂停"，也就是说上厕所啦、喝水啦、吃点心啦，甚至洗澡休息等，都是很棒的创造性暂停的时机点！想要产生创意，就不可以太刻意，但刻意与创新之间其实没有任何关系，只是需要大量的练习！我们在"亲子创意思考术"课程中也传授给大家亲子之间可以运用的日常互动，这些互动的技巧就是在刻意中寻找创意！与波诺老师所讲述的水平思考是非常契合的！

对一个题材多次复习，是思维导图法训练中必要的存在！让我们开始慢慢地进入思维导图法中最奥妙的创意延伸，让我们渐渐习惯创意思考技巧，进而踏入在刻意中寻找创意，直至找到创意的境界！我们一起前进！

思维导图笔记

这个中心思想我构思了一会儿，决定用创意的字体来玩玩看，毕竟是讲创意的书，耍一点花招应该不算过分！点画在过去我自己的学生时代用过几次，很伤眼、很考验耐心，还好这次只是很小篇幅运用，不花太多时间。我必须说波诺老先生的思想很前卫，但书本真的很难读。

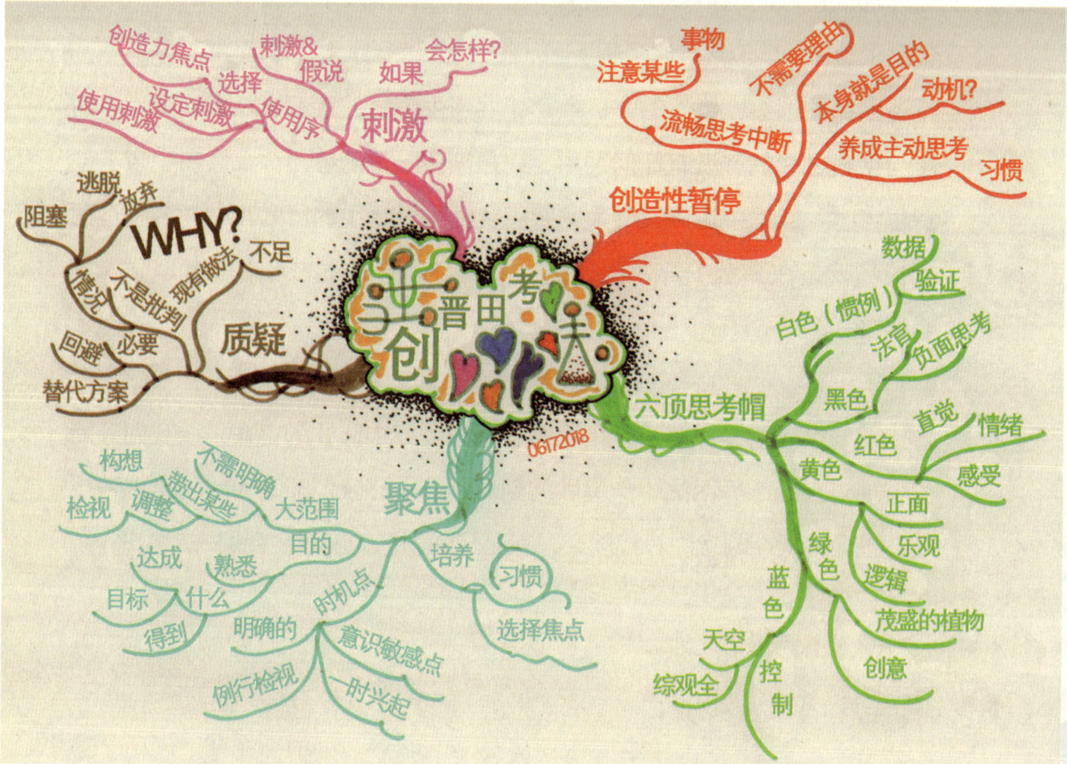
刺激
创造力焦点
选择
刺激&
假说
会怎样?
如果
使用刺激
设定刺激
使用序
创造性暂停
事物
注意某些
不需要理由
本身就是目的
动机?
流畅思考中断
养成主动思考
习惯
WHY?
逃脱
放弃
阻塞
不足
现有做法
不是批判
情况
质疑
回避
必要
替代方案
六顶思考帽
数据
验证
白色（惯例）
法官
负面思考
黑色
直觉
情绪
红色
黄色
感受
正面
乐观
绿色
逻辑
蓝色
茂盛的植物
天空
创意
综观全
控制
06172018
聚焦
构想
不需明确
带出某些
检视
调整
大范围
目的
达成
熟悉
培养
习惯
目标
什么
时机点
得到
明确的
选择焦点
意识敏感点
例行检视
一时兴起

越读者

思维导图绘制难度：★★★★

阅读一向是最纾压也是最能"永续经营"的习惯，记得上回分享过《如何阅读一本书》里面提到诸多以专业的角度来拆解"阅读"这件事，严肃来看把阅读当作是一项运动，那么在阅读的领域里面，如何掌握比较好的效率、怎么循序渐进地练习、如何读进脑瓜子里去，等等，都会影响一个人愿不愿意阅读，怎么轻松阅读，如何把阅读当作是一种终身的好习惯。

然而《越读者》的作者郝明义一开始便开诚布公地告诉大家："本书并没有强调如何学习成功人士的阅读之道！"取而代之的是一个作者和他以一个读者身份的对话，以及解答在阅读中充满的疑惑。这本《越读者》出版于2007年，十年之后更新再版，作者调整了许多内容，应数位时代增减了些文章。

我个人最喜欢以饮食来代表阅读的桥段，主食、蔬果以及甜食！这样的比拟不但清晰，而且非常容易理解，现在的都市人更是应该以此原则来跨界阅读。

看完本书之后，除了快速地浏览了整个以书本为主轴的人类文化之外，还约略窥探了文明发展的过程，从西方到东方、从纸本到网络，信息发展带来的演变，人们吸收截取信息的方式等，好比作者在前言中所提到的："只有懂得超越界限的读者，才能尽享广阔天地里的一切丰饶！"

> 思维导图笔记

这张图我费了一些心思！可能会有很多人看不懂，但这真的就是我的想法！你可能会说："这有点乱七八糟吧？这不算是正确的思维导图整理方式吧？"好吧，我不打算在这张图上跟大家辩论何谓"正确的"思维导图整理方式，但我希望这张图可以朝另类的思想方向走，用一些底色、线条，用一点浮夸的曲线把逻辑说不清楚的东西表现出来。好吧，我知道你看不太懂。

就像作者也这样说："这是一种摸索的对话。"如果这张图也带来了一个对话的契机，那便充分达到绘制目的，我的确有这么想过。

创意天才的蝴蝶思考术

思维导图绘制难度：★★★★

最近阅览许多关于教育教养的书籍，很有收获。对于"创意思考"这件事，我衷心认为这必须从小培养！这个无法被量化的能力一直以来都被教育界视为是改变环境的能力指标！面对快速多变的未来市场，我希望从根本做起，培养孩子应变的内化思考能力，至于如何应对外界的变化，就看他若干年后独自面对社会时如何发挥。

这本《创意天才的蝴蝶思考术》是我无意间在 Youtube 上发现的，从影片简短的简介就很吸引我，也能够跟其他教养的书做一些联结！好比重点练习《教出创造力》里面提到的交互使用左右脑与书本里提到的突破性思考、神经可塑性练习皆有异曲同工之妙，凡是要培养好奇心与观察力都与环境实验里的光线、音乐等极有关联！

蝴蝶异常美丽，但却不容易捕捉！利用蝴蝶来比喻创意思考真是再贴切不过。

利用这张思维导图，我归纳出一个很有趣的重点：使命感与利他心态真的是保有创造力、创意能量的神奇公式！最妙的是，在《心态制胜：全新成功心理学》这本书里面，也同时提到利他！看来，具备利他心态与助人使命感的人，不仅能够具备成长心态，能够接纳更高更多的挑战，也同时可以发挥创意，以创造能量来帮助他人。

得知这个诀窍之后，我们可以安排更多相关的练习、实验，以及生活上的体验来刺激大脑，帮助大脑习惯不同的思考方式，进而让思考影响行为！希望这个整理能够为孩子的发展带来不同的思考角度。

> 思维导图笔记

　　首先，这只蝴蝶同时是主题、中心思想的做法我还蛮常用，图像与文字的组合向来都是我设计中心思想时的首选！而这张图值得多看两眼的地方是，第一层分类的代表图像；我用了大量的字体变形与色彩设定，当然水彩的铺陈也帮上了忙，将最后的收尾画面拉向了平衡。后来我发现在我所有思维导图绘制作品中，最常出现的就是上底色！各位读者应该不难发现。

　　上底色最大的好处就是画面美观了，因为用色过多容易眼花缭乱！将曾经出现过的颜色以色彩技法铺底，是一个思维导图绘制者能够参照的绘图方式，也是用作平衡画面的方式之一。

　　请注意，这里提到的美术技法并不是学习思维导图过程中必学的项目，请大家不要担心害怕！因为笔者说过这本书的精髓所在是创意运用而非教学使用。

谢谢你迟到了

思维导图绘制难度：★★★★

阅读《谢谢你迟到了：一个乐观主义者在加速时代的繁荣指引》当然会有一种以异常的高度俯瞰世界的观感！作者的知名度不需赘述，他以宏观的角度关注地球上最具影响力的事件：大自然气候变迁、科技及市场全球化，并用记者的专业态度对事件进行深刻剖析，引人深思。

愈是快速，愈是需要慢下脚步反思。全球化市场竞争之下，许多既有交易模式早已被破坏殆尽！然而有人生存有人失败，人们究竟是否从其中学习到精髓？是否有更多传统的价值应该被妥善保存？全球化究竟为人类带来的是繁荣还是毁灭？又或者其实不需要悲观，生命总是会找到自己的出路。

2007年出现的高科技在短短数十年的时间里改变了全人类的生活方式！这瞬息万变的速度压得许多人喘不过气，尤以教育从业者面对低生育率、低死亡率的现象，不禁反思：我们该如何运用科技教育下一代？如何让下一代了解属于这一代需要面对的压力？

《谢谢你迟到了：一个乐观主义者在加速时代的繁荣指引》是在呼吁

人们，偶尔于快速度的生活步调中停下来，想一想生命的价值、生活的目的，想一想自己在这个世界上的定位、这个社会上存在的意义。

这的确是一本不可多得的好书，值得你细细阅读。

思维导图笔记

或许有人会问：书名不是"谢谢你迟到了"吗？为什么画到图的中心的叫作"加速时代 the CORE"？会这样问的同学是因为对于用思维导图做书本阅读心得不熟悉！之所以称之为不熟悉是因为阅读者与书本之间很容易产生一束联结，这个联结来自阅读者的认知、素养、态度及习惯等，书名与书中内容的关联性当然很重要，但是对书的核心定义，更加重要！

所以我认为这本书的真正含义是在介绍加速时代里的核心价值，也因为如此我的命名就不跟着中文书名翻译走，由我自己来选择与定义。而绘制难度与其他四颗星导图的做法亦同：以空间的安排来妥善加入线条，并且善用颜色与插图，甚至加入一些符号，如对话框、方框以及爆炸星状图形等。

这个阶段的图的绘制都大量采用自来水笔，运用了一点水彩上色的技巧。

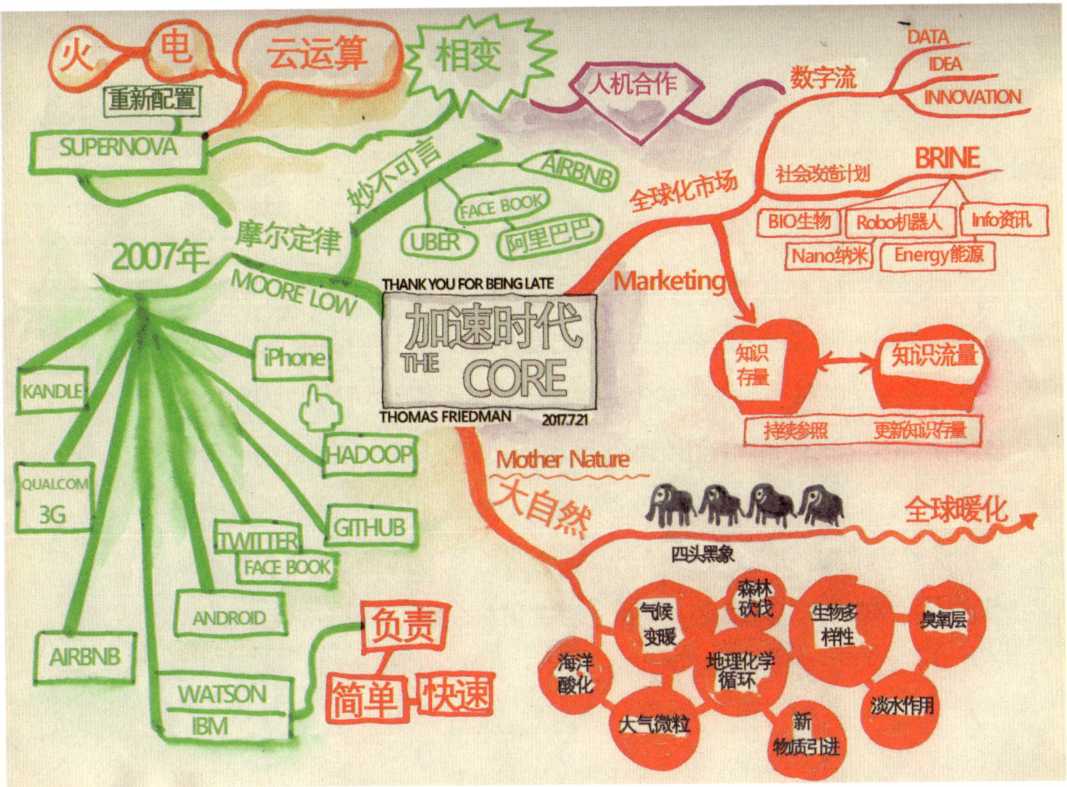
火
电
云运算
相变
重新配置
SUPERNOVA
人机合作
数字流
DATA
IDEA
INNOVATION
妙不可言
AIRBNB
FACE BOOK
UBER
阿里巴巴
摩尔定律
2007年
MOORE LOW
全球化市场
社会改造计划
BRINE
BIO生物
Robo机器人
Info资讯
Nano纳米
Energy能源
Marketing
THANK YOU FOR BEING LATE
加速时代
THE CORE
THOMAS FRIEDMAN
2017.7.21
知识存量
知识流量
持续参照
更新知识存量
KANDLE
iPhone
HADOOP
QUALCOM 3G
GITHUB
TWITTER
FACE BOOK
ANDROID
AIRBNB
WATSON
IBM
负责
简单
快速
Mother Nature
大自然
全球暖化
四头黑象
气候变暖
森林砍伐
生物多样性
臭氧层
海洋酸化
地理化学循环
大气微粒
新物质引进
淡水作用

亲子共熬一锅故事汤

思维导图绘制难度：★★★★

幸佳慧，成大中文系、艺术研究所毕业。进入社会担任童书编辑、记者后，觉得所学不足以解释观察到的社会问题，她又继续前往英国学习，获得儿童文学的硕士和博士学位。在学术的研究历程中，从未间断文学的创作、评论与报道的撰写，出版物类型包括文学旅游导读《掉进兔子洞》《走进魔衣橱》，传记类《永远的林格伦》，绘本《大鬼小鬼图书馆》《亲爱的》《希望小提琴》《哇比与莎比》，少年小说《金贤与宁儿》，图文书《天堂小孩》，以及给教养者的《用绘本跟孩子谈重要的事》。她的作品多次荣获金鼎奖、文化艺术基金会文学创作奖等奖项。

我有幸在偶然的机会里发现这本《亲子共熬一锅故事汤》！光是书名其实就可以体现作者深厚的文字功力，当然此书披露的绝不只是浅谈亲子共读，而是教家长如何与0～4岁的孩子一起阅读，然后帮助孩子培养并发掘喜爱阅读书本的能量与自主性！

就方法上来说，如何做到鼓励与回应是最困难的！

我想家长可能无法立即仿效书本里那样跟孩子对话！但最起码可以学

到应有的态度，陪孩子阅读除了要有耐心，还要选对读物、找对方法，用适当的亲子应对方式，讲书本、聊书本，找出孩子对书本的兴趣，并且一直不断持续下去！

对于教养我最自豪的就是培养女儿从小喜好阅读的能力，而每个家庭惯用的方式绝对不同！找出合适的节奏，在欢乐的气氛下慢慢养成孩子阅读习惯，的的确确是每个家长都必须要认真面对的课题！所以，从孩子一出生就开始吧！大家共勉之。

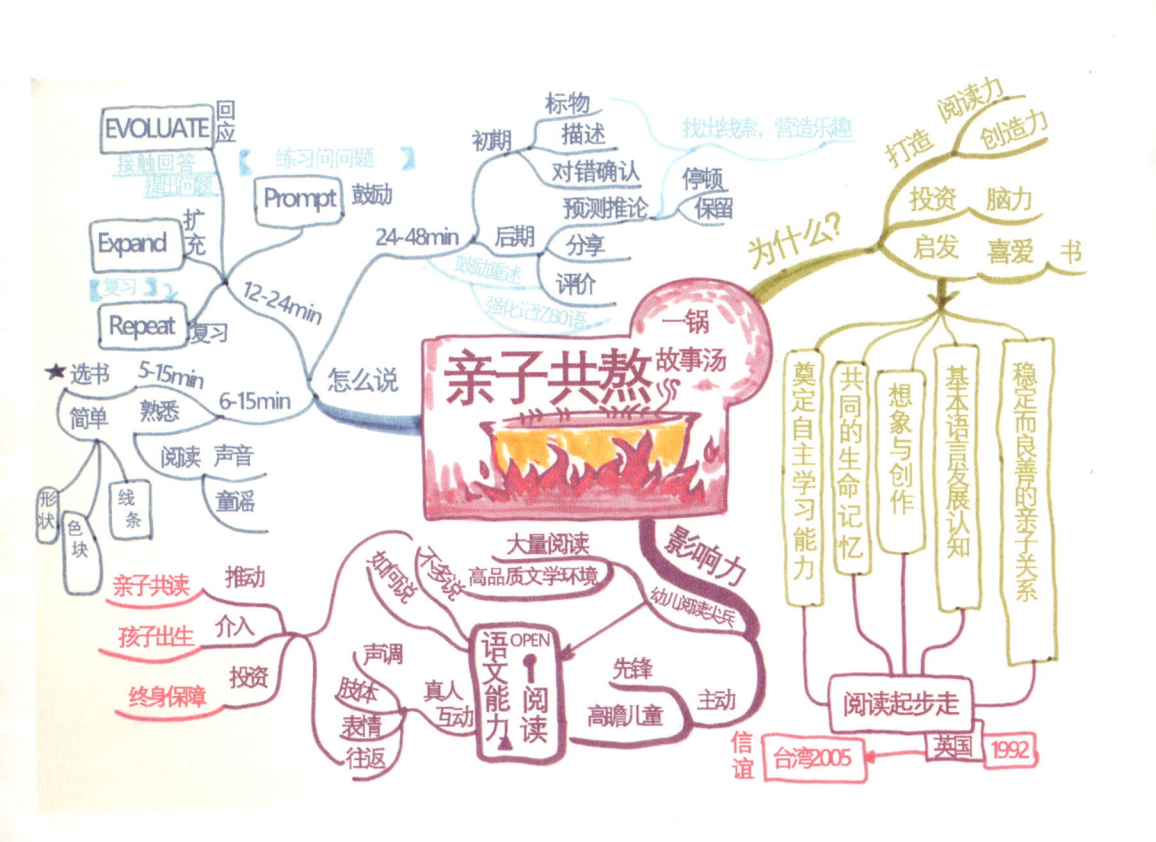

> 思维导图笔记

阅读故事书是我在小女自小便培养起的习惯，所以我们都很爱编故事，我们俩的想象力水平也不分伯仲。"共熬一锅故事汤"这么有意思的主题，当然要来一张有意思的图像来表示！所以丢开本书封面参考，直接进入一种自由发挥的绘前设定，然后一锅汤不由自主地出现了。

既然是亲子，大人要变小、小孩子要变活！活便要活在线条的舒展、活在颜色的跳脱！书里的关键词要能活泼地游走在画面安排之中，也不能失掉应有的逻辑。画着画着我心里轻松起来，想着：这个做法也像是编故事一样，故事讲究主体、讲究引人入胜的情节铺陈、讲究表现手法！思维导图不也一样吗？

逆时针

思维导图绘制难度：★★★★

癌症，对于健康的你我来说距离很远，但很有可能将来会发生在我们的家人或者是自己身上；这一两年陆续发生的名人去世事件，都在提醒人们身体健康的重要性！癌症盘踞人类十大死因榜首多年，尤其是大肠癌、食道癌、前列腺癌等绝症开始令人担忧。

葛森疗法，这个名词相信你我皆不陌生——"崇尚自然、食疗养生"；很多人已经知道西医是双面刃！时至今日，不妨参考也许有更适合人体的养生、疗愈方式，同时也给大脑注入新的思维。

还记得《逆时针》这本书吗？让我们再次利用思维导图来回顾这本书的重点：对抗癌症的秘诀。贴上标签之后影响思考层面、让对方产生信念，产生良好的互动等；最重要的莫过于用心对待你的身心状况，并且体会帮助别人对自己带来的好处。

下回有空到图书馆时，你可以借这本书看看，因为《逆时针》已经绝版。

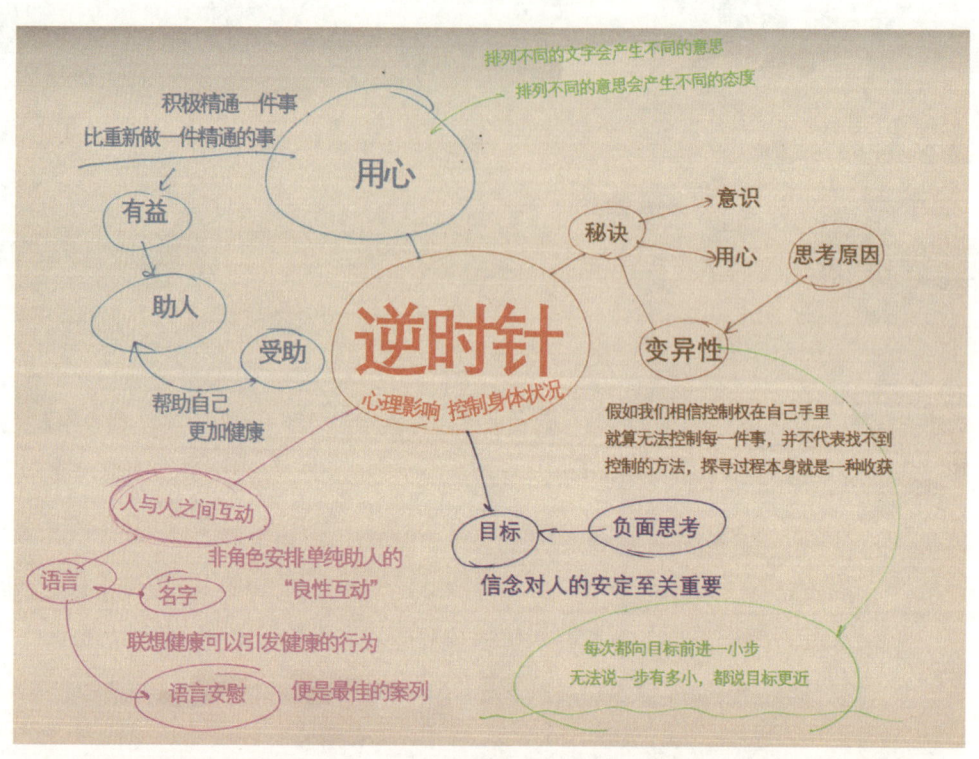

逆时针（心理影响 控制身体状况）

用心
- 积极精通一件事 比重新做一件精通的事
- 有益 → 助人 → 受助 → 帮助自己更加健康
- 排列不同的文字会产生不同的意思
- 排列不同的意思会产生不同的态度

秘诀：意识、用心、思考原因 → 变异性

目标 ← 负面思考
- 假如我们相信控制权在自己手里，就算无法控制每一件事，并不代表找不到控制的方法，探寻过程本身就是一种收获
- 信念对人的安定至关重要
- 每次都向目标前进一小步，无法说一步有多小，都说目标更近

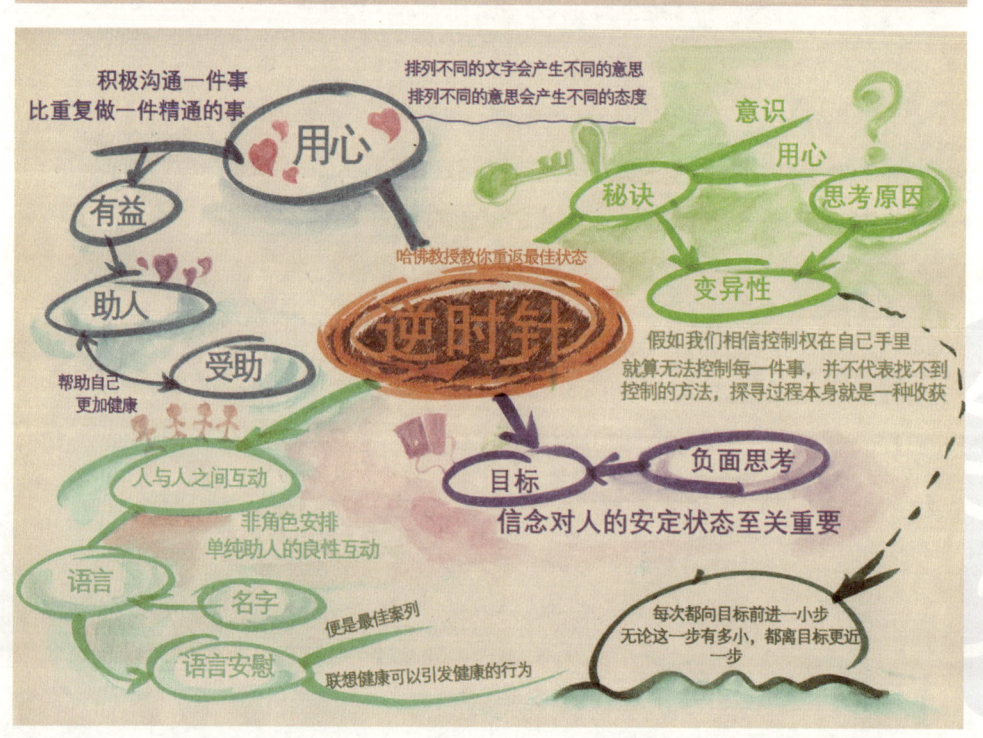

语言
- 人与人之间互动
- 非角色安排单纯助人的"良性互动"
- 名字
- 语言安慰
- 联想健康可以引发健康的行为便是最佳的案列

逆时针（哈佛教授教你重返最佳状态）

用心
- 积极沟通一件事 比重复做一件精通的事
- 有益 → 助人 → 受助 → 帮助自己更加健康
- 排列不同的文字会产生不同的意思
- 排列不同的意思会产生不同的态度

秘诀：意识、用心、思考原因 → 变异性

目标 ← 负面思考
- 假如我们相信控制权在自己手里，就算无法控制每一件事，并不代表找不到控制的方法，探寻过程本身就是一种收获
- 信念对人的安定状态至关重要
- 每次都向目标前进一小步，无论这一步有多小，都离目标更近一步

语言
- 人与人之间互动
- 非角色安排 单纯助人的良性互动
- 名字
- 语言安慰
- 联想健康可以引发健康的行为便是最佳案列

132

> 思维导图笔记

我常常在教学的时候与学员们分享我练习时绘制的思维导图！我会告诉大家一个主题绝对要练习不止一次，也就是说一个主题往往要练上两三张才会发现思维导图的奥妙所在！支持这个论点的根据很多，主张手写会帮助刺激脑部运动是根本的原因。既然如此，我们何不把以前老师们动不动要大家罚抄写的方式，改为画图？

每一次挫折，都是成功的练习

思维导图绘制难度：★★★★

继前文提过失败为孩子成长之母后，似乎沟通技巧相对来说在互动领域中重要许多！

既然坊间有这么多关于口语表达、说话技巧与谈话技巧的书籍供参考，不如直接了解最高等级的谈判术吧！FBI 谈判术一向是国际谈判最高指导原则；作者克里斯·佛斯（Chris Voss）先生具备多年实务谈判经验，在谈判领域绝对称得上是一等一的学者、领导人。

《FBI 谈判协商术》中推翻不少既往谈判教学里的观念，然后将实际案例列出来一一剖析！这一点十足让读者受惠，也使得谈判术呈现另外一个非严肃的角度，可将其运用在商务领域、人际关系甚至家庭！此书最大的观点便是认清目前事实、步步为营，然后认真倾听对方的需求，提出解决办法，达到双赢！

不同于当初看到封面时的感觉，书本内容非常引人入胜！极力推荐。

思维导图笔记

这是一篇绘制难度接近五颗星的作品！当时，画的时候我顺着心流、一开始使用对角线随兴抓了画面中央的位置，刻意留下这个 X 线是为了将来有一天教学时可以派上用场，没想到这一画成了这张图最具个性判别的一个点。我抓的重点都是自己认为可以上手的，毕竟 FBI 谈判术高深莫测，是初级想要使用谈判技巧在工作上的学员们无法立刻心领神会的！

而这张图另外一个难画的地方便是心流之处，插图的存在很抢眼！画完之后我立刻觉得这张图作为这本书的简介是非常恰当的，所以在此呼吁若有朋友刚好认识这本书的出版社，也许可以将我推荐给出版社，我们可以来合作一下！你们知道到哪里找我。

TED TALKS 说话的力量

思维导图绘制难度：★★★★

就高等智慧生物而言，人类是唯一会说话的物种！如今在公开场合对群众说话的力量，通过互联网等科技的影响力无远弗届。然而，这些精彩绝伦的说话技巧绝非一蹴而就！克里斯·安德森（Chris Anderson）说："这些技巧是绝对可以教导传授的！这意味着：不论老少、人人都可以受益于一种新的超强力量，叫作'演说能力'（presentation literacy）！"

这是一本绝对可以照着演练的武功秘籍！

克里斯·安德森在幕后和所有最能激励、启发我们的 TED 演讲人共事过，书中他分享了一些最受欢迎的演讲人所提供的经验，从如何准备制作演讲内容，到台上该如何发挥你最大的影响力，这些都有精辟实用的导引指南。这是一本 21 世纪高成效沟通的崭新手册，也是任何想要以其思想创造有效影响的人的必读之作。

本书巨细靡遗地描述了世界上最知名的专家们如何战战兢兢准备一场又一场的 TED 演讲，从基本想法的构思工作开始，联结、叙事、解释、说服、揭示重点；如何善用演讲时可用的工具；如何分析准备流程；台上需要注意什么，等等。不同的讲演主题之间有着全然不同的准备方式；文中提到丘吉尔说："请排练你的即兴演说！"

笔者有多年在讲台上、会议桌前讲话的经验，此书阅毕犹如醍醐灌顶！前辈们的经验谈实在精彩绝伦，无论是有讲稿没讲稿，每一场精彩演说的演讲者最少演练 25 次，目的无非是希望听众能感受演讲者对主题投注的热情，以及对于演讲的重视！

由于篇幅所致，特别将此书思维导图做上下两集的诠释，希望对各位阅读这本书有初步的帮助。

思维导图笔记

这张图我给五颗星的原因是画两张！还分上下集。这个尝试我也是第一次，反正挺好玩，在整理资料的时候常常会"爆量"！"爆量"的意思是一下子搞太多自己想要留下来的重点。怎么办？不想删去怎么办？无法彻底执行"断舍离"怎么办？那就画下来啊！

画完再做第二次甚至第三次的整理，每次都能再精简关键词、再精简关键词！直到熟悉或是牢记为止，当然这是泛指用在需要牢牢记住的题材上，如准备考试。或者是用在理解课题上其实也挺好！用对关键词，因为关键词代表的就是一连串记忆。

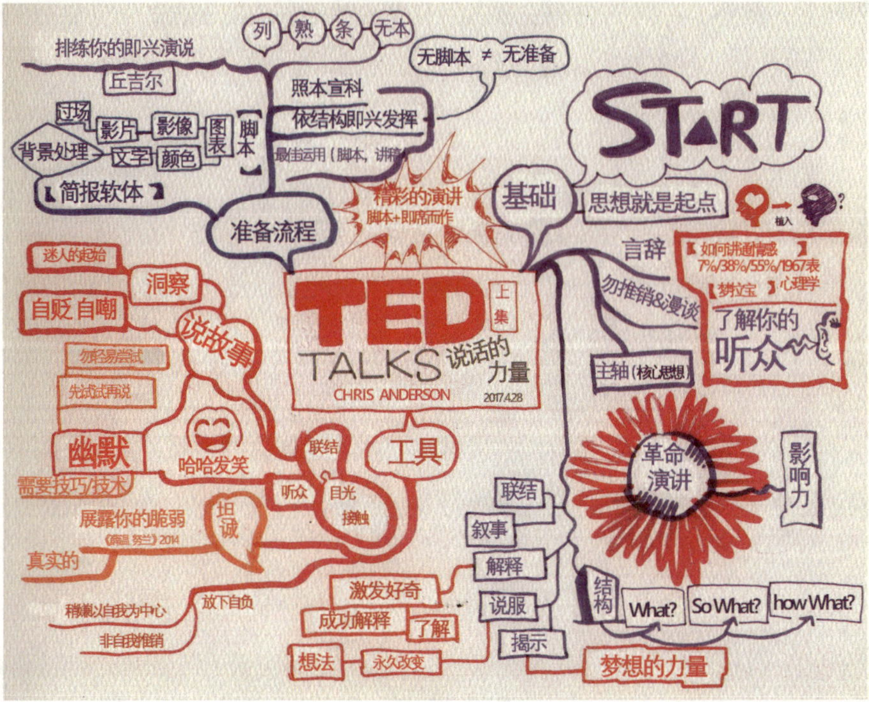

排练你的即兴演说
列
熟
条
无本
无脚本 ≠ 无准备
丘吉尔
照本宣科
依结构即兴发挥
START
过场
影片
影像
图表
脚本
背景处理
文字
颜色
简报软体
精彩的演讲
脚本+即席而作
基础
思想就是起点
准备流程
言辞
如何讲出情感
7%/38%/55%/1967表
梦立宝
心理学
迷人的起始
洞察
自贬 自嘲
说故事
TED
上集
TALKS 说话的力量
CHRIS ANDERSON
2017.4.28
勿推销&漫谈
了解你的听众
主轴（核心思想）
勿轻易尝试
先试试再说
幽默
哈哈发笑
联结
工具
革命演讲
影响力
需要技巧/技术
听众
目光
接触
联结
展露你的脆弱
坦诚
叙事
真实的
解释
激发好奇
说服
结构
What?
So What?
how What?
稍微以自我为中心
放下自负
成功解释
了解
揭示
非自我推销
想法
永久改变
梦想的力量

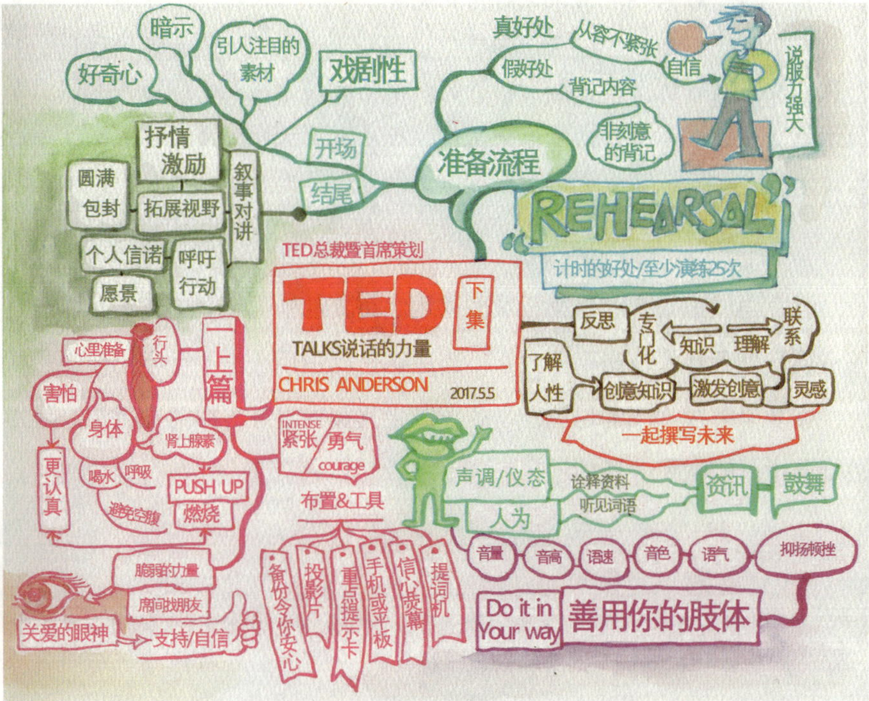

暗示
好奇心
引人注目的素材
戏剧性
真好处
从容不紧张
假好处
自信
背记内容
说服力强大
抒情
激励
叙事对讲
开场
非刻意的背记
圆满
包封
拓展视野
结尾
准备流程
REHEARSAL
个人信诺
呼吁
行动
TED总裁暨首席策划
计时的好处/至少演练25次
愿景
TED
下集
TALKS说话的力量
CHRIS ANDERSON
2017.5.5
反思
专门化
知识
理解
联系
心理准备
行头
上篇
害怕
了解人性
创意知识
激发创意
灵感
一起撰写未来
身体
肾上腺素
INTENSE
紧张
勇气
courage
更认真
喝水
呼吸
PUSH UP
燃烧
避免空腹
布置&工具
声调/仪态
诠释资料
资讯
鼓舞
人为
听见词语
脆弱的力量
音量
音高
语速
音色
语气
抑扬顿挫
席间朋友
备份令你安心
投影片
重点提示卡
手机或平板
信心荧幕
提词机
关爱的眼神
支持/自信
Do it in Your way
善用你的肢体

跟 TED 学表达，让世界记住你

思维导图绘制难度：★★

《跟 TED 学表达，让世界记住你》这本书大概是被我引述次数最多的一本工具书了吧，原因当然是因为我做了一张很流畅、能掌握阅读重点技巧的思维导图，并且成为我的思维导图课程教案里的示例导图！

我将书中九个章节删减为七个，并且利用七个整理后的章节名称找出关键词，以关键词去画图；这七个图像也就代表本书七个最重要的核心标题、七个关键窍门、七件想要做好演说需要学习的重要事！

当然这也是一本非常具有阅读价值的工具书，任何有公开演说、上台说话机会并且想要学习如何说话的朋友，都推荐翻开这本书来看！

思维导图笔记

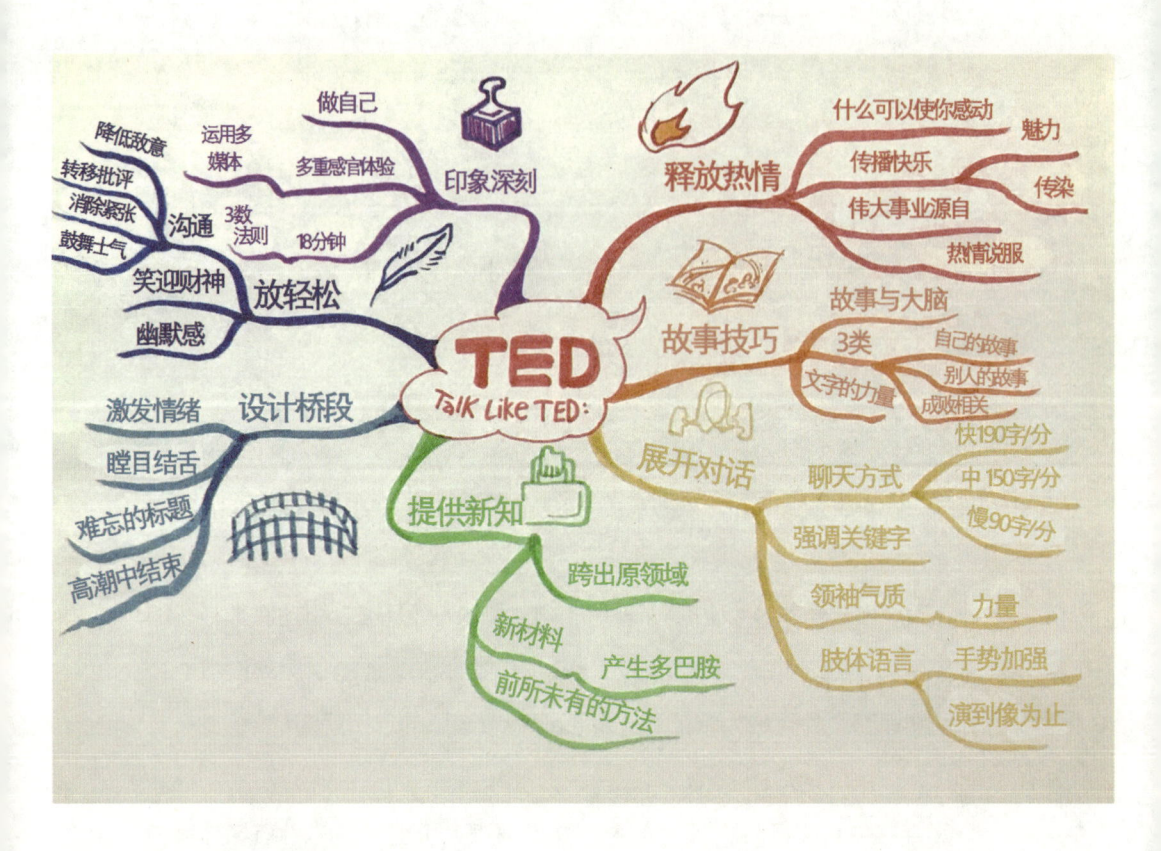

我将书中最重要也最令我中意的七个重点，找了七个有意义而且很好绘制的插图置入导图中！

火焰代表热情、书本代表说故事、对话框代表人与人之间的对话、提包包代表提供新知识、一座桥代表设计桥段、羽毛代表的是放轻松，最后就是一个简单好画的印章代表印象深刻！

七个我永远忘不了的图像代表了此书七大重点，真是好用又好记。

引爆会员经济

思维导图绘制难度：★★★

《引爆会员经济》是一本值得想要拉拢一堆人并且跟他们做生意的老板看的书。

究竟什么是会员经济？《商业周刊》在硅谷专访《引爆会员经济》一书的作者时，作者是这样解释：会员经济就是个人和组织或企业之间，建立一种可持续且可信任的正式关系，这种关系是相互的，企业将提供会员更好的福利，而后者则会有更高的忠诚度，甚至提供建议，协助企业改善产品，进而带来正向循环。

听起来并不是什么特殊秘密，甚至不是新模式，但这个模式为何此时才突然爆发？巴克斯特认为，原因很简单：对企业而言，今天获取新用户变得前所未有地难！

相当同意啊！这个百家争鸣的后互联网时代中，数据取得不再像是当初市场大开放时那么容易，由于消费者对于许多不合理以及诈骗性质的推销大为反感，所以会员的累积变得无比艰难，要经营会员经济得靠经验以及市场法则来进行。

> 思维导图笔记

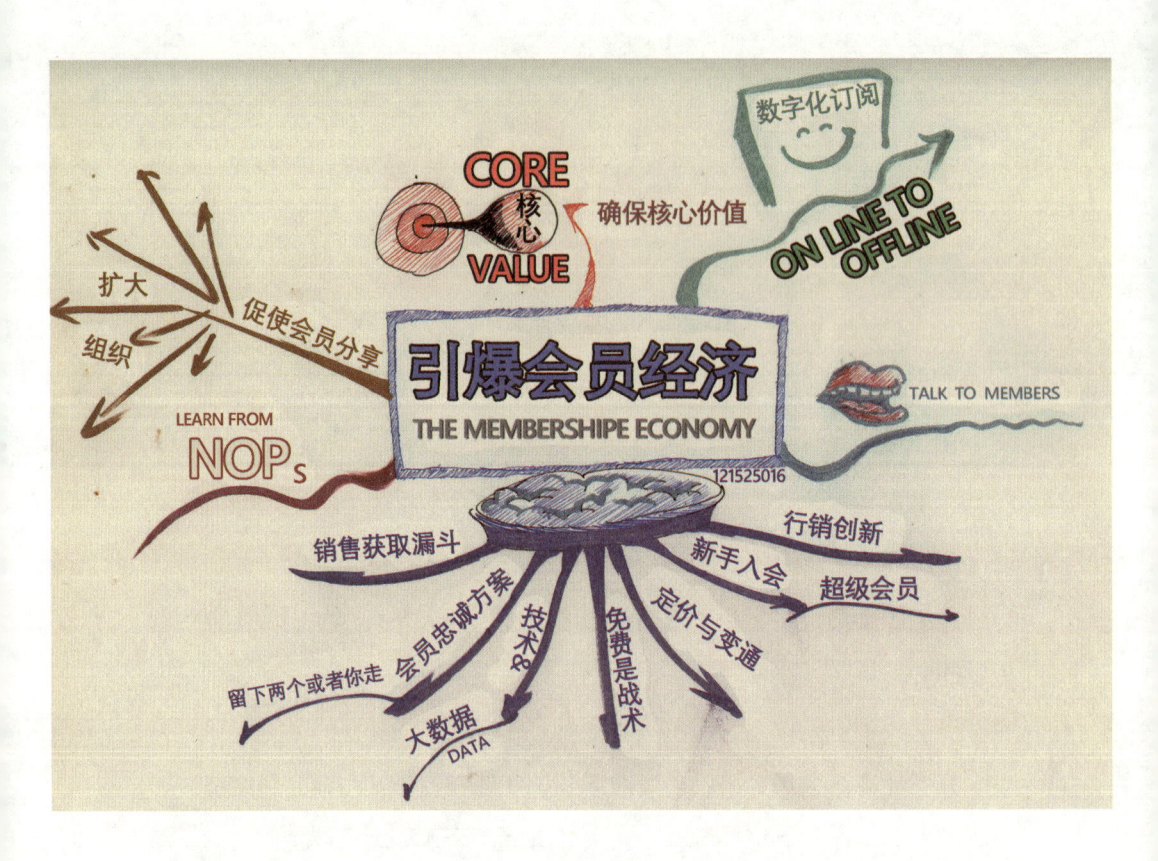

我在日本旅行的时候画了这张图，原因不是旅游时想到了会员经济，而是我恰巧带了这本买了却没时间看的书。没想到，冬天东京市区的早晨，一杯热可可配书，竟让我文思泉涌、一发不可收，留下了这张特别的作品。

很容易看得出来当时我脑海中理想的食物是派吧？我也不晓得为什么想到这个派，应该是想来一份热腾腾的南瓜派吧？

图解设计思考

思维导图绘制难度：★★

我很喜欢《图解设计思考》类型的书，可能是因为做过多年平面设计，所以这类型工具书我一定要收藏！

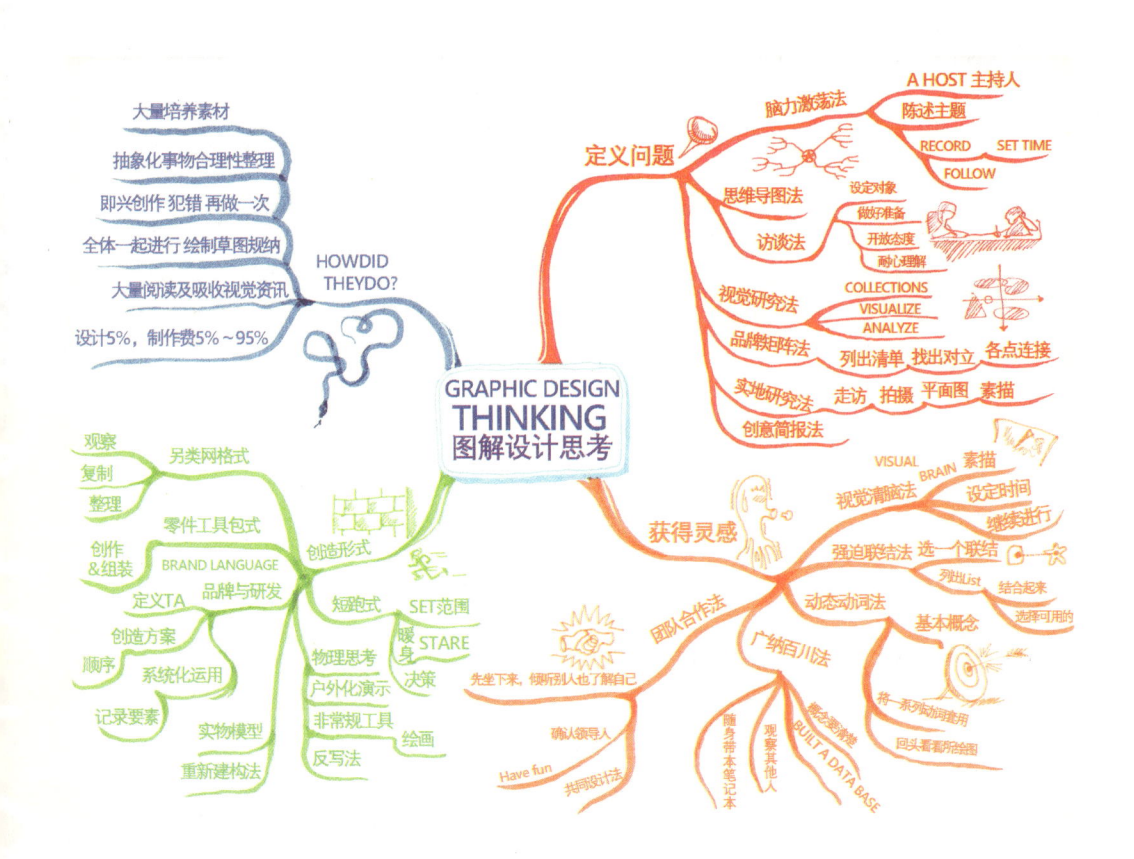

思维导图笔记

　　我用了细字签字笔做插图，不上色，单纯以线条来表现！这样的风格比较清爽，视觉感受比较轻盈，适合用在同样风格的主题表现。但毕竟图像带给每个人的感受不尽相同，所以重点不在于笔的选择，而是绘制的技巧。

每天最重要的 2 小时

思维导图绘制难度：★★★

一般人要能够具备迅速的判断力绝非易事，所以需要专家来告诉我们如何训练。就辨认决定这样的事来说，我必须要这样想：真的不是每个人都做得到！

在我的亲子创意思考术课程里，特别注重的是人类五感的体验与表达，我会利用教具帮助大朋友、小朋友用心认真地体会五个感官的感受，并且试着放大、明晰它，把这个感受的联想力带到一个少有人走的领域去，重新唤起人的感官意识。而在本书中所提到的"管理思维能量""调整对抗分心"这两项都与感官意识有关！做好练习自己的感受，就做得到管理自己的感受！

思维导图笔记

我知道这张图我们关键词的部分拆得不多，那是因为时间短、重点清晰，笔拿来纸摊开就立刻绘制，要知道大脑运作的速度可是手指运作速度的好几倍！所以不要等，想什么画什么、想到什么就立刻画出什么！

TWO AWESOME HOURS

- 最重要的2小时
- 辨识决定点
  - 神经例行程序 NEURAL ROUTINES
  - 出现突发状况
  - 利用突发状况进行思考
  - 思考最重要的
  - 适时跳离程序
- 管理思维能量
  - 认真情绪
  - 发挥正向
  - 减轻思维疲倦
  - 进行多次深呼吸
  - 小睡十分钟
  - 懂得何时说不
  - 换个方法
- 调整对抗分心
  - 切记让情绪回来
  - 就让大脑分心
  - 减少干扰
  - 善用暂停
  - 多白日梦对思考有利
  - 更有创意
  - 锻炼专注力
  - 静坐
- 运动和饮食
  - 策略性饮食
  - 咖啡因
  - 了解饮喝的影响
  - 了解血糖与生产力
  - 工作时也可运动
  - 爬楼梯
  - 走动
  - 提升专注力
- 有益的工作环境
  - 昏暗有助于创意
  - 注意光线的影响
  - 明亮较佳
  - 整理环境
  - 杂乱影响专注力
  - 宽敞有助领导
  - 杜绝噪音环境
  - 安静

发现我的天才

思维导图绘制难度：★★

在看《发现我的天才》以前我已经翻阅过人们对于这本书的评价以及阅读心得；此书最重要的观念，是要推翻大众所认为的努力就可以补足一切的想法，而是告诉大家，人类的成长空间并不在其弱点上，反而是要专攻与生俱来的天赋能力。天赋不仅是一种本能反应、一种不由自主的驱动力，同时也是让人感觉舒服的特质。如果可以善用天赋，就可以将个人的能力发挥到极致。

但书中吸引我的却是作者试图改变对于天赋的一切看法！多数人皆感觉不到自己的天赋，或视其能力为理所当然，不去强调优点，反而耗尽全力试图补足缺点。这样的方式其实是浪费力气的。因为也不能够将自己的不足补齐到近乎完美，但是天赋是人的本能，且在发展中是感到舒适的，因此将力气放在找到天赋、将之发挥到淋漓尽致，才是作者所倡导的。读完这本书之后稍有打开任督二脉之感，书中 34 个天赋特质就待每个人自己去发现！

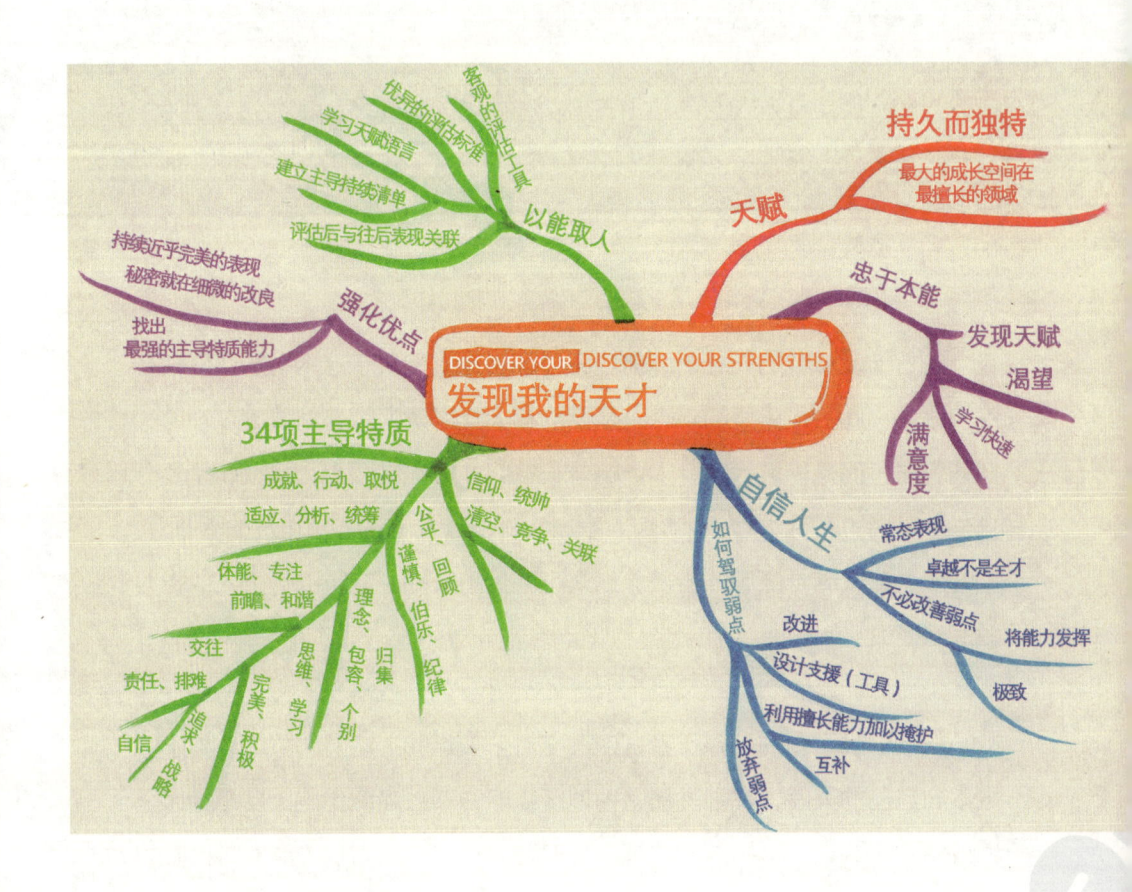

发现我的天才
DISCOVER YOUR DISCOVER YOUR STRENGTHS

持久而独特
- 最大的成长空间在最擅长的领域

天赋

忠于本能
- 发现天赋
- 渴望
- 学习快速
- 满意度

以能取人
- 客观的评估工具
- 优异的评估标准
- 学习天赋语言
- 建立主导特质清单
- 评估后与往后表现关联

强化优点
- 持续近乎完美的表现
- 秘密就在细微的改良
- 找出最强的主导特质能力

34项主导特质
- 成就、行动、取悦
- 适应、分析、统筹
- 体能、专注
- 前瞻、和谐
- 交往
- 责任、排难
- 自信
- 追求、战略
- 完美、积极
- 思维、学习
- 理念、包容、个别
- 归集
- 谨慎、回顾
- 公平、统帅
- 清空、竞争、关联
- 信仰、统帅

自信人生
- 如何驾驭弱点
  - 改进
  - 设计支援（工具）
  - 利用擅长能力加以掩护
  - 放弃弱点
- 常态表现
- 卓越不是全才
- 不必改善弱点
- 将能力发挥
- 极致
- 互补

> 思维导图笔记

　　清爽等同于单调吗？在绘制上百张思维导图时通常都是信笔而行、随意而为！画面单不单调不再是重点，反而是能绘制出多少对此书心领神会的图像，才是重点。

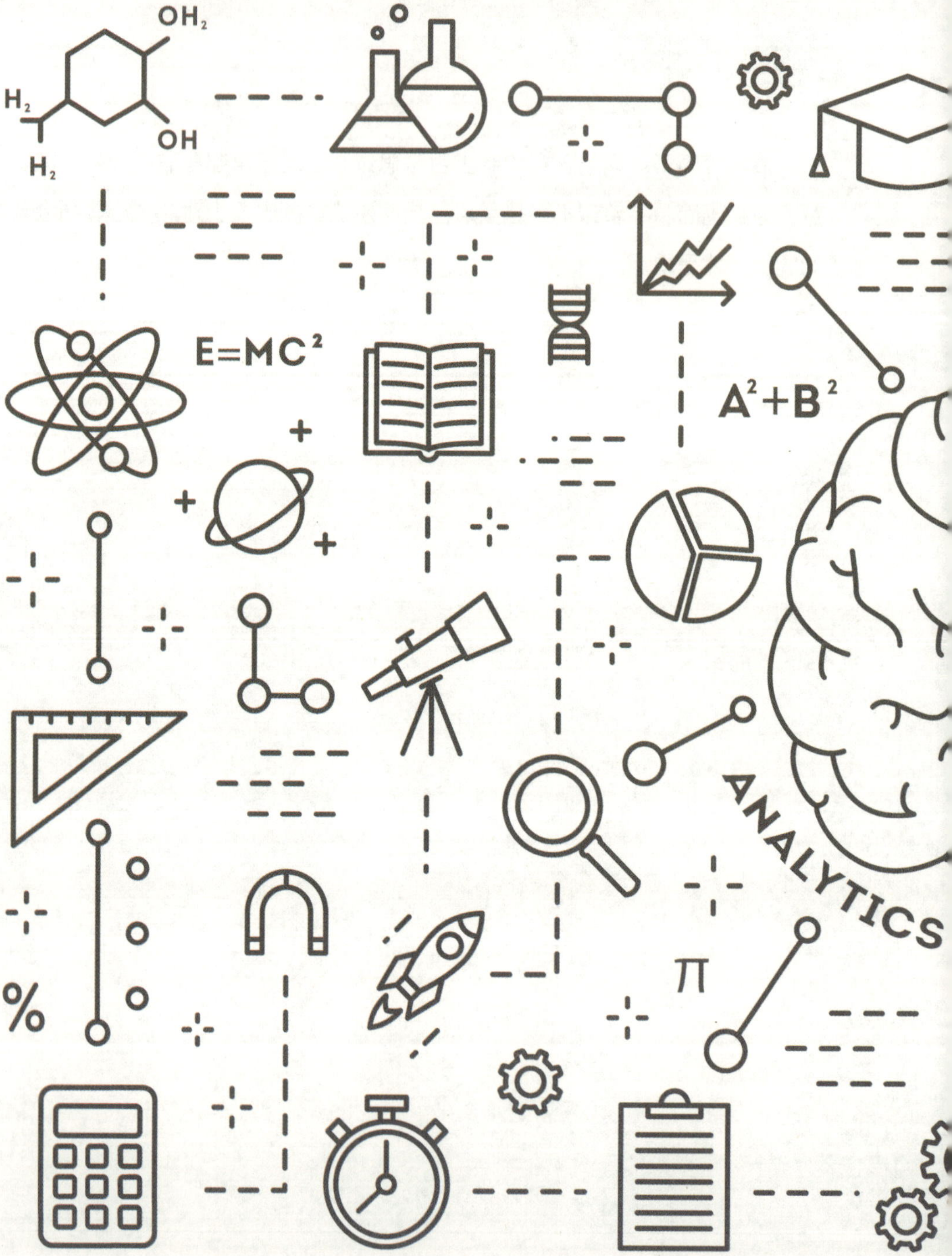
OH2
OH
H2
H2
E=MC2
A2+B2
ANALYTICS
%
π

文章
笔记篇

文章笔记篇

看完一本书最起码也要好几个小时，即便使用速读方式。但文章的阅读就显得方便许多！一个午茶休息时间或是一段工作的空当就可以随手完成一篇文章的阅读。

对于习惯留下学习记录的我来说，看完一篇文章的心得当然可以画张图来记录；况且，这对需要大量练习手绘思维导图法的初学者来说更是受欢迎的方式。因为文字少、重点比较容易整理出来（很多文章就是按照重点分段落撰写，无须再动脑分类！），节省很多思考的时间。对于重视时间效率的上班族来讲，文章笔记最是值得大家花点时间尝试的方法。

脑力激荡三部曲

这几年固定阅读商业杂志造就了随手抄下笔记的习惯，而这个习惯和思维导图笔记最大的不同是不用画图而且随心所欲并且快速。虽说如此，思维导图依旧发挥了整合的功效，把我多年来凌乱不堪的笔记重新归纳并且美化了！杂志阅读的好处是没有负担！就算你真的没有任何空闲时间翻开书读上两句，也可以光靠封面的标题来吸收知识。而吸收知识这件事如果变得很有压力，那就容易失去持续学习的动力，一旦如此，要再重新启动阅读习惯得更花力气，这就好比不常运动的人好不容易持续跑步几周之后，突然休息了一天，然后要再重新跑步就得克服心魔！毕竟休息比修炼轻松很多很多。

大脑何尝不是如此？

所以，脑力激荡这个堪称人脑运动的行为被广泛推行于各大企业里，任何关于创新、需要创新的部门首脑就是这个行为的领导人！他们肩负起带领团队进行脑力激荡的同时，也让团队所有成员的大脑激烈运动了一次。

然而以我个人的经验来说，带领脑力激荡会议最难的在于领导人本身对于主题的认知是否够全面、态度是否够开放、是否能够海纳百川兼容并蓄，并且在会议结束之前，是否将结论有效率地提出，并且是否得到多数伙伴的认同！

> 思维导图笔记

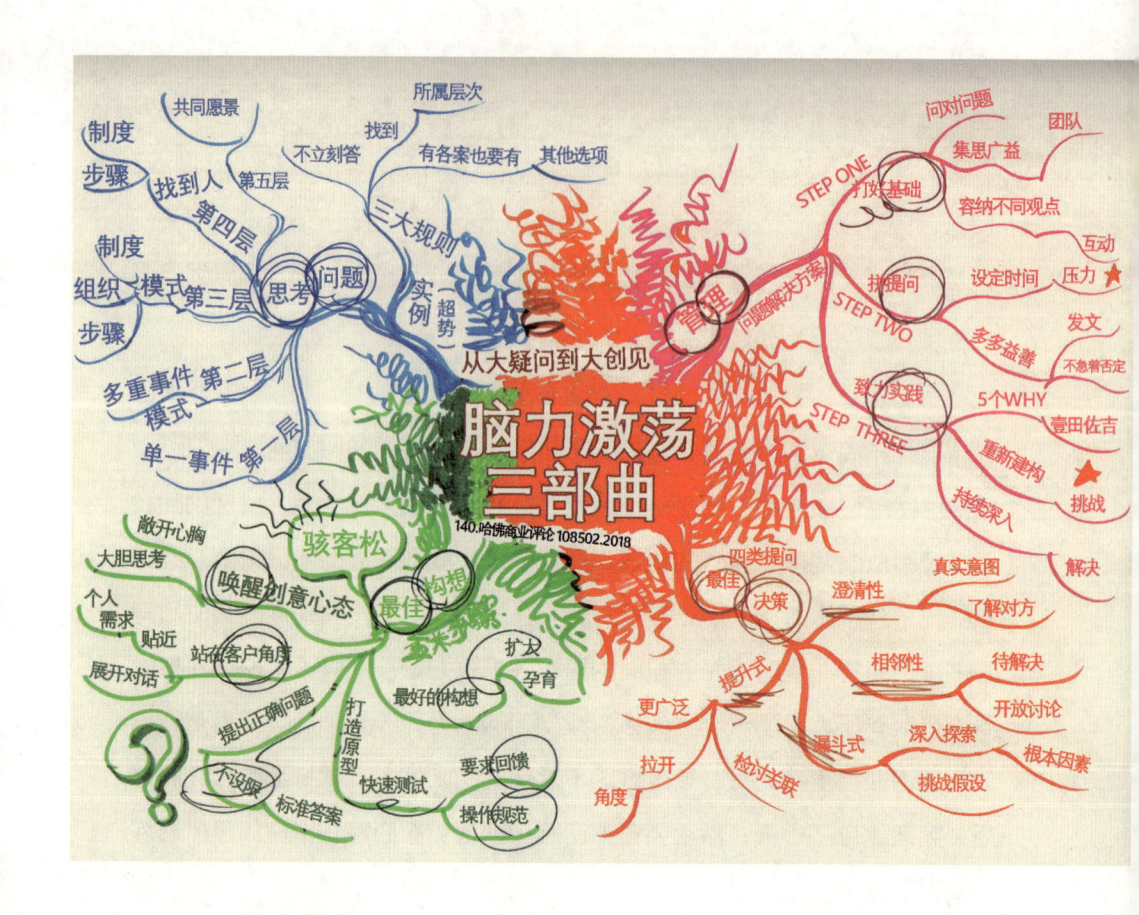

　　本次思维导图主题来自《哈佛商业评论》2018年4月号新版第140期 P.54。

　　我大量使用了红、蓝、绿这三个颜色，主要是因为黄色这个原色在画思维导图的时候很少用、因为色浅不易辨识！

　　所以通常橘黄色会取代黄色，橘色跟红色又太相近，所以红蓝绿便成为绘图时我比较常用且爱用的三原色。

那些从中心主题衍生出来的紊乱线条除了布满画面的粗浅功能之外，还有一个代表意义就是"思绪"，我们都知道思维导图三要素——图像、文字、线条，其中的线条有表达你的思考脉络的功能！所以线条通常不可以太乱、交错或是重叠。

而因为主题是讲述"脑力激荡"所以将脉络用一些放射状毛毛来显示，也有表达每个人在激荡时所产生的能量以及乱七八糟无法掌握的现象。

思考你的职涯策略

《哈佛商业评论》2017年7月号第146页，标题为《思考你的职涯策略》引起我的注意！

主动思考，一直是创意思考术、思维导图思考、曼陀罗思考、水平思考、垂直思考等思考术的前提，最需要被抓出来要求的一个重点；任何思路脉络只要是主动性的，通常能够带来行动！

喜好主动思考的人、喜欢采取行动的人，通常比较有机会成功；相信你不希望自己是另外一方的人物：被动、被人家牵着鼻子走，拥有选择权的时候思虑太久而错过了大好机会。

所以，你的职涯策略是什么？曾不曾思考过这个方向？在职场生涯之中，有没有获得、赢得掌声？成就？金钱？梦想有没有达成过？一连串的思考与问题的解答，也许就是这篇名为《思考你的职涯策略》想要带出来的延伸思考议题。

> 思维导图笔记

　　我常用"沉思者"这个图像，我也经常要学员们常常思考！所以我大量参阅有关思考的书籍后得出的结论就是思考的"方向"很重要！现在流行语中，有一句是这样讲的："You are what you eat！"（人如其食）笔者倒是觉得"You are what you think！"（人如其思）比较贴切一些。

　　思维导图是个思考工具，我们常用的人会知道思考的好处，可并不是说不思考就很糟糕，当然不是！而是纵观现今的普世价值，许多年轻人非但不思考，而且讲求速成，学习的过程中老是喜欢依赖"速成法"，大家不喜欢将根基扎稳、不喜欢苦工，不喜欢在重复的过程中练就能力，当然也就不会体会到在这些过程中反复的练习其实是帮助思考、将能力一点一点地提升！只是有感而发，读者请随意。

157

自由工作者四大联结

虽然我早些年已步入中年，但对于自由工作者或是约聘的工作性质一点都不陌生！

就拿设计专业来说，许多设计师都是在家工作，家里搞张桌子放一台功能齐全的计算机，加上一部电话，即可开始创业人生，不仅成本低廉一人饱全家饱，还能拥有最大的工作自由：意思就是爷今天如果不爽、不开心、天气不好、头痛痛的，就可以直接跟客户说对不起我不想接。就这样子。然后根本不需要理会什么客户管理啦、营销产品啦、售后服务啦那些烦人的东西！

然而果真如此吗？SOHO（很久以前的名词）真的那么好做吗？不会有一顿没一餐的吗？接案量不需要宣传就可以稳定吗？一大堆问号在家里的计算机还没开机以前、放弃正常上下班看老板脸色吃饭的日子以前，总是会自动跑出来！

事实上，我都做过；个人工作室、小型设计公司我都做过。

我不会避重就轻地告诉年轻人说个人创业真的很棒赶快跳下水一起搞，我也不会一下子就浇你一盆冷水！创业本来就不是一件很容易办得到的事情，从心理建设开始，要做的计划很多、思考的层面很多，甚至要聊的人也很多！

总是要让心中的疑虑降到最低吧？但倘若你是个有勇无谋的人，不喜欢做那么多无谓的思考只想一股脑儿往前冲，那么我的看法是不拦你，告诉你应该怎么冲而是祝你好运！毕竟，这个世界上还是存在一些运气好到掉渣的人不需要事前计划，一样胜利成功！只是，那个并非我仿效的对象。

第139期《哈佛商业评论》杂志里有一篇这样的文章，讲述在斜杠青年时代，许多人运用自己身上多元化才能来赚取合理的报酬，有别于个人工作室，这样的自由工作形态可能得跟许多人一起合作，即便只是一个项目。而自由工作者的能耐必须具备四大联结，我将这四个联结画成思维导图，一目了然，给斜杠青年们参考。

由这张思维导图来看我个人认为最重要的，最难办到的部分反而是例行公事。

> 思维导图笔记

那个打拳击的人是我对自由工作者的联想。为什么？因为自由工作者通常要对抗的事物比上班族多很多！这也是为何"自律"对 SOHO 族非常非常重要！许多在职场上的自由工作者都必须独自面对困难，所以，我直接想到了一个正在赤手空拳打天下的拳击手，作为这篇文章中心思想的图像。

打造领导人数位力四部曲

面对社会剧烈的变化、新颖的设备、炫目的技术，身为团队企业领导人需具备哪些应变的能力？同样的问题对于一般上班族、受薪阶级来说，又有何重点可以窥见？

《哈佛商业评论》2017年4月第128期主题"打造领导人数位力四部曲"，文中深刻剖析了当今执行长们面临的必修课程，以四个阶段为描述重点，对企业数字化所需要的领导力、策略与执行力、变革力，最后是人员管理方面做了详尽的观念解说。

诚如文中提到："在数字化、自动化的浪潮冲击下，不管你已经是领导人还是即将成为领导人，甚至是期待有朝一日当上领导人，数位能力都是不可或缺的！"志在职场上挥洒实力的你，现在，正式强化数位领导力的关键时刻！

首部曲：执行长的数字领导必修课；二部曲：执行长必须问的数字问题；三部曲：领导数位转型的必备视野；四部曲：自动化时代的必胜工作力。

世界上正在发生的管理新趋势，Do you know that？

思维导图笔记

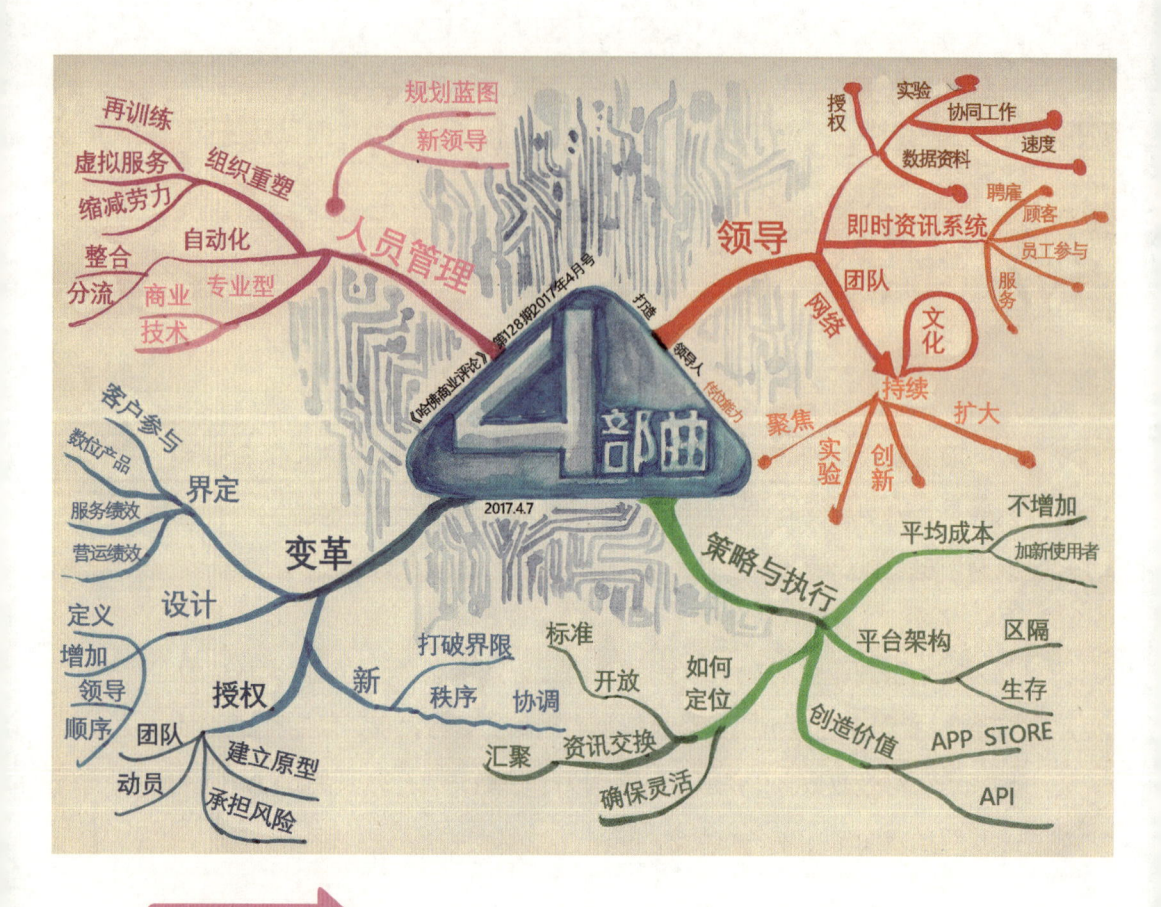

不得不说我这个数字"4"画得很有立体感，并且背景的类似主板、数字时代的线条也掌握得还不错！所以这篇文章的精神一下子就活灵活现起来。

点线面的掌握对于构图、对于思考延伸，在应用时真的要好好地多练习！因为常常会发生画面不够或是太空泛，字一下子写得太多或是没啥好写；这里要提到的一点就是画面平衡。

这不是在讲美学的观念，而是思考画思维导图时另一个值得注意的

"全面性",也就是"全盘考虑"！不在一个枝节上想得过多,也不要忽略了其他的枝节;全盘思考也就是360°思考,这是使用思维导图的人的宝贵经验之谈！我们讲究的"一页掌控ONE PAGE CONTROL"也是同样的概念,一个中心图像围绕着几个小图像、一个主题围绕着所有相关联的关键,这些都是全盘考虑、通盘考虑,不顾此失彼的一种"纵观",也是见树与见林的关系。

成功者都在用的整理术 18 招

每当年底，许多杂志社都会整理出精华集结成册；这本特刊《优渥志：成功者都在用的整理术 18 招》就是相当实用的一本读物。

本书分成好几个部分讲解 18 种招数：

Part1：以无印良品及比尔·盖茨的成功案例开场。

Part2：反观自己或周围同事的办公桌，是不是凌乱不堪、东西找不到、杂物愈堆愈高，随时会"山崩"？

Part3：办公环境乱一点真的不好吗？

当你请假时，代理同事可能会找不到你的数据，重要或机密数据外泄或遗失概率大增，混乱会在无形中造成压力，让你变得容易烦躁分心，影响判断力及执行力！

以成功案例带出办公环境整齐有条理，无形中能节省时间、提高效率，当工作环境及情绪都处于良好的状况下时，自然会带动更好的工作表现，留给主管更好的印象。

这本工具书值得立刻阅读与学习，然后照书中所讲持续保持桌面干净。

思维导图笔记

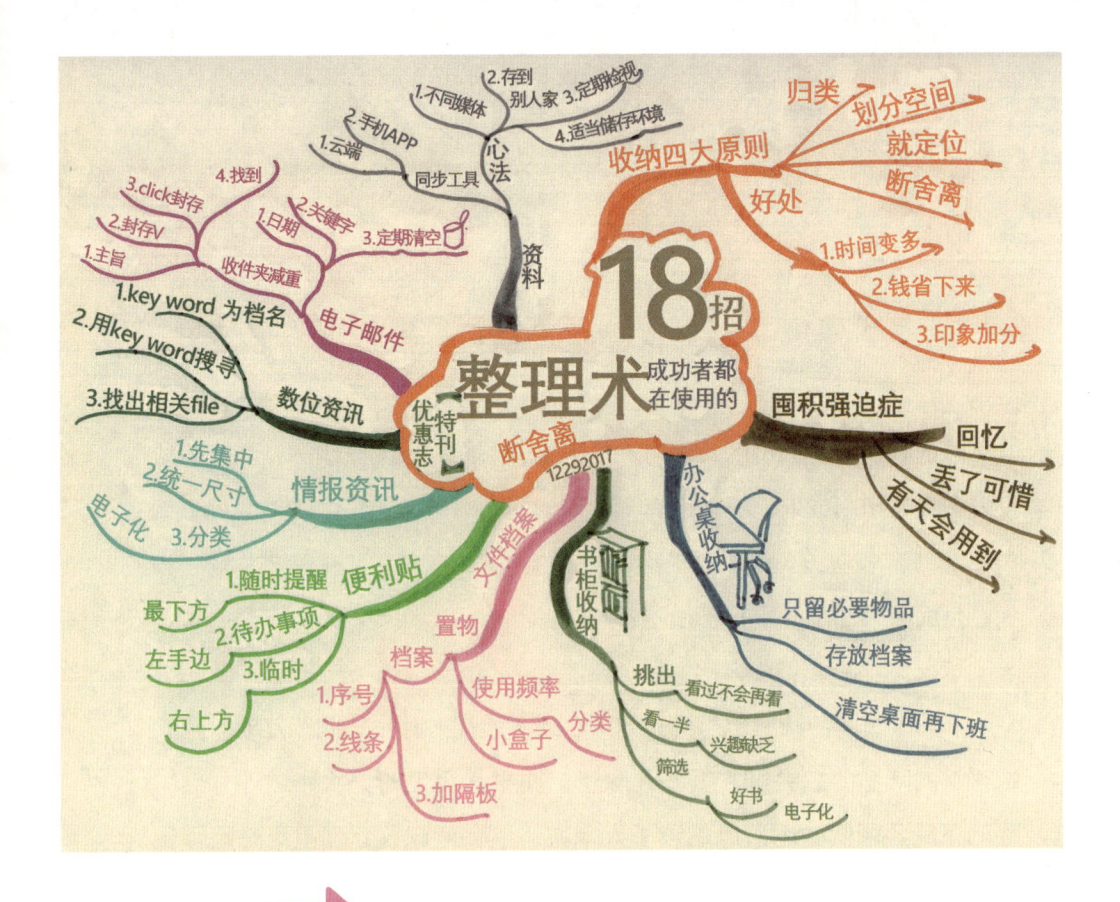

我的书桌永远无法干净！就算整理干净了，不出三天就会立刻成了乱七八糟的状态！虽然如此，我并没有常常发生一天到晚找不到东西的窘况！所以成功者的整理术我会学习，至于是不是能妥善运用，再说吧。

整理文章的思维导图很看当时情境，这张整理我用的时间超短，所以清汤挂面、没有值得论述之处。不过我在写囤积强迫症的时候频频点头示好，因为这三个毛病我统统有：回忆（一旦整理过去的东西就一发不可收拾）、丢了可惜（我心里永远有一个"可能有一天会用到"的声音）、有天会用到（承上，事实上根本没有一次会用到，通常最后还是丢掉）。

向学霸学画重点

以前我们是这么说的，面对炎热的季节、内心心浮气躁的，考验的从来就不只是学习成效而已，还有学生们如何面对这样的压力的能力！

正面看来都是好事！不是吗？

学习的过程考验心态、考验方法，还考验许多师生之间的互动。我们做家长的陪考时总会聊起很多，除了这些平常发生的流水账之外，最厉害的还是要调侃一下自己的孩子太笨啦、不会考试啦、画重点总是画到隔壁去啦等，做这些谦逊的事情目的是啥我也不懂，总归比炫耀来得好吧，我想。

说到画重点，对处在备考状态的莘莘学子来说很是重要！以见贤思齐的角度来翻这本《优渥志：榜首都在哪里画重点》还真不赖，立马参照了许多可以拿来参照的技巧，顺便还仿效了几个状元的学习方式，就"学霸"的观点来看准备考试，论的绝不是资质（但我不相信资质和成效完全没有关联）而是态度与技巧！所以今天这张思维导图整理出来的就是重点中的重点，向学习成效好的同学仿效他的学习方式，也会是成效好的！

我好奇的是黄金记忆点，下课后及洗澡后我都按照书中方法操作实验过，但是有人真的可以准时地饭前一小时把功课拿出来温习吗？嗯，改日试试看。

思维导图笔记

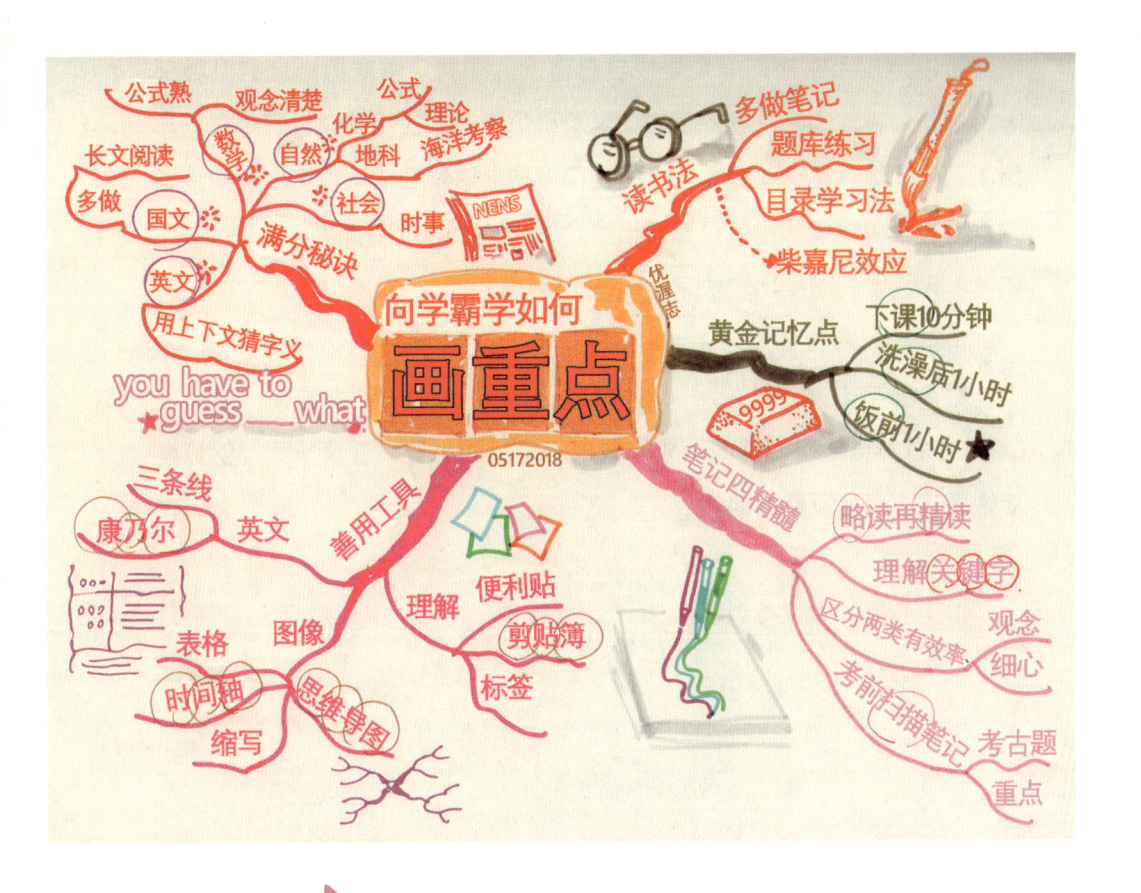

　　看杂志的优点就是人家都把重点整理好了，我们画图的人只要稍加分辨分类，然后就能用最短的时间整理出自己的文章心得思维导图！所以，既然杂志的封面也很普通，就是大大的"画重点"三个字，那我们也就如法炮制吧！

　　不过有一点倒是值得在这张作品中提出来聊聊，也就是说在我们推广阅读、用思维导图整理阅读心得的时候，会收到许多学员的询问："到底要怎样大量累积阅读量？"其实答案千篇一律，最重要的，是要享受、喜欢阅读的过程！

所以建议大家初期一定要找自己喜欢的题材，喜欢摄影就翻摄影杂志、书籍，喜欢园艺、喜欢手工、喜欢烘焙，就去找相关题材的短文，开始累积阅读量。在这些短文阅读的过程中加上思维导图法，可以帮助我们分辨重点、关键词，也就是说看相关题材的文章或书籍速度将越来越快！如此一来，我们就能比较快速地浏览大量书籍！

给个数字让大家参考，每本书中值得留下来的阅读重点，通常在20%左右，也就是说其他八成的数据不是大同小异、千篇一律，就是重复性太高不值得反复阅读。

以上心得供大家参考喽！

舌尖上的历史

　　这张《国家地理杂志》2014年9月第154期"舌尖上的历史"是我所做过的一篇比较特别的文章思维导图整理！这篇整理也是第一次尝试将美术图像塞在我的逻辑分支当中，目的除了美观之外，还有帮助记忆、协调画面美感等功能！当然，日后我也做了许多这样的思维导图，但因为这是第一张，有其纪念价值！特别做个记录。

　　看完这篇文章只有一个感触：就是饮食与文化息息相关、密不可分！人类成为食物链上的主宰不是没有原因的；至于远古人吃得比较好，还是现代人吃得比较棒？这个问题就留待专家们解释了。

　　当时我并未深刻了解中心主题必须好好美化并需强调的重要性，所以我的图散落四处，除了那个舌头之外。后来发现这个仔细描述中心思想的习惯除了自己无师自通外，也在进阶的课程中得到验证！果然必须如此操作！

　　"毋庸置疑画图会增加思维导图整理的时间"，尤其整张图里若是想要凸显的重点愈多，图像也愈多，画图时间也愈长！就思考的角度来讲，绘制的时间变长是否也会让人想得更深、更远、更多？值得思量。可也有人说时间很宝贵，是不是做简单的架构整理就好、不要搞那些复杂的图像了，费时间啊！

舌尖上的历史（思维导图）

- **石器时代饮食**
  - 穴居人饮食
- **热量来源**
  - 30%来自动物
  - 70%来自植物（备用食物）
  - 狩猎：肉、红肉
  - 采集：槐花、果仁
  - 蛋白质及大脑发展所需热量
- **狩猎民族**
  - 亚马逊森林
  - 非洲干旱草原
  - 东南亚边境岛屿
  - 北极冰原
- **现存状况**
  - 齐曼内人（玻利维亚）：河流 森林 田地
  - 哈扎人（坦桑尼亚）：蜂蜜 槐花 狩猎
  - 因纽特人（格林兰）：肉类 海豹肉
  - 巴瑶人（马来西亚）：捕鱼 潜水 船屋
  - 吉尔吉斯族（帕米尔山脉阿富汗北部）：牲口奶以及肉（以物易物）
- **农业发展**
  - 离开狩猎区
  - 大量耕种：农作物 稻病
  - 驯化动物：牛、羊、乳制品
  - 人口增加
  - 寄生虫
- **现代饮食**
  - 熟食（烹煮）
  - 预消化
  - 吸收热量有效率
  - 肠道分解消耗能量低
  - 造成肥胖及相关疾病

思维导图笔记

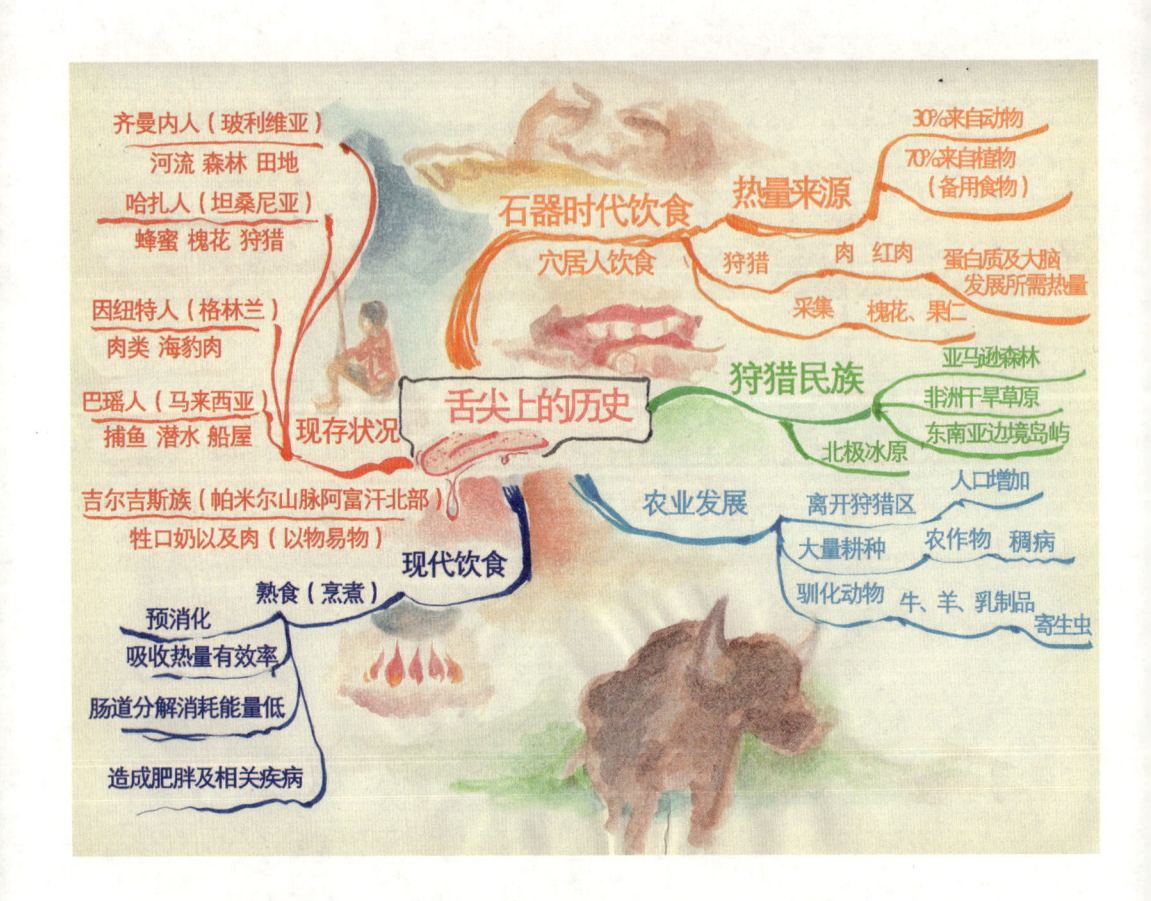

　　当然，萝卜青菜各有所好！笔者在这边做的所有论述都只是个人经验，绝非树立规范或法则。本书中收录的所有图像都是笔者个人所做，自然心得的部分也只供读者们闲暇之余参考，这本书不是教案！思维导图法的应用范围包罗万象，但也非这世上唯一或是最好用的工具，所有信息应该都是公开、流通、客观并且具有讨论交流的空间。

伊氏石斑鱼

你喜欢吃鱼吗？你爱钓鱼吗？你热爱河流吗？

伊氏石斑鱼生长在美国东南海域，目前为保育类物种。如果只是简单的一篇文章或是几行字也可以慎重地用思维导图来整理吗？这张图应该就可以解释图像的重要。思维导图法首重中心思想，也就是对主题的掌握！任何一个想法成为素材我们尝试着拆解开来，就需要稍加思考与主题相关的延伸，这部分在课程教学里我们称作"水平思考（Brain Bloom）"。

而一篇短文讲到一种很特别的鱼类，不但让我想要了解这种鱼，更引起了我将这种鱼画成思维导图的兴致！边画边回忆刚才读过的数据：保育鱼种、生长的区域、习性等；我回想起当学生的时代，也是将喜欢的科目内容用我喜欢的图像来装饰，一边涂涂抹抹、一边牢牢记住科目内容！虽然当时并没有学过思维导图，但我认为当下的应用就是一种左右脑同时运作、不仅是扩散式的延伸思考，而且也能将题材举一反三。

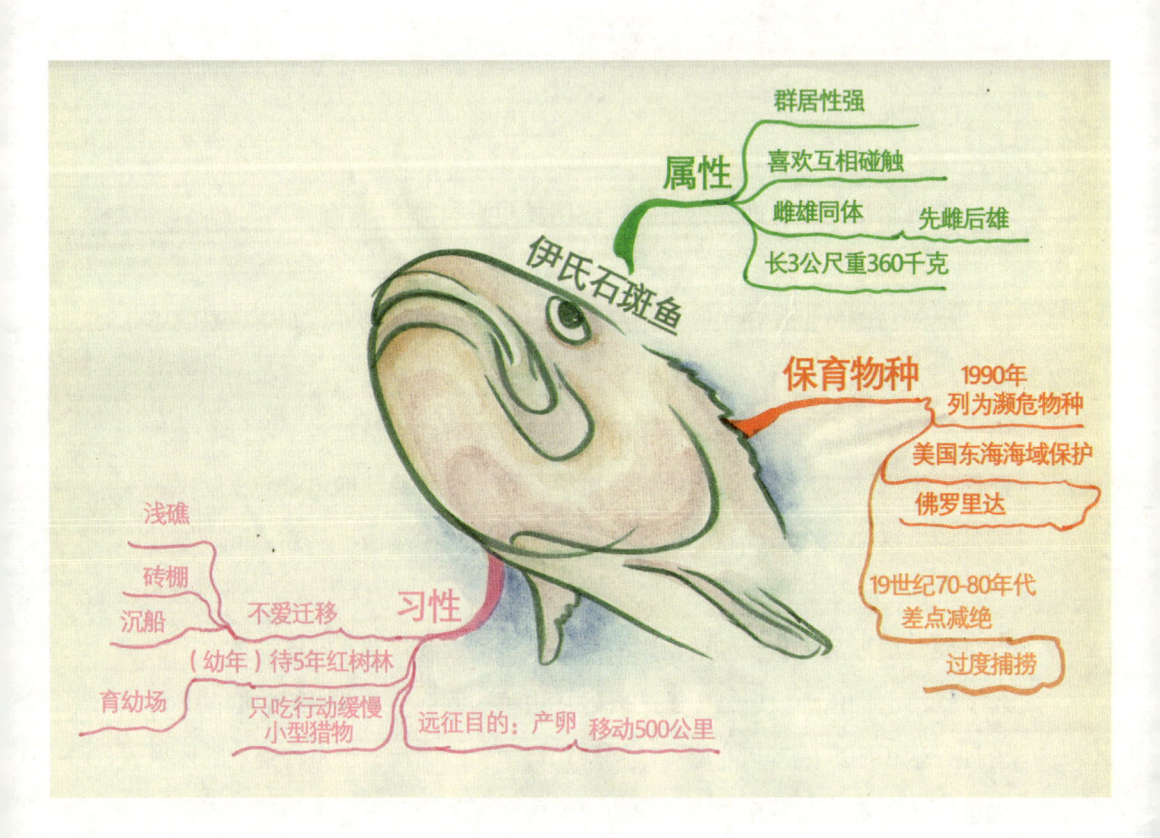

伊氏石斑鱼

属性
- 群居性强
- 喜欢互相碰触
- 雌雄同体 — 先雌后雄
- 长3公尺重360千克

保育物种
- 1990年列为濒危物种
- 美国东海海域保护
- 佛罗里达
- 19世纪70-80年代差点灭绝
- 过度捕捞

习性
- 浅礁
- 砖棚
- 沉船
- 育幼场
- 不爱迁移
- （幼年）待5年红树林
- 只吃行动缓慢小型猎物
- 远征目的：产卵
- 移动500公里

> **思维导图笔记**

　　画鱼的时候重点并不在像不像、逼真不逼真,而是掌握概略形态即可!要知道我在做这些练习的时候,都是利用上班时间、老板不在身边的工作空当画的,很多作品在时间不充裕的条件下,必须把握时效!所以,只能意会无法言传。原本只是为了自己而做的练习,在还算可以辨识的情况下公之于世,也请大家带着平常心观赏即可。

雷根号航母

小时候对某些事物着迷：钢弹组装、画图、美女，还有武器大观！我还记得每次对黑幼龙主持的军武节目都爱不释手，谁知道这个人后来还成就了"卡内基训练课程"。

后来电视节目陆续推陈出新，介绍军武的频道也越来越多！举凡国家地理频道、探索频道等，画质清晰优美、介绍详尽；个人对于这个世界上许许多多的新知识总抱持着好奇的心态，学会思维导图之后，便想磨刀霍霍，然后便画了这张里根号航母的整理。

当然，有件事是肯定的：看节目要远比整理资料有趣多了。

思维导图笔记

从当时的练习中可以很清楚看见我的线条比较工整，而且呈水平状态。这种方式在接触思维导图的初期有一种保平安的想法，因为笔者认为这样的线条安排比较容易做空间分配、比较不容易出错！而出错的心态则是因为害怕自己画到没有空间、挤来挤去的情况所致。

会画图的人都会知道怎样妥善安排画面空间，当然对笔者来说也不例外！不过，若你是一个很少画图，或是害怕拿笔作画的人，这个问题请自动忽略，直接从正确的、舒服的线条开始即可。

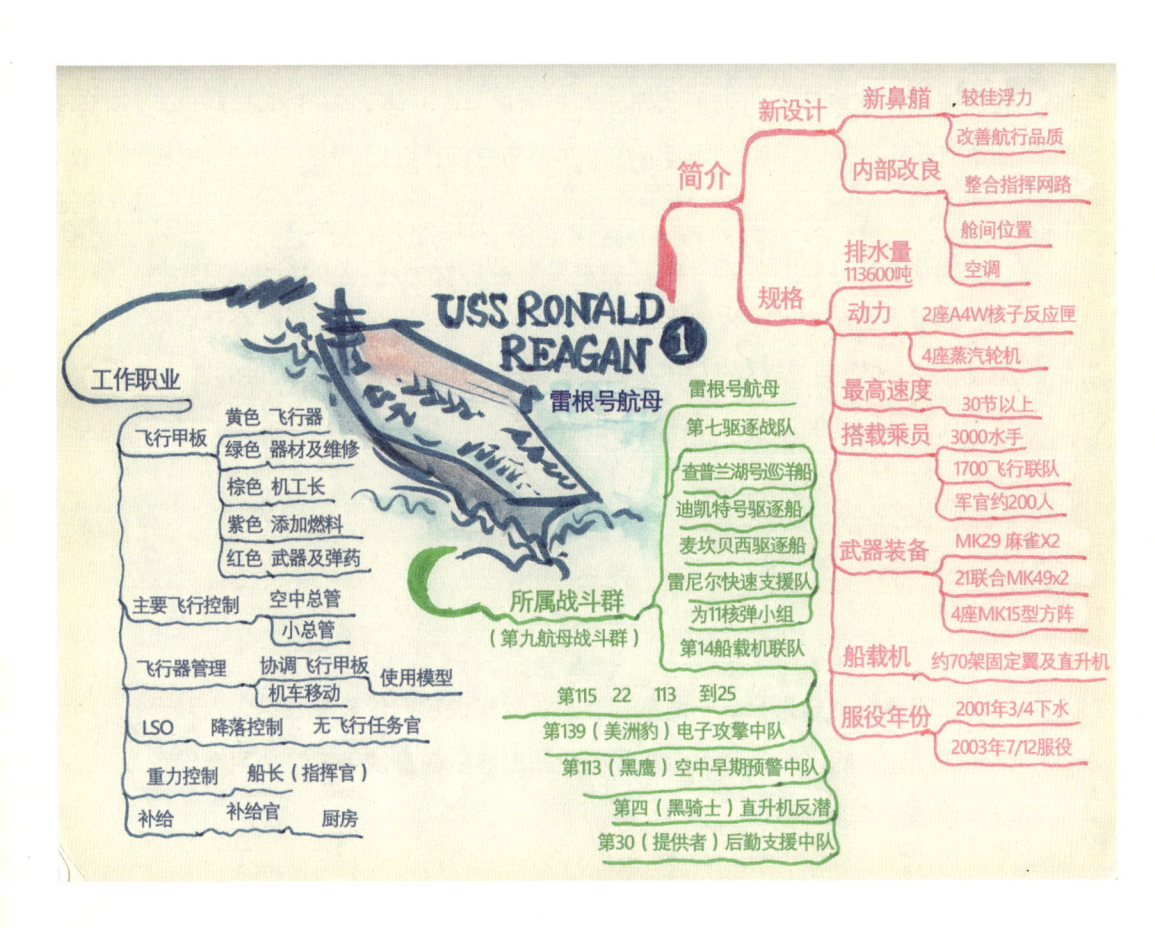

USS RONALD REAGAN ❶ 雷根号航母

工作职业
- 飞行甲板
  - 黄色 飞行器
  - 绿色 器材及维修
  - 棕色 机工长
  - 紫色 添加燃料
  - 红色 武器及弹药
- 主要飞行控制
  - 空中总管
  - 小总管
- 飞行器管理
  - 协调飞行甲板
  - 机车移动
  - 使用模型
- LSO 降落控制 无飞行任务官
- 重力控制 船长（指挥官）
- 补给 补给官 厨房

所属战斗群（第九航母战斗群）
- 雷根号航母
- 第七驱逐战队
- 查普兰湖号巡洋船
- 迪凯特号驱逐船
- 麦坎贝西驱逐船
- 雷尼尔快速支援队
- 为11核弹小组
- 第14船载机联队
- 第115 22 113 到25
- 第139（美洲豹）电子攻击中队
- 第113（黑鹰）空中早期预警中队
- 第四（黑骑士）直升机反潜
- 第30（提供者）后勤支援中队

简介
- 新设计
  - 新鼻艏 较佳浮力
  - 改善航行品质
- 内部改良
  - 整合指挥网路
  - 舱间位置
  - 空调

规格
- 排水量 113600吨
- 动力
  - 2座A4W核子反应匣
  - 4座蒸汽轮机
- 最高速度 30节以上
- 搭载乘员
  - 3000水手
  - 1700飞行联队
  - 军官约200人
- 武器装备
  - MK29 麻雀X2
  - 21联合MK49x2
  - 4座MK15型方阵
- 船载机 约70架固定翼及直升机
- 服役年份
  - 2001年3/4下水
  - 2003年7/12服役

175

TEDx 逻辑思维

不少出版社会出一些关于管理、提升职场竞争力的杂志专刊，这本《今周刊》出版的专刊《TEDx 逻辑思维》便是其中一本，内容讲述了 TED 演讲有什么秘诀，逻辑思维运用在工作上又有什么好处。

能够撼动人心的说话内容，往往能引起听者共鸣，让人感到心有戚戚焉，但重点不在于用什么高超话术或华丽的技巧与辞藻，而是能够从理解出发，进一步对话。这样的专刊有助读者进一步深入理解 TED 演讲的要诀，因为毫无赘词式的编排，让读者可以将所有重点映入眼帘！

思维导图笔记

我的背包里总是会放一两本杂志，对我来说它们代表着我这个人对于知识的渴望，除了杂志我也会将我的绘图工具包随身携带，这个习惯导致我的包包永远非常重！

然而，随身携带这些物品的好处，就是我只要坐下来随手就可以进行思维导图的练习，不管是看杂志之后信笔而画，还是就把脑中的画面描绘在纸上都行。以这一张 TEDx 逻辑思维来说，就是在书店旁的咖啡厅完成的，绘制时间约莫半小时。

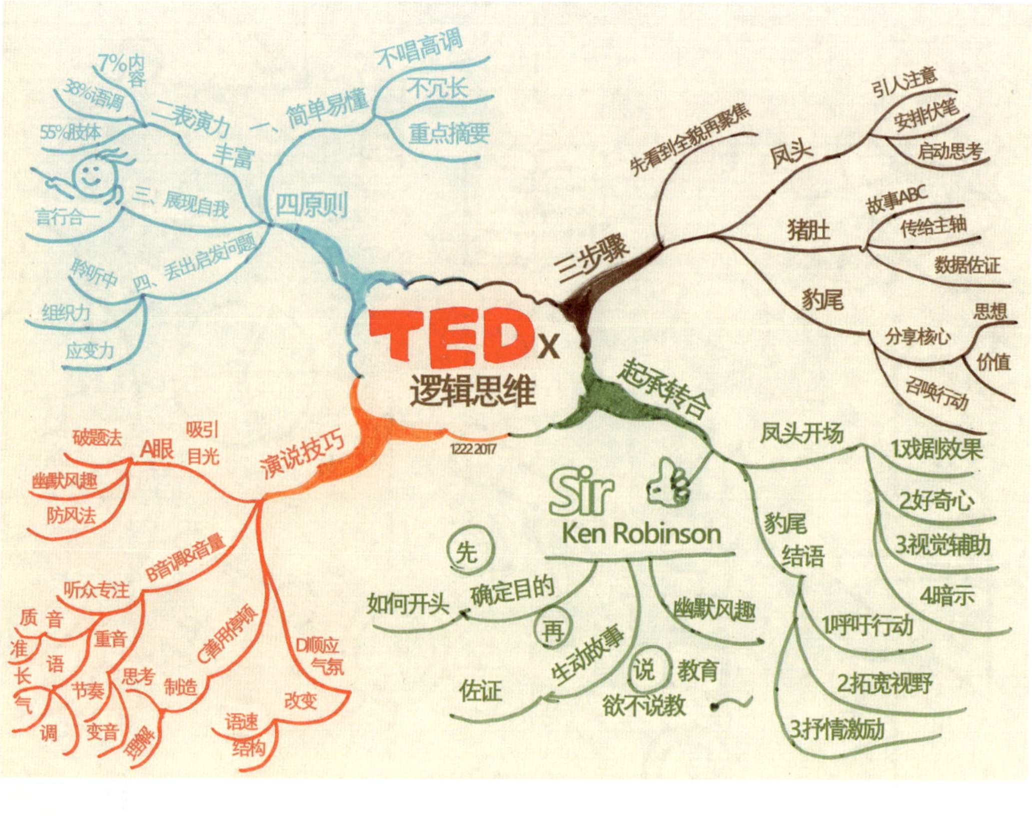

TEDx
逻辑思维
1222 2017
四原则
一、简单易懂
不唱高调
不冗长
重点摘要
二表演力丰富
7%内容
38%语调
55%肢体
三、展现自我
言行合一
四、丢出启发问题
聆听中
组织力
应变力
三步骤
先看到全貌再聚焦
凤头
引人注意
安排伏笔
启动思考
猪肚
故事ABC
传给主轴
数据佐证
豹尾
分享核心
思想
价值
召唤行动
起承转合
Sir
Ken Robinson
凤头开场
1.戏剧效果
2.好奇心
3.视觉辅助
4.暗示
豹尾结语
1.呼吁行动
2.拓宽视野
3.抒情激励
先
确定目的
如何开头
再
生动故事
佐证
幽默风趣
说
教育
欲不说教
演说技巧
A眼
吸引
目光
破题法
幽默风趣
防风法
B音调&音量
听众专注
质
音
准
语
长
气
调
重音
节奏
变音
思考
制造
理解
C善用停顿
D顺应气氛
改变
语速
结构

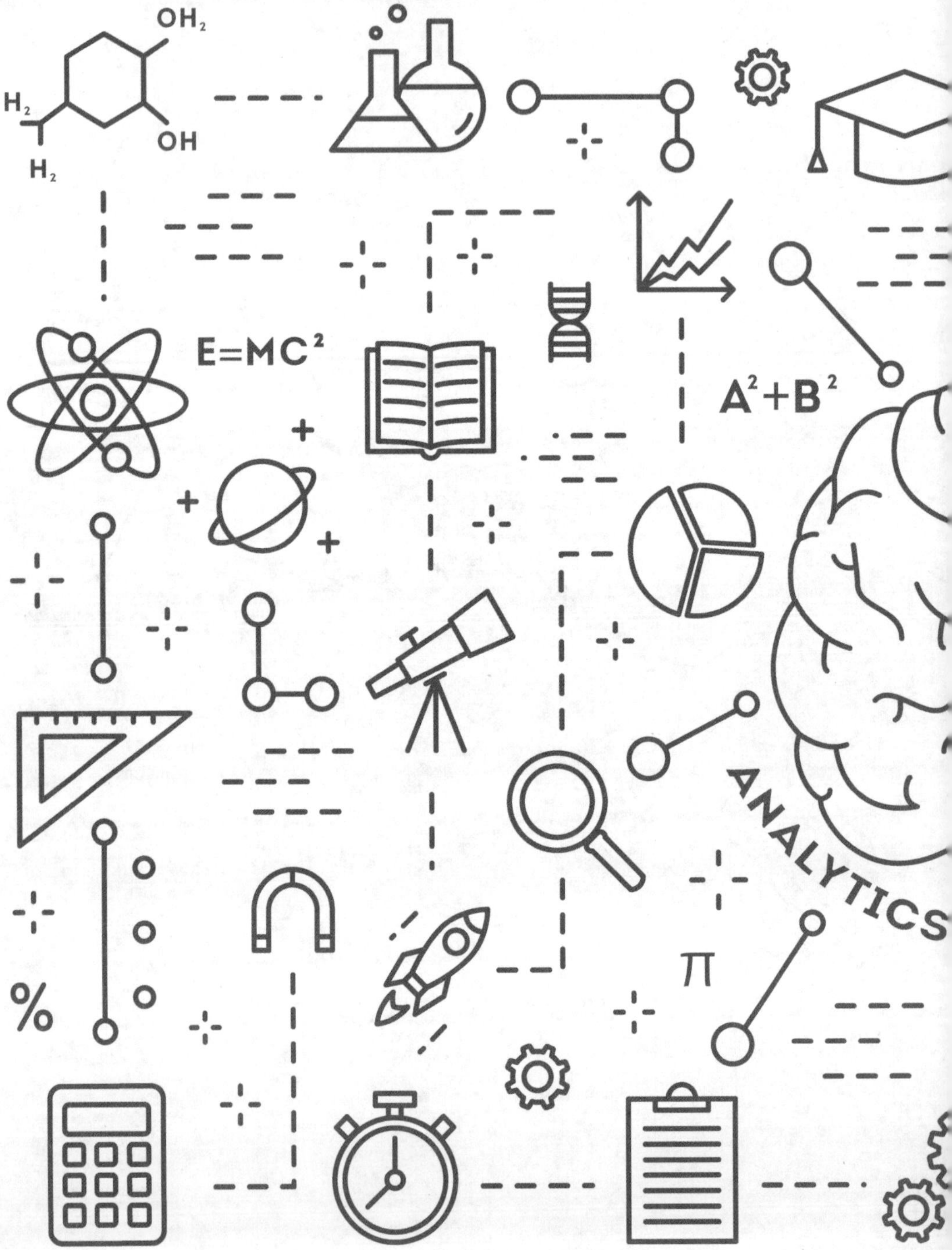

OH_2
H_2
OH
H_2
E=MC²
A²+B²
π
%
ANALYTICS

记录
笔记篇

记录笔记篇

学过思维导图的大朋友小朋友都知道"输入与输出"的差别。那么接下来的这个篇幅就是记录我个人的想法输出，有些是工作上的需要、有些则是生活上的想法！落在纸上的好处便是可以反复咀嚼思量，为了使工作有效率而刻意画下来整理思绪，没有精进需要的练习而是让大脑舒服地活络活络。

从平凡的事件记录里不难引出跳跃性的创意思考，只要上过课的都知道！既然这样的记录笔记在枯燥乏味的思维导图手绘练习过程中不可或缺，那么从中找出乐子改变一下枯燥的重复，也许就是这个篇幅要带给大家的想法。

美化思维导图课纲

在我开始教授思维导图法以前,我做了这份教学课纲;课程虽然只有短短90分钟,但我铆足了劲想要给大家带来一点新的思维以及应用做法。当时,我对思维导图思考法的理解,只能称作业余,还不算真正的全面理解,也不能解答做练习时会发生的疑惑。

所以,在我真正开始教学以前,除了不断练习课纲之中的演练、实作,我还阅读大量书籍,也看与思维导图相关的书籍,从观念类型、练习类型到论述类型,统统都看、全部用以参考!以至于有段时间,我跟走火入魔似的,满脑子都是思维导图应用。

如今教学有一段时间之后,回头看看过去的作品,信手拈来的都是有趣的回忆!我不再刻意强调思维导图的好处,相反,我用实际运用的案例来让事件本身说话,好的工具本来就具备说服使用者的能力,越用就越会发现好处在哪里!

> 思维导图笔记

我是在上完这个美化课程之后,重新整理思绪并且完成这张思维导图的。我们都会强调思维导图法里使用的插图绝非以美观为首要考量因素!

所以画得好不好看不是最重要的，画得能够让自己辨识，才是图像思考的重心。

笔者言至于此忽然惊觉这个技法既然这么考究图像，那么会画图的人是不是就比较容易上手思维导图呢？答案也不全然如此。原因是这个技法着重在左脑右脑同时思考，很多会画图的同学虽然图画得好看，但做分类逻辑时却很辛苦！很丰沛的想象力若无法妥善执行分类的定义，那么能够将思考过程了结留下一张思维导图不是增加效率，而是徒劳多花时间。

所以，我们都会建议一开始做思维导图千万不要搞得很复杂！简单的主题、简洁有力的分支，不需要太多阶层，只要扎扎实实地完成每一次思考并且留下思维导图，就能有显著的进步！而每一次小小的进步累积起来就会越做越顺手，思考效率就一定会慢慢提升。

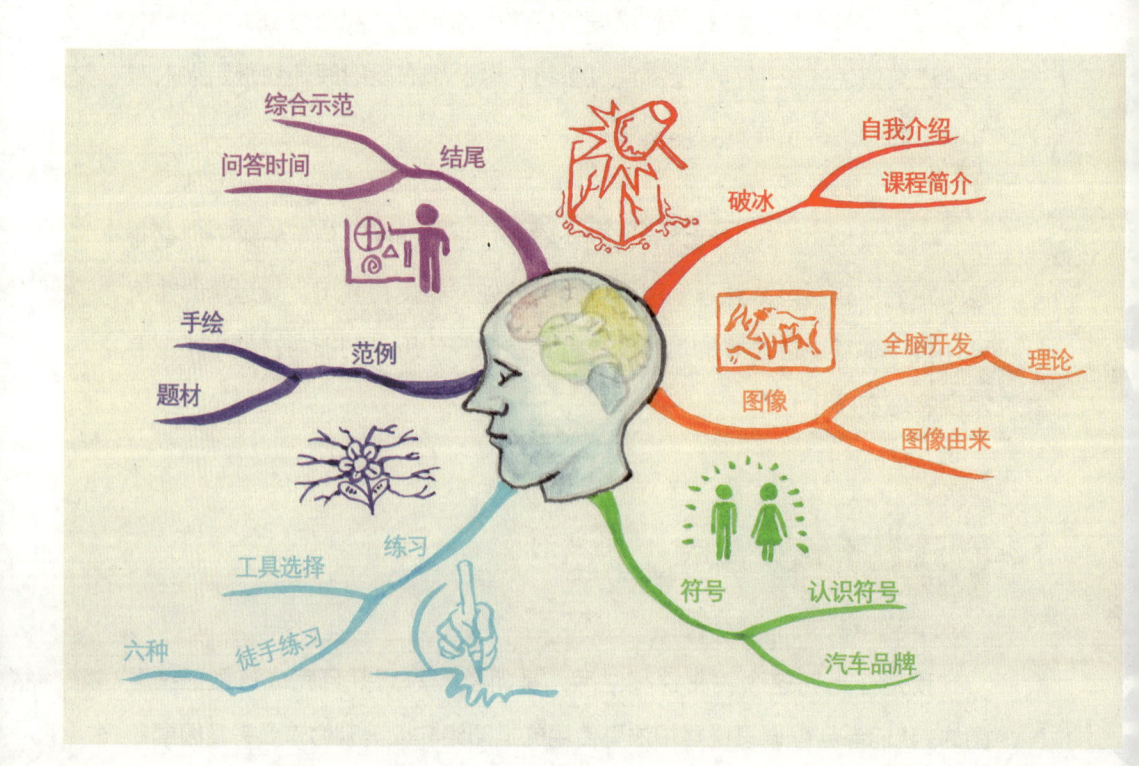

图解艾美普

当初要不是被一则 ICRT 的广告吸引，也不会造就了今天这个我；所以，满怀感恩之意我做了这张对艾美普认识有限的思维导图整理。

我记得进入艾美普之后，从全脑开发的课程开始到口语、简报表达都要学习。我不清楚现在的课程安排方式有没有不同，但当初我整整在基普大楼窝了将近有半年之久，直到我拿到了专任讲师凭证。这半年中，我设定目标、虚心向学！我将同学们组成一个自主练习的读书会，我向大家宣告我一定在半年之内完成讲师测验成为讲师。

尽管我的年纪有些大了！但那正代表我有丰富的社会经历，这一点在我的讲师修炼过程中，很有帮助。而艾美普的所有课堂讲师也个个大有来头，每一个都是我学习、模仿以及请教的对象。

待在艾美普的那半年，是我成为全职讲师前很重要的时光，因此我感谢当时在那个办公室里的每位朋友，也包括吴佰鸿老师。谨以此文感谢大家！谢谢当时所有人对我的教诲，铭记在心，铭记在心。

> 思维导图笔记

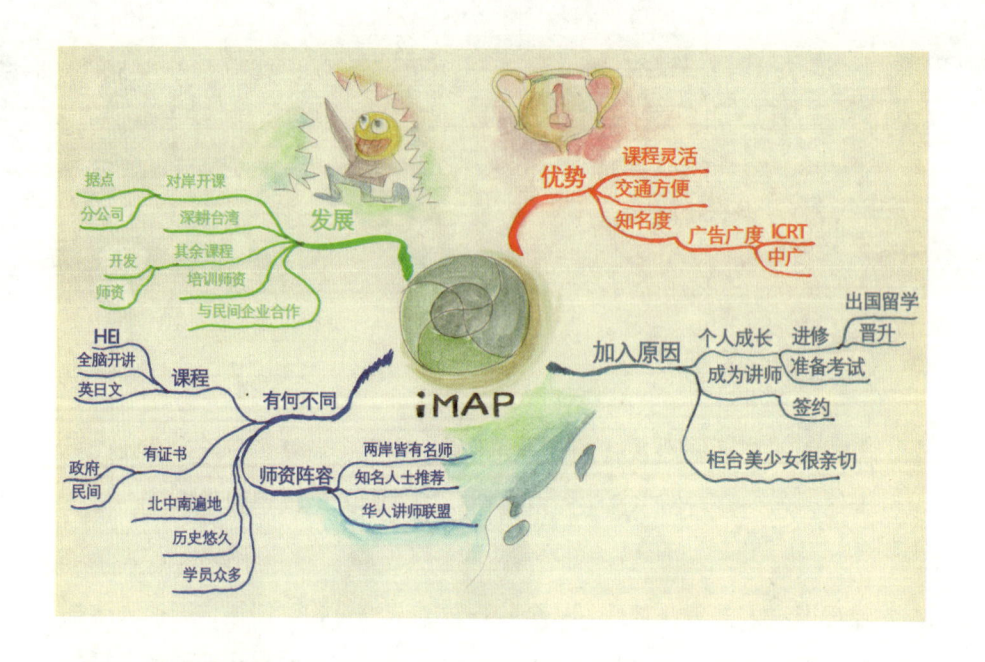

不用说这肯定是当时正在学习的作业！不过可以看得出来我已经迈入自己的思维导图 2.0 版了，因为字字在线、插图及线条开始有了工整的感觉，而用色依然稍嫌不够活泼，那是我过去很长一段时间里作品的通病，挑色很阴郁。我也不知道为什么会如此，可能与我从小就很自卑有关系吧？

另外一个可能与我还没有放手去享受思维导图绘制过程有关。原因很简单，在这之前我已经很久不曾打开笔记本、不曾碰过画笔！进入社会这二十多年来除了自行创业之外，我总是为了工作忙进忙出，鲜少有机会坐下来耐心画图。而学习思维导图最巧妙之处就是给了自己大大的机会与理由，用力练习！这一练习如同星火燎原、一发不可收！所以我很快完成了第一个 20 张、50 张作品，笔记本一本换过一本，作品迅速累积。这一张在我思维导图作品的前 20 张里应该是排前面的，也就是我刚刚重拾画笔不久！坚硬的挑色与构图完全诚实呈现当时的状况。

解密商业模式

在一个偶然的机会下我与好友参加了林伟贤老师的演讲，而这次的听讲给了我很多启示：包含讲师风范、讲述方式、讲师团队合作默契、关于主题方面的思考延伸，甚至是这类课程如何招生、招生的技法等。

每一个站在台上的讲师都有个人的魅力，林老师自然也是一方霸主！很显然，在他的讲述数据里大量使用了他过去教学的经验，而那些经历也果然非常光鲜，我们心领神会。不过，进入社会这么久，笔者很容易分辨讲堂中哪些发言是针对主题剖析、传授知识，而哪些是灌输"我很厉害、真的很厉害"这样的观念，所以我们的笔记自然而然就会去掉营销用语，留下能够增长知识的部分。

总的来说，这是一场推广课程的讲座，我留下笔记之后没等工作人员上来推销就径自先行离开。以笔记来看，留下来的重点还算清晰具有阅读性，就算没有报名昂贵的课程，我还是很有收获。

思维导图笔记

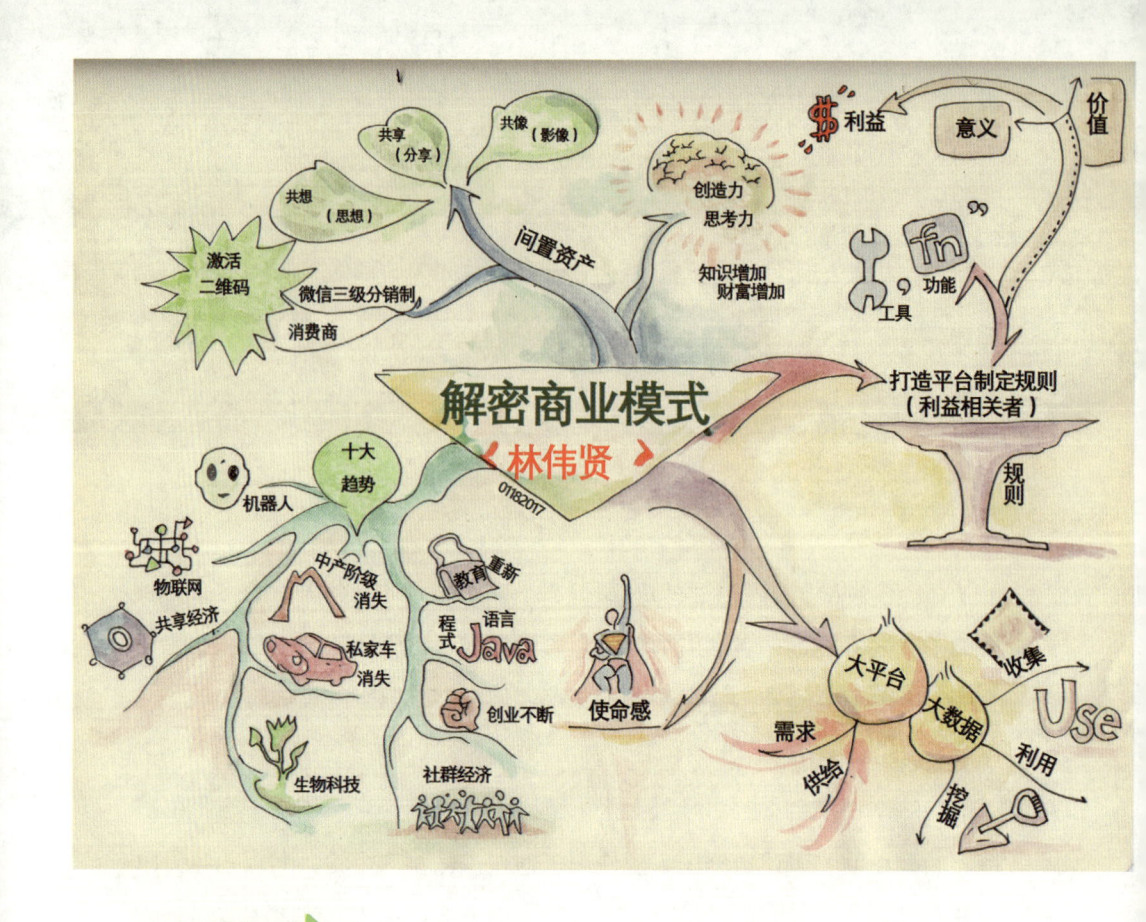

我尝试着用插画的风格来表达这次演讲的心得。

听演讲是一种训练自己笔记能力的方式！一方面必须用心听讲，另一方面必须用力做记录，平常少用笔记录生活的人刚开始一定会很有挫败感，既无法有效留下记录，也因为动作不够顺畅而漏掉了演讲的许多部分。

所以，建议就是大量地尝试不同种类的记录方式，以及广泛地参与多方演讲；听讲专心固然重要，而在专心听讲的同时简单记下关键词、重要的警语也很重要！能够留下几张便利贴、几行字，都会对日后有能力完成听讲笔记具有莫大的帮助，因为只有持续不断地练习才能感受自己能力上的变化，练多了就会知道自己是听力很强还是手写能力比较强。

萨提尔模式

对于萨提尔的沟通术早有耳闻，手边的书本已经买了一阵子了就是没好好翻，今天一偿夙愿，还听到了大师级的演说更是感受到强大的力量，一种一定可以好好学会沟通的力量。

要说留下什么心得那一定要讲一讲冰山理论！

原来对于这个理论只能说一知半解，毕竟看过许多国内外关于人际沟通的书籍，大家都会用一些所谓的专业术语，来把一套解决方法包装起来。姑且不论孰优孰劣，毕竟都是学术有专精、各自在专有的领域里都有研究的成果，所以差异在于我们读完之后吸收了多少、运用了多少。

参与了提倡"好家在学堂"理念的李仪婷老师的演讲，才对冰山理论有个全面了解，一听完老师的亲身经验之后除了莞尔一笑，更有感触的是自己竟然错了这么多年。哈，不过，任何一套理论都不是以推翻大家的生活经验为目的的，而是希望能够帮助更多家庭而存在的！所以我并不灰心，反而有一种大彻大悟的感受。

短短不到一小时能够有这样的体会，我想萨提尔的理念成功进驻了在场大多数家长的内心。

日后当然可以深耕有关萨提尔的书籍，而这张简单的思维导图整理虽然不尽完整，却成为讲座之后可以参照的笔记。（之前有许多家长问我说到底思维导图如何帮助思考和整理，我想这个听讲、笔记、整理、再笔记的过程可以作为一个简单的示范，真的不难。）

最后要引述仪婷老师的结语，她的结语讲得非常好："每一次冲突，都是迈向关系和谐的新契机！"这不是给了脾气暴躁的我最大的下阶梯的借口吗？哈哈哈，当然不是！我相信这样的箴言是想告诉大家：情绪偶尔也要有出口，适当的表达都是帮助理解彼此、增进沟通的好方式！

萨提尔模式，推荐给大家！

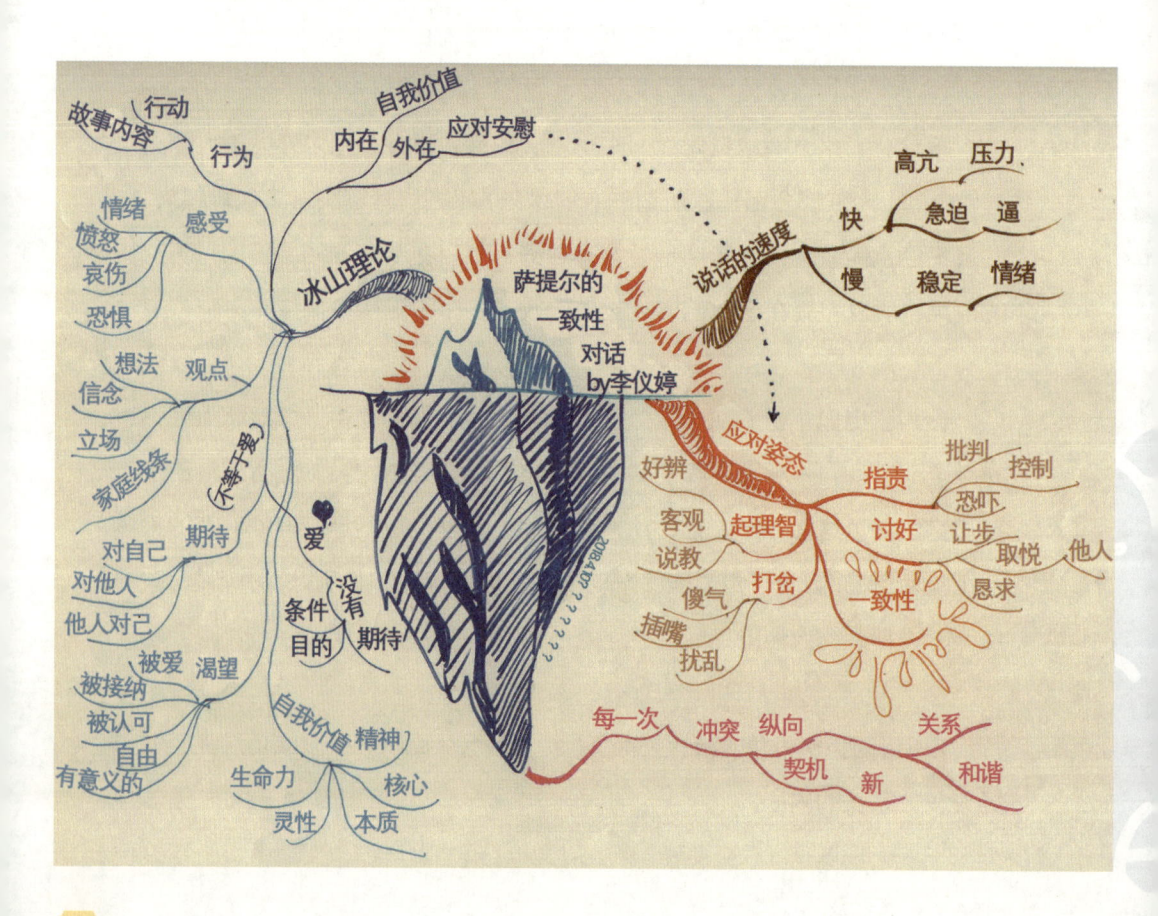

> 思维导图笔记

　　冰山这个图绝非我原创。所以我听讲的同时便随手根据我对这个议题的记忆将冰山画了下来，再加上听讲时所留下的重点记录！这张图称不上很完整记录了仪婷老师精彩的演说，但却留下了我对"萨提尔的一致性"粗浅的理解！有了这层理解也就能帮助我增加日后接触萨提尔的机会，成就下一次参与相关议题的演讲或课程。

树德论剑

　　树德，这个名字的灵感产生于树林车站附近的树德牙医诊所内，主持人是我的好同学兼好友，陈国华医生。我们一起在艾美普接受全脑讲师训练，一起学习的过程中他和善的态度、亲切的言谈立刻让我感觉他是个值得深交的专业人士，所以我们常常在搭车的过程中交谈，内容从人生经验到学习体验、从身心获得到学习心得，我们无话不谈，我们成了莫逆之交。

　　国华医生是个拘谨的人，对于学习总有他独到的见解，也因为他慷慨地告诉了我许多他的收获，我才能留下这张非常具有纪念价值的属于我们俩的学习心得记录；为此，这篇文章送给国华医生——谢谢你总是温暖地给予一同在学习轨道上的我最坚定的力量！谢谢你！

　　我记得某一天上完课之后，他拿出了自己珍贵的笔记给我看，笔记中满满都是他的阅读记录，他看书的数量与速度自然不在话下，藏书更是惊人；所以那几张笔记对我来说简直如获至宝！我二话不说在征求他的同意之下拍照存档。这张"树德论剑"便是在看完国华兄的笔记与我个人学习心得融合之后的作品！

思维导图笔记

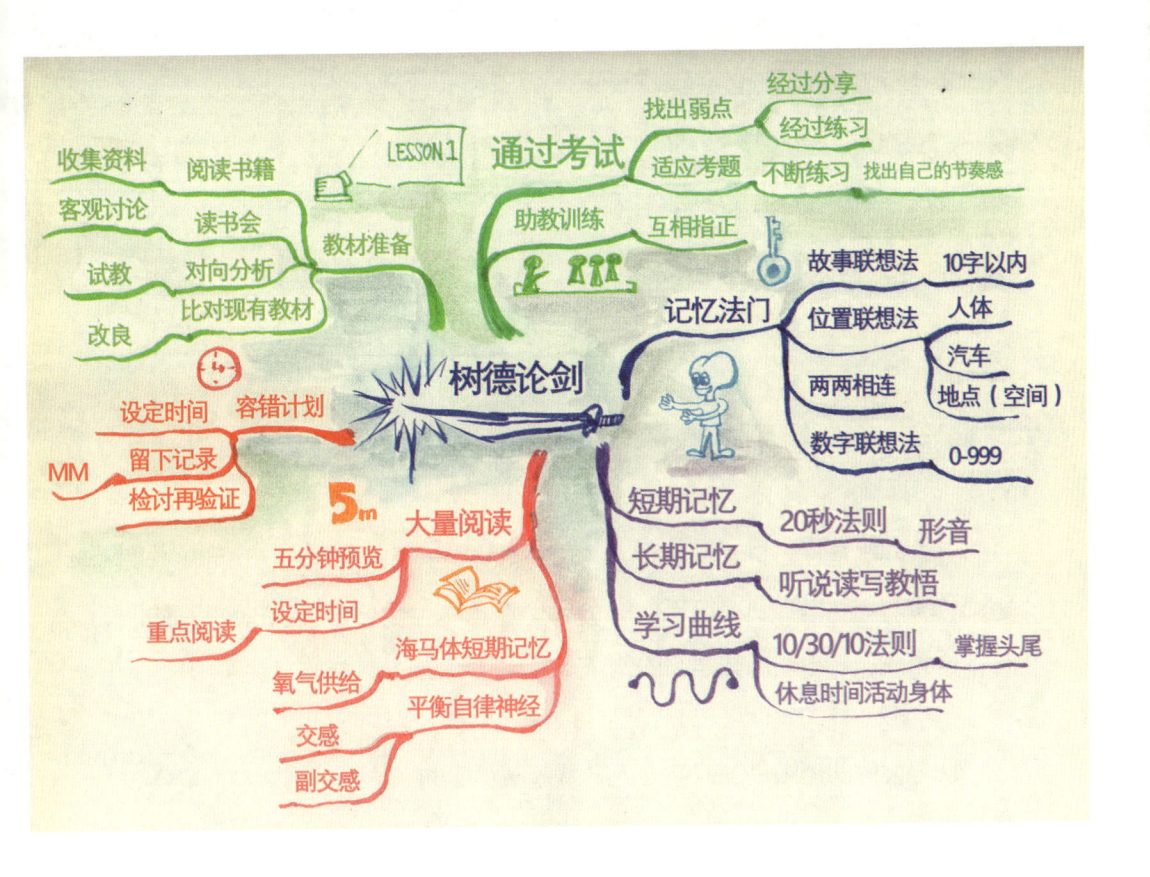

国华医生的笔记非常丰富，在经过我消化吸收整理之后，利用一个下午的时间，编绘成我们俩讨论记忆课程学习与坊间其他关于记忆学习的读书心得；因为这张图上的很多技法是我们在课程中没有学到、但其他书籍里大力推荐的技法！为了深刻了解并提高记忆效率，国华医生不吝啬地将他个人用心做的记录分享给我，让我能够一路顺利地通过测验成为讲师！真是超暖心！超感恩！

如何经营自媒体

网络世界何其大？茫茫网海里总有你的知音！

经营网络社群不只是一项企业经营的趋势，更是一门课程！坊间不乏出现"演而优则导"、自己操作出一番成绩之后，翻身成为网红，并开始分享这套成功心得让后辈学习的例子。"律师娘"便是这样的成功案例！

从老公的助理跟班到网络名人，从蓬头垢面的家庭主妇到讲台上受学员崇拜的作家！"律师娘"林静如一路走来，虽然只有短短两年，可是半年出一本书这样神奇的效率，其实是很难让人望其项背的！持续笔耕（据说每天五千字！）、身为众多读者心情抒发的依靠，这四本著作文笔流畅、不咬文嚼字，用让人最容易理解的方式与读者交心！

"律师娘讲悄悄话粉丝团"到目前为止已有21万粉丝，他们的影响力早已不可小觑！我和林静如因为场地租借而相互认识，并从她在台上侃侃而谈的过程中留下了珍贵的思维导图笔记；这张图虽无法完整地记录她精彩的演讲及漂亮的铺陈，可对于想要一探究竟的网友来说，算是给了份沉甸甸的心得笔记；因为，如果我记得没有错，按照"律师娘"的说法：只要照这方法按部就班地来运作，你的粉丝人数也可以轻松破万啦！

思维导图笔记

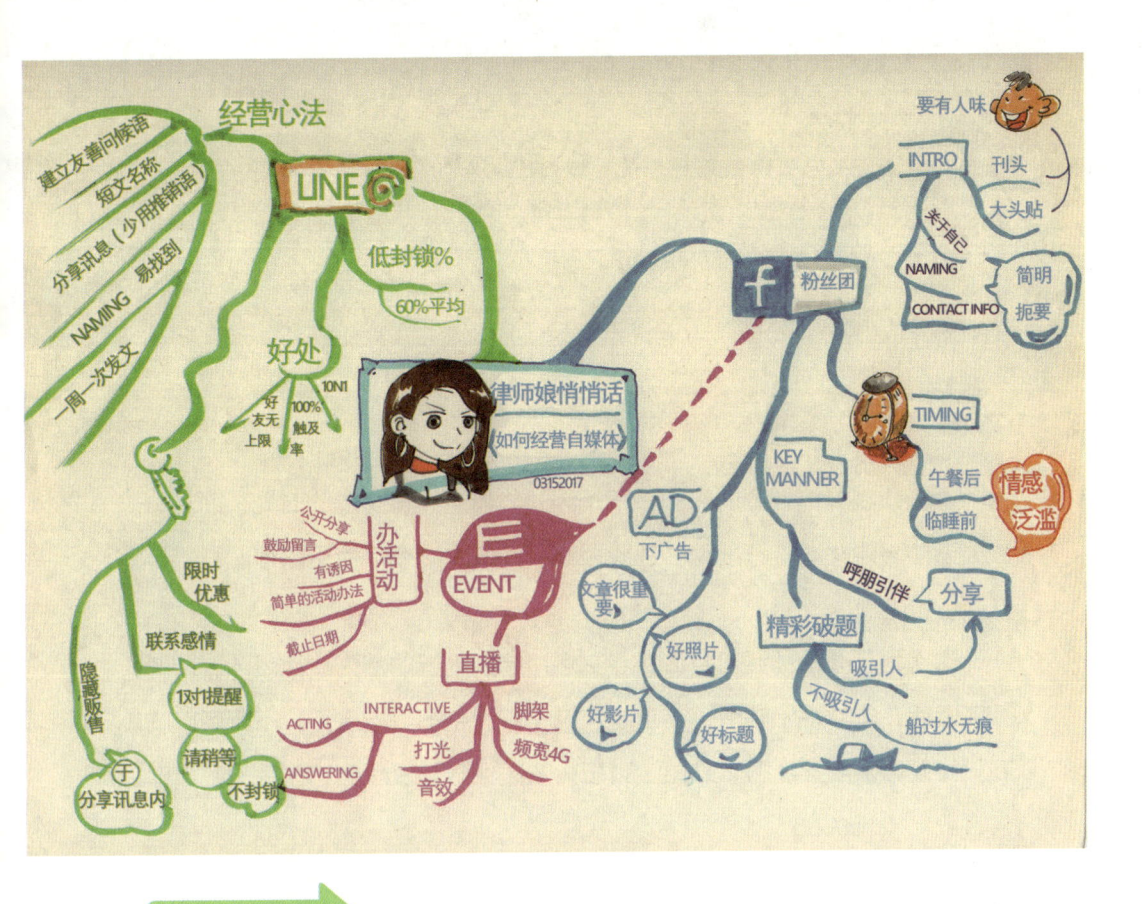

　　这张导图整理当然不是在演讲过程中直接完成，而是先有随手笔记之后，再行绘制。事实上能够直接在演讲过程里完成思维导图笔记不是件容易的事！因为无法事前掌握重点的分类，我们必须要立即判断这段话应该独立成为一个枝节，或是与其他段话合在一个类别里。

　　除非演讲之初就明白告知以下演讲分为几个段落，否则，贸然记录分类的结果很有可能是拆出来的第一项大分类完全不合理。不过，这笔记术本来就是从大量练习中精进，有些手上功夫了得的朋友就可以随手写下很美观的字，并且同时将思维导图画好。作此说明不是要阻止大家一边听讲一边记录，而是告知大家我自己的学习路程罢了！有兴趣的朋友都欢迎多方面尝试。

戒烟

记录于 2016 年 11 月

真正让我戒掉烟瘾的原因，不是因为珍惜家人在身边的时光，而是一想到不能陪伴女儿走红地毯，那股遗憾瞬间放大到令人惊恐的程度！

这次为了准备泳渡日月潭，我刻意早起到附近的室内泳池晨泳，游了几天之后，忽然开始咳嗽，而且越咳越厉害、越咳我越害怕；不明所以的我只好硬着头皮挂了号，拿出尘封已久的医保卡。没想到，医生一开口就告诉我："你该戒烟了！"

这句话我也不是没有从别人口中听说过，只是没想到，当说这句话人的身份不同时，会有这么不同的影响力！

医生这么说道："这次的咳嗽只是感冒的迹象。真正开始影响你的健康的是抽烟的习惯，抽烟会导致心脏周边的血管壁变粗、血液回流不顺畅！很有可能会导致心脏方面的疾病。"

听到这儿，我开始感到头皮发麻、冷汗直流！

他怎么会知道最近这半年来，我胸闷的情况愈加严重？拍了胸腔 X 片也没发现问题啊！

难道这正是该戒烟的迹象？而且是要命的那种迹象？

我从来不相信自己的身体这么不堪打击！难道我真的已经步入中年？难道我肺没事心脏有事，胸腔内血管出现状况？难道我的心脏血管内壁真的开始失去弹性，然后心跳不正常心律不齐？难道我有可能会因为心脏病发突然暴毙？难道我真的出现慢性疾病？难道我就要步入父亲的后尘早早离开我的孩子？难道……

曾经我深度依赖香烟，香烟离不开手。姑且不论这个习惯何时养成，每当夜幕低垂，孩子进入梦乡沉睡以后，便是我能够安静下来运用大脑思索的最佳时光；我喜欢想一想当天所发生的事情，想工作方面的事，思索设计方案、企划案，思索该思索的任何事。

在这段独有私密的时光里，我总是燃上一根烟，放一首陪衬当天心情的好音乐，泡一杯好茶。不管多严肃、多困难的人生课题，当下都能够好好地思考、能够找到解决的方法甚至发现具有创意的点子。偶尔情绪低落时、心情紧张时、害怕惶恐时，吸一口浓浓的香烟，好似瞬间得到力量，低落的情绪获得稳定、紧张的心情获得放松、恐惧的感觉顿时烟消云散。

真有那么神奇？我想瘾君子都会点头如捣蒜地表示认同。以上种种造成我数次戒烟失败，而且一次比一次抽得凶。这的确是非常糟糕的情况；尤其想起第一次被女儿发现我会抽烟时，那份尴尬真要命！好像曾经吸入肺里的尼古丁烟焦油瞬间浓浓地漫上了喉咙，怪味道害得自己几乎喘不过气。

我怎么可以在宝贝女儿面前抽烟？我怎么可以让我的宝贝女儿沾染上烟味？但是，我依然无法下定决心，破釜沉舟地、痛定思痛地把香烟戒掉。虽然我介意我的家人受到香烟的危害，虽然我从不、甚至于绝对不在家人身边放任这个坏习惯，然而，长久以来躲在这份坏习惯后面的我、偷得半刻闲情逸致的时候就做些大人以为只有大人世界里面可以放纵的行为的我，终于还是付出了代价，从医生口中得知，若是再不戒烟，很有可能有健康大危机、有慢性心脏病之忧。

如今，我已成功戒烟三个多月。前两个月我持续对抗想要吸烟的想法，而现在我完全不会怀念有烟抽的日子。身边的空气变好以后，我正努力将健康人生的未来放大。我相信好的影响力势必战胜邪恶的欲念，正义的一方永远属于最亲爱的家人！

倘若你跟我一样曾经受到烟瘾的迫害。那么相信我：帮助戒烟最大的帮手，不是口香糖、不是戒烟贴片，更不是董氏基金会，而是你是否下定决心要好好成为那个健康、爱护家人、发誓要成为家人支柱的好爸爸、好儿子、好丈夫。

思维导图笔记

这张图是在我写完这篇戒烟的文章之后，根据我对戒烟这件事情的想法所画，毫无疑问地，对于成功戒烟我给自己最大的动力是：为了家人好好活下去！

戒烟

意志力
- 欲想
- 控制
- 习惯
- 忍耐
- 坚持
- 心理
- 考验
- 壮大
- 改变习惯

身体反应
- 害怕烟味
- 食欲大增
- 呼吸变顺
- 胖

心理状态
- 天使与魔鬼
- 坚持
- 自豪
- 家人
- 生信心
- 有自信达成

家人反应
- 支持
- 更亲近
- 称赞
- 充满爱
- 体谅
- 身体变化（胖）

朋友反应
- 测试影响力
- 跟进
- 正向肯定
- 支持

环境选择
- 远离吸烟环境
- 多走向绿色森林
- 芬多精
- 跟不吸烟的人在一起

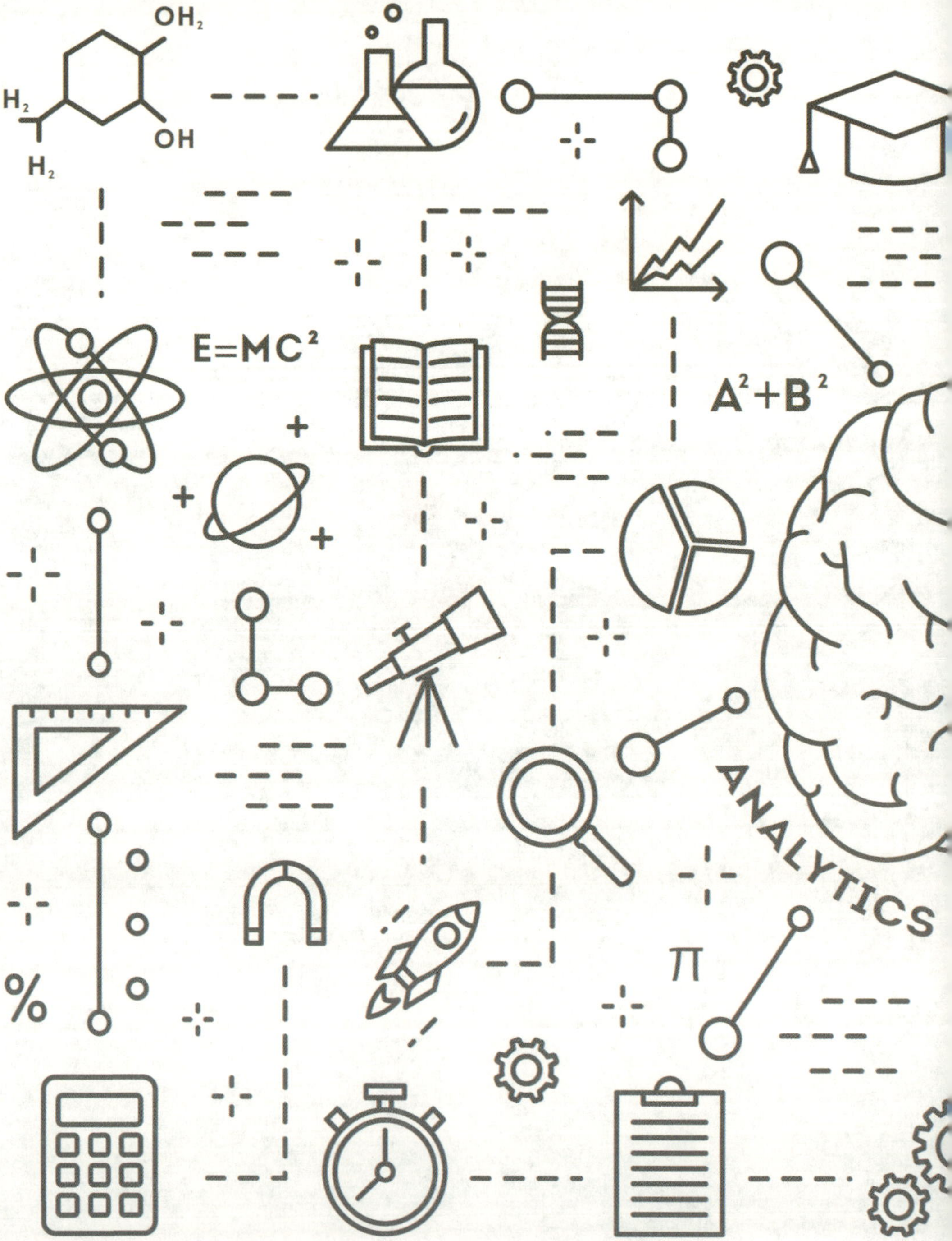

OH₂
H₂
OH
H₂
E=MC²
A²+B²
ANALYTICS
%
π

创意
笔记篇

创意笔记篇

搞创意的人最羡慕那些点子可以"信手拈来"的天才,可是读过这么多创意思考的书籍之后,我才发现原来通过一些方法与步骤,"创意"是可以被制造出来的。我们都曾经不止一次听过"限制反而让你更有效率、更能激发创意"这样的说法!

所以我的创意笔记通常不只是突发奇想的产物,有时候也会是半强迫自己要能从主题中刻意延伸出天马行空的想象,或是一个情境影像或是一篇读过的文章,都能稍微突破既有的刻板做法。然后我们就是尽力去累积这一点一点的"稍微",待数量够多了,素材也就多了。

脑力激荡

在我个人的思维导图学习历程里，满足自己的求知欲最重要的步骤之一即一碰到有疑问的部分，立刻向老师们请教；在那个时段，我也开始阅读与思维导图相关书籍。而看再多书都没有自己动手画一张来得实在，也就是从那个时候开始，我趁着白天上班时间中的空当，大量手绘思维导图。

但我不得不坦白在绘制过程中不见得都是采取先思考然后再进行绘图！相反，我自己的习惯是一边思考一边描绘，而且我个人的乐趣也在于此。不过很有可能画着画着会陷入一种绘画的情境而非深入思考，这一点倒是值得学习思维导图的朋友们交流探讨的。

而为了编辑本书，我也参照了许多在线可以买得到的书籍包括我自己的藏书；就自私的角度来说，这本书既然是我的作品，本应该完全随我自己的意，爱怎么画就怎么画、爱怎么编排就怎么编排！可毕竟任何作品都要放到市场上接受大众考验的，所以也不能太标新立异，是吧！所以这张作品的露出，只是为了揭示我的学习历程，告诉大家我也不是一开始就能画出完整的思维导图的。

思维导图笔记

（图示内容）

- 自己重做
- 重新组织
- 抓出重点
- （依作者段落）自行拆解段落
- 整合重点
- 右脑 ⇄ 左脑
- 新资料来先保留原来版式安排
- 再重新审视整理，再画另外一张
- 必须自己完成
- 以整篇文章来说，除非熟读或抓重点否则要分出5~7分类有其困难，重要的是资料消化程度，熟读资料及大量阅读是最高指导原则
- 作为规则起初用于概论
- 细读及分析理论则颇花时间

BRAINSTORMING

- 串联思考训练
- 联想力
- 天马行空
- 创造
- 图标创造以简单线条组成为主
- 不宜太花时间，以方便记忆、容易绘型优先
- 着色简单、不宜复杂，以图像为主的思维导图
- 不宜太花
- 白色的纸，没有横条纹
- 横着放，中心主题使用图像表现
- 先下字体，再施放线条，粗细自如，颜色自分
- 以五至七则分类（副标）为佳，次标、细节为佳
- 所以字务必在线条之上，不过这是基本原则，先学会基本功夫之后，原则也是可以被挑战以及被打破的
- 为求左右平衡，先以左脑作分类，再以右脑配色
- 及下图标左右分工互相搭配，合作无间
- 最重要的是自暂存区置入记忆区

思维导图笔记

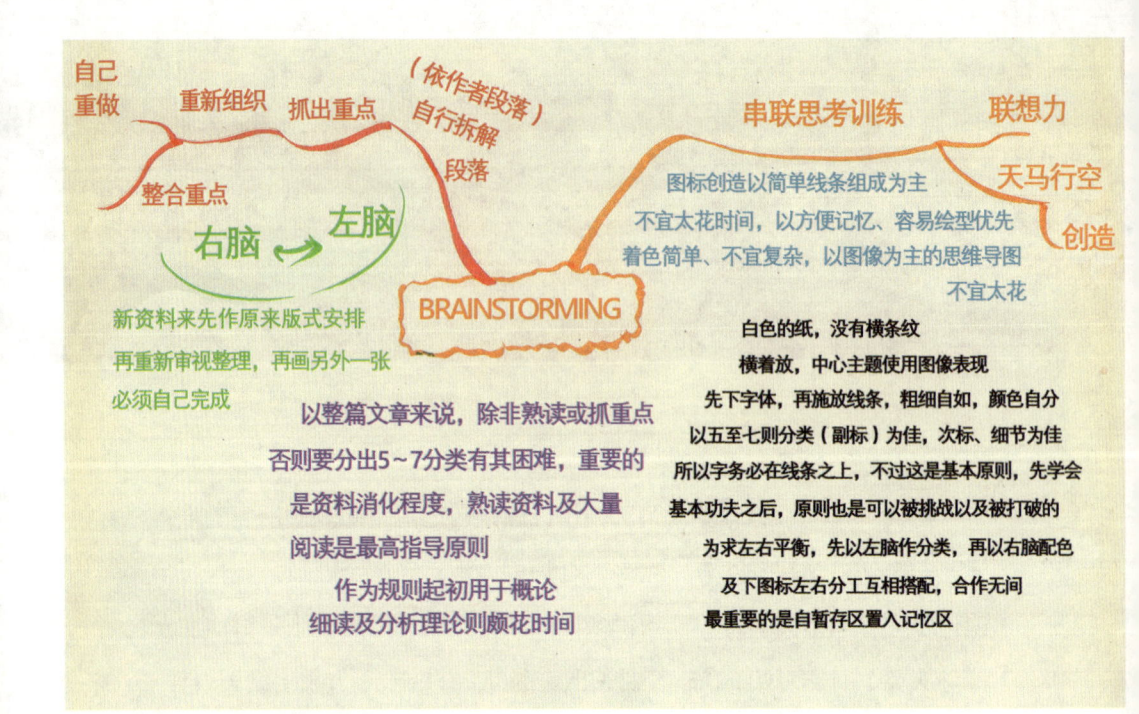

严格说来这不是一张正确的思维导图，这只能说是思维导图学习笔记。在当时，我整个人沉浸在学习的氛围中，整个人生大扭转进入归零学习的状态。我用心地领会每位思维导图老师们传授的技法，课后大量复习；我也时不时向老师们请教，询问每个练习过程中会发现的问题的解决方法。

而这个笔记对我来说其实是很重要的！没有这些笔记的基础，没有进入学习心流的可能；要知道我这次坐下来学习距离我离开学校已经过了23年之久，即便是这23年以来我做过不知道多少笔记、手札，但那些毕竟没有系统、都只是生活经验累积的随意抄写，不能算是有效率的学习。

所以我回看过去，这些稍嫌零乱的笔记很能勾起我投入学习时的状态，而这些回忆都是值得在课堂上与学员们分享的亮点，我也以此勉励初学的朋友们要多尝试练习，因为我们都是这样过来的。

Taking&Making

　　品思博赞思维导图管理师认证班第 30 期课程的作业完成了，适逢周日瑞屋发表新营业项目而开 party，所以两件事凑在一起做得成果，就变成了以下两张同主题、但不同表现手法的思维导图。

　　稍稍解释一下，思维导图分为输入和输出两个不同思考方向的绘制种类：所谓输入，便是将既有的数据做逻辑分类整理，着重在化繁为简、让一大堆眼花缭乱的信息能有脉络可循、一目了然；而输出呢，便是发挥大脑创意思考力，将主题做脑力激荡，以有效的思考脉络引出脑中思想、尽情发挥！

　　输入、输出是思维导图思考法里最基本的两种应用：

1. "从外界截取信息，好比笔记、记录"就是所谓的 Taking 输入。

2. "组织、运用自己大脑里的想法和数据"就是 Making 输出。

　　运用在现实生活中，可以恰如其分地将思维导图分为瑞屋的现况与 party，但它们都围绕同一个场地及主题：瑞屋商城开幕茶会。

　　做完这个练习，突然发现其实真正仔细思量主题的真切性，就发挥功

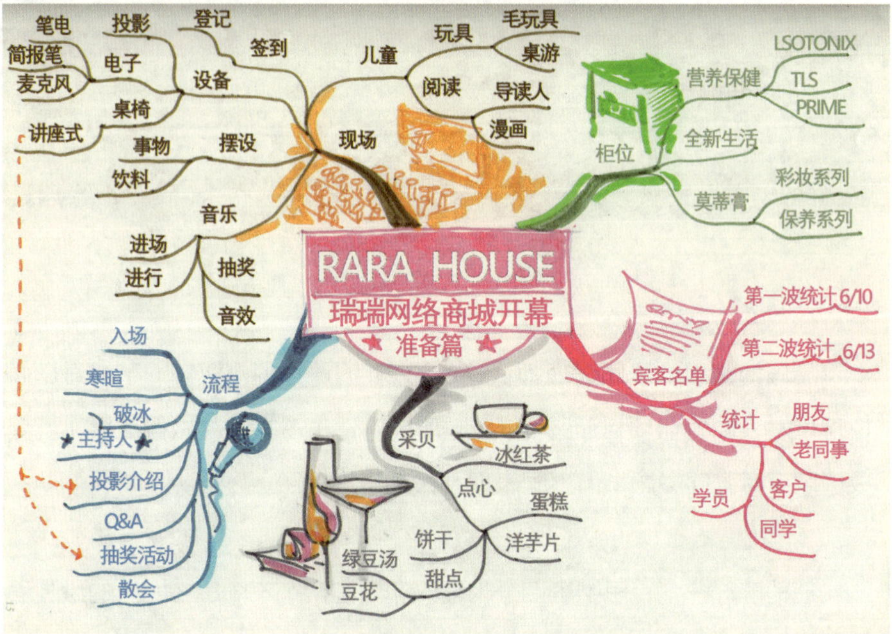
RARA HOUSE
瑞瑞网络商城开幕
准备篇
现场
签到
登记
设备
投影
电子
笔电
简报笔
麦克风
桌椅
讲座式
摆设
事物
饮料
音乐
进场
进行
抽奖
音效
儿童
玩具
毛玩具
桌游
阅读
导读人
漫画
柜位
营养保健
LSOTONIX
TLS
PRIME
全新生活
莫蒂膏
彩妆系列
保养系列
宾客名单
第一波统计 6/10
第二波统计 6/13
统计
朋友
老同事
客户
学员
同学
流程
入场
寒暄
破冰
主持人
投影介绍
Q&A
抽奖活动
散会
采贝
冰红茶
点心
蛋糕
饼干
洋芋片
甜点
绿豆汤
豆花

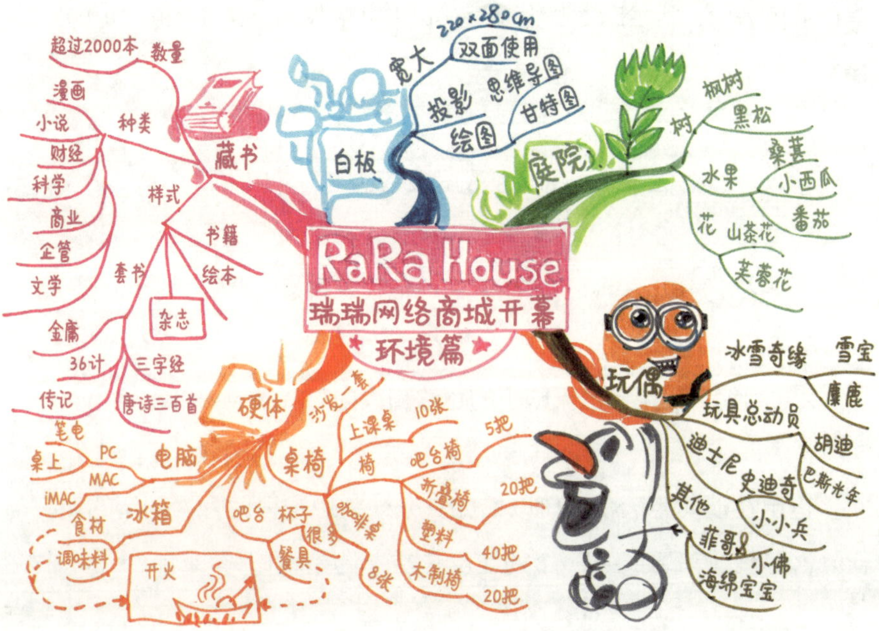
RaRa House
瑞瑞网络商城开幕
环境篇
藏书
数量
超过2000本
种类
漫画
小说
财经
科学
商业
企管
文学
样式
书籍
绘本
套书
杂志
金庸
36计
三字经
传记
唐诗三百首
白板
宽大
220×280cm
双面使用
投影
思维导图
甘特图
绘图
庭院
树
枫树
黑松
水果
桑葚
小西瓜
番茄
花
山茶花
芙蓉花
硬体
沙发一套
电脑
笔电
桌上
PC
MAC
iMAC
冰箱
食材
调味料
开火
桌椅
上课桌
10张
椅
吧台椅
5把
折叠椅
20把
塑料
40把
木制椅
20把
吧台
杯子
餐具
很多
咖啡桌
8张
玩偶
冰雪奇缘
雪宝
麋鹿
玩具总动员
胡迪
巴斯光年
迪士尼
史迪奇
其他
小小兵
菲哥&小佛
海绵宝宝

能而言还是不同的，意即输入、输出的主题就是不同！这便是练习的目的，从做中发现微小的细节，而这些堆积起来的细节，很可能就是日后突破自我最好的痕迹！循着痕迹回头看，这段学习的历程弥足珍贵！

思维导图笔记

我拿出速写水彩用的画册本子来练习，也是一种全新的尝试！为什么？因为这个纸材比较贵，一般我不会建议使用这个纸材。当然如果你觉得自己的手绘够水平，你也想为自己的思维导图留下一些好棒的记录，那么用好一点的纸、好一点的材料工具，是非常令人愉悦的体验！

果然，一下笔就有一种舒畅的快感！因为纸张滑顺、笔尖在平面上迅速滑动，顺着思考的节奏，这么一笔一画，让我完成这两张输入输出练习时，获得了满满的成就感！也因为如此，这两张可以说非常插图式的思维导图，瞬间抛开了一些线条上的规则限制。

创意思考步骤

尽管对靠创意吃饭的人来说，灵感不见得说来就来，但是大部分的人还是可以通过练习来增强自己对于创意这件事的体会。

这样做的好处到底是什么？我曾经在课堂上告诉学员们有关创意思考、联想力训练的事，至今依然有许多学员丈二和尚摸着头脑，不知所云！不管是水平思考、垂直思考、蝴蝶思考、换位思考、拟人化思考、夸张情境思考等，学会了技法但是平常时间不刻意练习一样也是没用！

是以积极激发创意这件事是不可急躁的。

通过精巧的步骤来进行训练非常有必要，不心急、一步一步依照课堂上的指示来运作，必要时也必须多增加脑袋里面的素材，出去听个音乐会、看场电影，甚至出国走一趟，都会对刺激大脑思考有明显的帮助。

思维导图笔记

有心人一定可以发现这张图的组成并不符合博赞思维导图规范：字没有在线上！

这一点，显示了我在思维导图学习与练习过程中，跟大家一样也是有先了解原理、后更改画法的习惯！所以有了这个图说的证明，大家应该更放心、更大胆去做练习才是！

Do it！Do it！Do it！

联想力训练

分享多年以前的作品：联想力的训练。这并非一本书，而是许多谈到联想力训练的要领总结整理；数据是一位学习全脑开发的好朋友、树德牙医诊所主治医生陈国华提供，由于坊间很少出现这样整理完全的书籍，因此我特别花时间画了一张统整的思维导图作为日后参考用图，没想到多年以后真的派上用场！

日前在课堂上为同学们解释联想力的训练首重思考，平常脑袋里的信息或多或少过于杂乱、花时间思考不是一件人人都愿意做的事，所以，联想力差、想象力匮乏便成为普遍现象！要是这样的现象从家长延伸到小朋友，那小朋友从小就没有了联想力、想象力，甚至缺乏做白日梦、天马行空幻想的能力！这是一件相当可怕的事！

联想力的训练

- 颜色
  - 红太阳
  - 绿巨人
- 穿在身上 — 扣帽子
  - 直接贴合
  - 戴在头上
- 覆盖表面
- 填充、补充
- 大量复制
- 爆炸性
  - 有动作画面
  - 打架、冲突
  - 撞击、攻击
  - 碰撞、爆炸
- 大小互换
  - 小东西变大（放大）
  - 大东西缩小（模型）
- 善恶对调
  - 天使变恶魔
  - 恶魔从良变天神
  - 好人使坏
  - 坏人变善良
- 拟人化
  - 动物会说话
  - 物体有生命
    - 车子变成人　CARS
    - 玩具活了起来　TOY STORY
    - 变形金刚　TRANSFORMER

TRANSFORMERS

自我介绍

这个题材我也练习过很多很多次！每一次画的自画像都不太像，完全符合了初学者学思维导图的特质——因为思考而忽略画图。

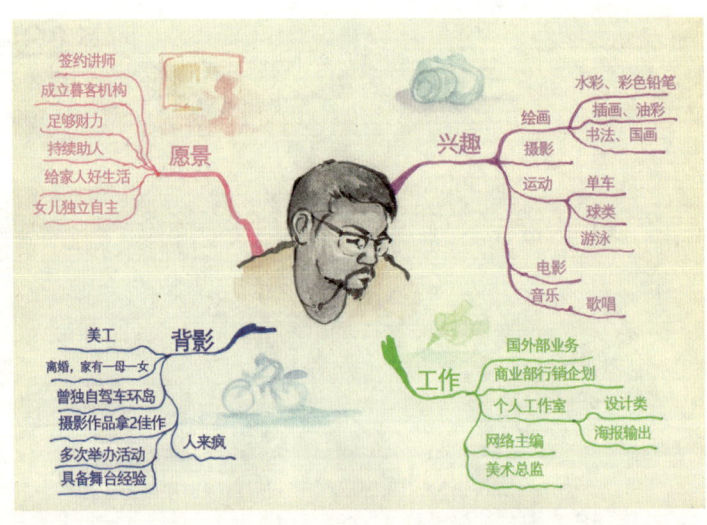

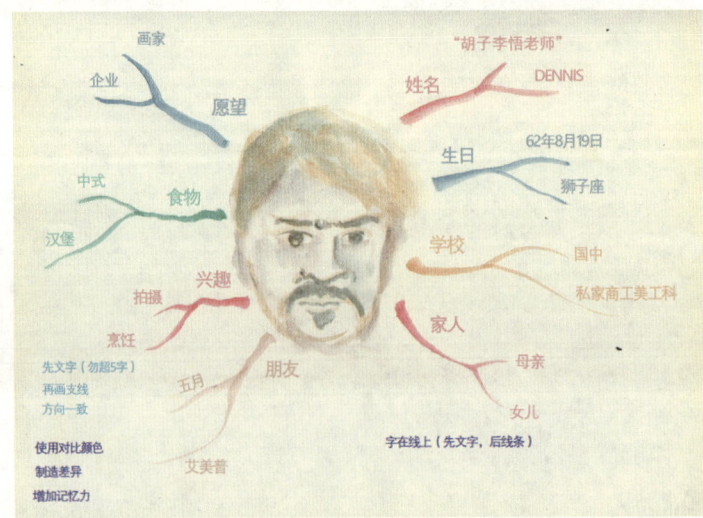

我的讲师梦

我国中二年级的时候第一次感受到自己的讲话引人注意，当时有一种闷闷的满足感，因为不是很确定那种东西叫作"成就感"所以闷闷的；然后越来越多次的生活验证，我才知道我还蛮享受站在台上说话的感觉。

当然，小孩子粗糙的自信心是很容易受到打击的！进入社会之后选择业务员的工作，每每在见客户之前就会受到领导及同事的批评，这段经历虽然很痛苦，却非常值得。

简单来说，人生每个阶段的讲话都不一样；求学阶段站在讲台上说话，目的是与同学交代班务，进入社会面对客户就得承受压力了！说得好有销售业绩有钱可领，说得不好产品卖不出去不但没钱可拿还会遭受责难。那还只是做业务员面对客户的阶段；等到成了讲师，肩膀上担负的都是期待，说话成了更上一层意义的行为，说话变成了可以影响众人的功夫。

我的讲师梦很绚丽、很多彩，人生过了四十来岁发现自己有讲师魂很有趣，也很需要接受考验。我在思维导图绘制练习中慢慢挖掘自己对担任讲师的认知与渴望，我也在画这张图的同一个时期，开始我的讲师生涯！从助教、试教到直接上台使用共同讲义教材讲一小时、两小时，到最后我自己可以承担一堂课并且用自己准备的教案。这段路程我花了一点时间，这段时间里我重新从零开始成长。

思维导图笔记 ➤

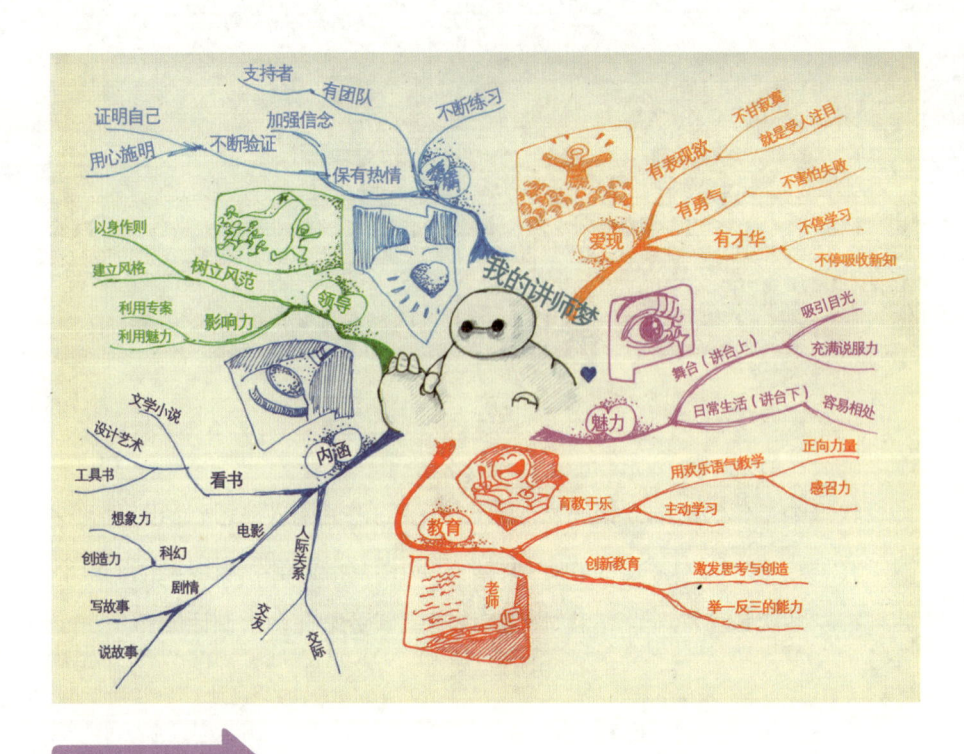

　　我尝试着在插图上面下功夫，这张图用的全是细字笔。要说为什么使用大白作为中心主题，是因为：其一，他的造型很讨人喜欢；其二，大白的存在意义很鲜明——为了帮助人们、疗愈人们，确保主人的身心健康；其三，当然是我向来喜欢英雄故事，我觉得站在讲台上帮助学员们学习，也是个大英雄来着！

　　笔者强烈建议正在学习思维导图的朋友，一定要会使用思维导图做自我探索、职业生涯规划！因为唯有深入了解自己，才比较有机会成就自己的人生！唯有了解自己的底层需求、物质需求、精神需求，才能完善自己的人生。思维导图的命名就是因为有其"探求心智"的功能！既然如此，用张图来窥探自己的内心实在是不可或缺啊！记得，无论何时何地，做这张自我探索的思维导图一定要坦诚面对自己，并且在规划梦想时，务必设定明确的目标喔！

魅力演说

　　这是综合累积了好几本讲述台上演说技巧阅读之后的心得记录，至于为何放在创意记录里，原因是虽然我看了一些相关题材的书本，但这张图的重点却全出自笔者的脑瓜子。也因为如此，对这个主题我永远都有很多想法可以跟学员们分享。

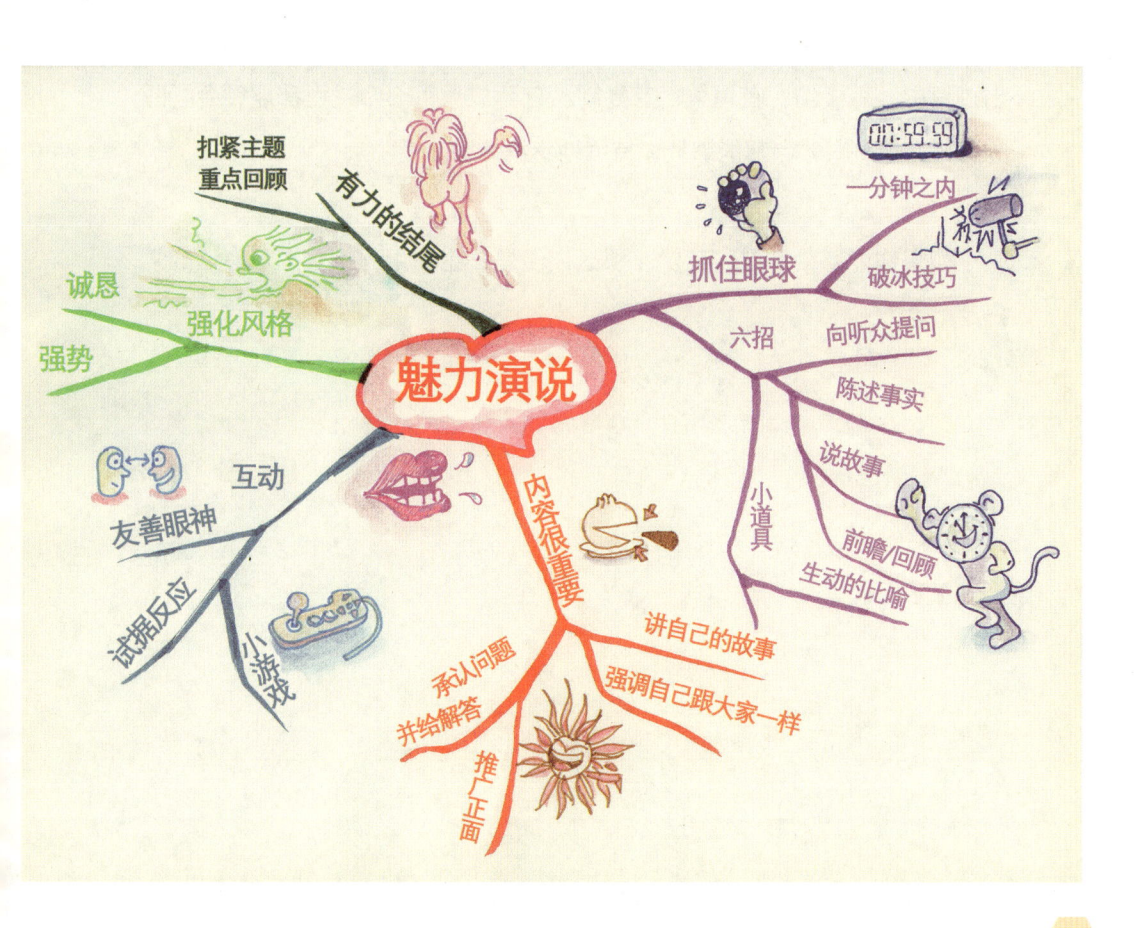

> **思维导图笔记**

  这张图我用来做教学不知有多少次！尤其是那包子馅儿、狮子尾巴还有在吹风的风神！思维导图中的插图设计是一门单独可以拉出来的进阶课程，既然如此，要如何让一般民众在学习初期就可以运用呢？难度听起来很高要如何办得平易近人呢？

  这个部分有书可以参阅，在陈资璧、卢慈伟两位老师的合著《你的第一本思维导图操作书》与卢慈伟著的《思维导图法图像创意书》《画张图想得更清楚！任何人都能学会的视觉笔记术》书中都可以找到答案！笔者就不在这里班门弄斧，因为画图这件事本来就很讲一个创意、一个想法，有了右脑不安于室的思维，才会有不按常理出牌的杰作。在从无到有的产出过程中，有模仿、有理解、有复制、有奔放！每一个过程都能领会画图的美好，每一次领会都能够让你持续地继续练习。

  如果你能感受到这种感觉，那么你便是一生使用思维导图思考法的爱好者。

中华学习体验分享协会

我有个团队,为这个团队当初取名字的时候我们一伙人想了很久,抓了好几个字眼想要拼凑成有具体意义、好听又能够源远流长的名字;当时手边可用的单词有"学习""快乐""分享""体验""乐活"等。然后我又是一个很喜欢卖弄英文的人,所以思考逻辑上一定会采用英文翻译的单词这种形式。

就这样,在我反复思量我那半年多以来对于归零学习、重新整理人生的过程里,我抓出了学习、体验以及分享这三个字眼,没想到巧妙的是,这三个字眼拼凑成一个我很喜欢的英文单词"LENS"正确写法应该是"LEnS",也就是"Learn Experience and Share"(学习、体验与分享)。更巧的是 LENS 本意是镜头,相机用的那种镜头,而镜头最大的功能就是过滤光线,让光线透进相机中;我们的宗旨除了提倡分享之外,最重要的是要能够思考明白,什么需要学习、为什么需要体验、分享,"思考行为"永远在学习、体验、分享之前,就像是镜头一定在感光组件(底片)的前面一样,LENS 代表的含意就是学习、体验、分享前的镜头——"思考"。

这是个完美的 Cycle(循环),也是个完美的 Circle(圆),在学习体验的过程中,我们最提倡的便是最后一个大家容易忽略的分享!有了虚心学习、用心体验学习也付出努力练习了之后,便是开开心心地向旁人分享学习成果;这个美妙的循环,如同协会名字产生的过程一样美妙!

我们是学习、体验、分享协会，我们热爱"学习"，忠于用心"体验"、用生活"体验"、用智慧来体现！并且乐于拥抱人群、"分享"给所有愿意"学习、体验、分享"的朋友。协会成立之初就已经有了这个完美的名称，我们相信这是一个宗旨也是执行目标，更是一个推广的概念。所以我做了这张图。

> 思维导图笔记

画中心思想的时候我同时在思考商标！做过几年平面设计师的我，对于商标设计情有独钟。手边有几个方向但是我对英文字形就是有股莫名的喜欢，很有可能是高中时期对于字形的刻画练习印象太深刻，成就了日后我对英文字形使用上的癖好，尤其是几种知名的字体：Arial、Times Roman、Franklin 等。

最后，我思考的结果就是使用粗体字形，把 LES 都大写然后将小写的 n 放大到 LES 的大小，这也就成了日后协会的注册标记，我们的招牌字体！而从这个主题出发延伸的除了学习、体验与分享之外，当然还有其他需要注意的项目。

这张图画的时间点约莫是刚刚送出协会申请，应该是 2015 年初。

2015

这是一个不寻常的周五夜，因为当时的我与团队正在筹备第一届台湾记忆运动大赛。当时做这张图的日子是 10 月 18 日，距离比赛还有不到两周的时间，所以我稍作记录的用意，也是为了记下当时紧张兴奋的心情。

我记得很清楚那时候我们几乎每周开一次进度检讨会，我们有七八位伙伴一天到晚见面，整个团队有将近 20 个人，而且大家都没拿报酬！这在当时其实很不可思议，我也从来没问过大家为什么要跟着我做这种没钱拿的苦差事。

可能是一种信念吧！

做任何事之前都应该想一想、思考一下原因，尤其是有意义的事。我个人对于没做过的事情总是报以非常高昂的斗志，就像只斗鸡一样兴致勃勃、跳着跳着、啄着啄着想要参与！我想要在一件没人做过的事情里放手去尝试、去挑战！我喜欢成事的过程中那种不确定感，挑战你对事物的判断以及客观看法。那个不寻常的周五是我们团队同人最后一次开会，并且是在彩排之后的会议记录。后来，第一届台湾记忆运动大赛顺利圆满结束。

思维导图笔记

我那个时候喜欢用奔放的箭头！也不知道为什么就是对箭头的放射能量有好感，好像我画出了一些箭头，这些箭头就会立刻带着我奔向目标然后命中目标！我喜欢找寻目标、瞄准然后一发命中的快感！谁不是呢？

有了看似奔放杂乱的放射线条，这张图看起来算是很有能量吧？

中秋节

2016年秋天我画了这张中秋节思维导图，这个图的功能可是很多元噢！它可以用来介绍中秋节，可以让小朋友们认识并且跟着学习思维导图，最重要的是可以让我们大家重新思考一下节日带给我们的意义是什么。就是要思考、用爱思考啊！

思维导图笔记

画这张图是为了在粉丝专页趁着节日的话题而引导到大家对于节庆的思考，用一张图来引导思考是我们思维导图教学者一直重复做的事情，也是最简单最实用的生活运用。

尾牙

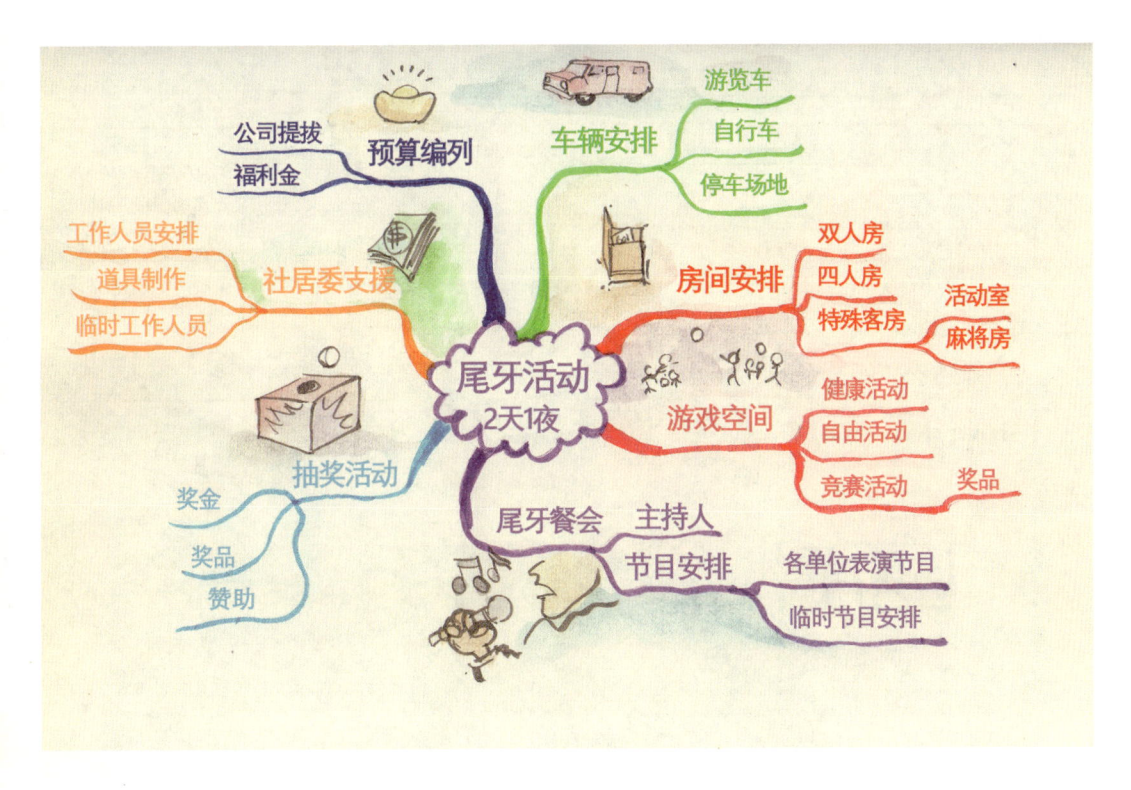

还没担任讲师以前，我是一位传统产业的国外部业务员，兼任公司福利委员会主任！适逢公司一年一度尾牙家庭日活动，当然要来点不一样的计划！

我的 2016 年

回顾这一年"Year 2016"主要有几件大事：

第一，女儿进入板桥中山国小舞蹈班就读！

第一次参加舞蹈考试就顺利过关，对女儿来说当然是一件异常兴奋的事情！对于整个过程从报名开始、练习、刻意练习、持续练习直到考试通过，虽然时间不长但真是回忆起来相当有趣的考验。

第二，自费到日本东京旅游又是一个很丰富的回忆！

尤其这一次我们一家老小难得全数出动，在日本的友人一同陪伴下出游了两天，走访了原定计划里要去的景点，也吃了不少美食，尤其是拍了很多好照片！

第三，协会正式成立！

2016年11月12日，协会正式挂牌上市！经过了企划联想、集合群众、收集数据、开始申办，直到拿到合格证明书前后花了整整一年半。拿到证书的时候既兴奋又惶恐，因为日后的责任更重了。

第四，瑞屋的筹备，也将在明年的元月14日开幕！

而我也计划在不久的未来提出辞呈，全身心投入我的崭新事业！

果汁店

我们来规划一家果汁店吧!

当时我们(一群学员)正在一家果汁店里喝东西,几位同学想要知道我是怎么绘制思维导图的,他们想要目睹一张思维导图的完成,于是我取出我的工具包和笔记本,一边跟大家解说、回答提问,一边画下这张"果汁店"思维导图。

思维导图是个思考工具,也就是说要先有思考才有图!但在大脑思考的过程中,也要有图像的存在!这些都是完整绘制一张思维导图的必要条件,学员们不清楚的部分也都在这里。所以,我打开话题,要大家去想:开一家果汁店得准备什么?立即,大家你一言我一语地发言,我去芜存菁留下几个重点分类,然后依序完成它。

取材于生活是我最惯用的技法。许多优秀的人会拿思维导图作为体现人生价值思考的重要工具!但更多人学习思维导图是为了让思考变得有条理有效率,根据这些需求,笔者认为让思维导图思考法变成简单容易上手的练习方式很重要。所以喝一杯果汁的同时,如果能够抓住一些重点进行思考,好像也挺不赖的,对吧?

思维导图笔记

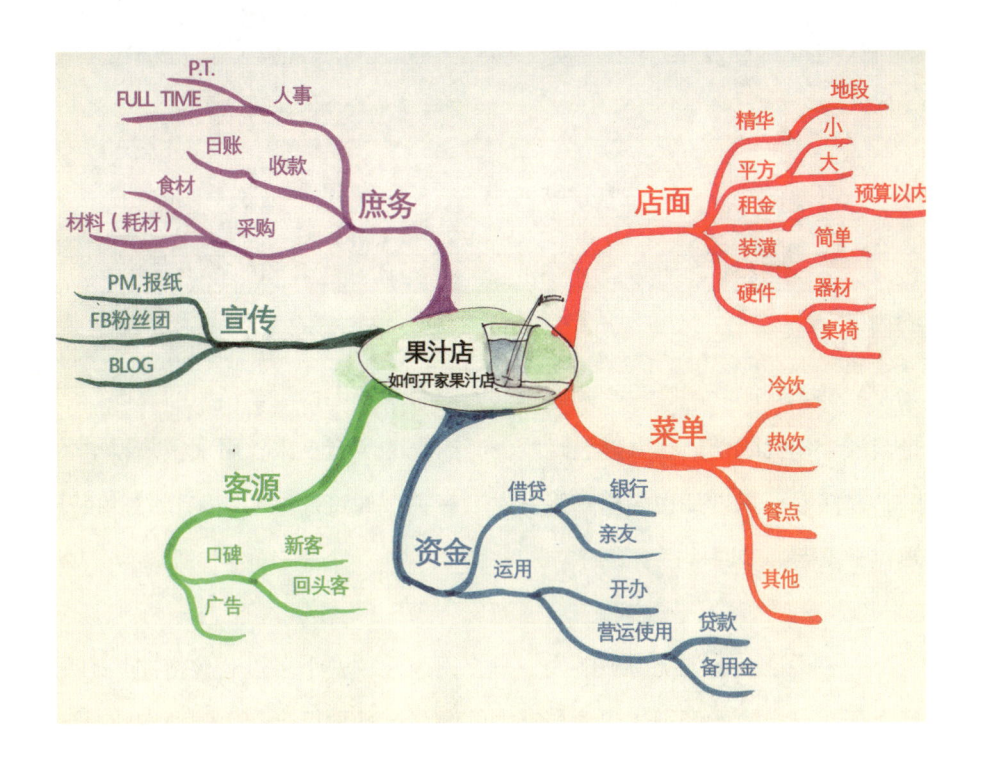

在运用左右脑同时思考整理思绪的过程中，相信最常发生的情况就是"想不出来"。许多大朋友小朋友有发生此现象，笔者感到惊讶并且难过。惊讶的是我们现代人的生活压力真的很大！除了用力赚钱之外，很多生活中值得联想、值得有感的事物都被忽略了；小朋友亦如此！在他们最天马行空、最富想象力的年纪里，无奈地让"考试"占据学习生活的大部分。

利用思维导图法来刺激大脑，将我们其实已经记在脑子里却很少用到的知识引导出来、诱发出来，利用逻辑组织概念对有点混乱的大脑数据库做一点整理！思维导图存在于生活中且如影随形，只要稍加留心注意，任何题材都能启动联想力，任何与你生活息息相关的重要不重要的信息都有可能成为寻宝图里的关键！只要你愿意相信。

GAS 笔记

依稀记得第一次听见王介安老师的名字是在电台里，"星河夜语"这个我那个年代陪伴许多人度过晚间美好时光的声音主人，后来我归零学习时，赫然发现王老师也与全脑开发学习有关！通过几位朋友的介绍，我开始对于王老师的课程产生好奇。

一个说话声音如此好听的人、一个男声优、一个得过七次金钟奖的配音大师，一堂教如何表达口语与魅力的课！这种种组合都代表着专业，这些专业吸引着我一定要找时间亲自上课向老师讨教。

终于我在课上见到了老师的庐山真面目，六堂课下来令我如沐春风！他的声线如此优雅有个性，温柔中带有刚强、磁性音色里又有清晰的抑扬顿挫。光是听老师上课就是一种心领神会，那是一种凡人无法达到的境界！我有点夸张了吗？哈哈！

而有注册商标的"GAS 口语魅力表达"课程其实不难学，就像是思维导图一样，入门门槛不高！可是要大量地练习。想想看一个成年人的口音是积年累月造成的，一朝一夕要改变可没那么简单。可是这课的目的并非要大家改变口音，而是改变说话的目标、态度以及运用一些小技巧，倘若能够掌握那么人际沟通便可无往不利！

227

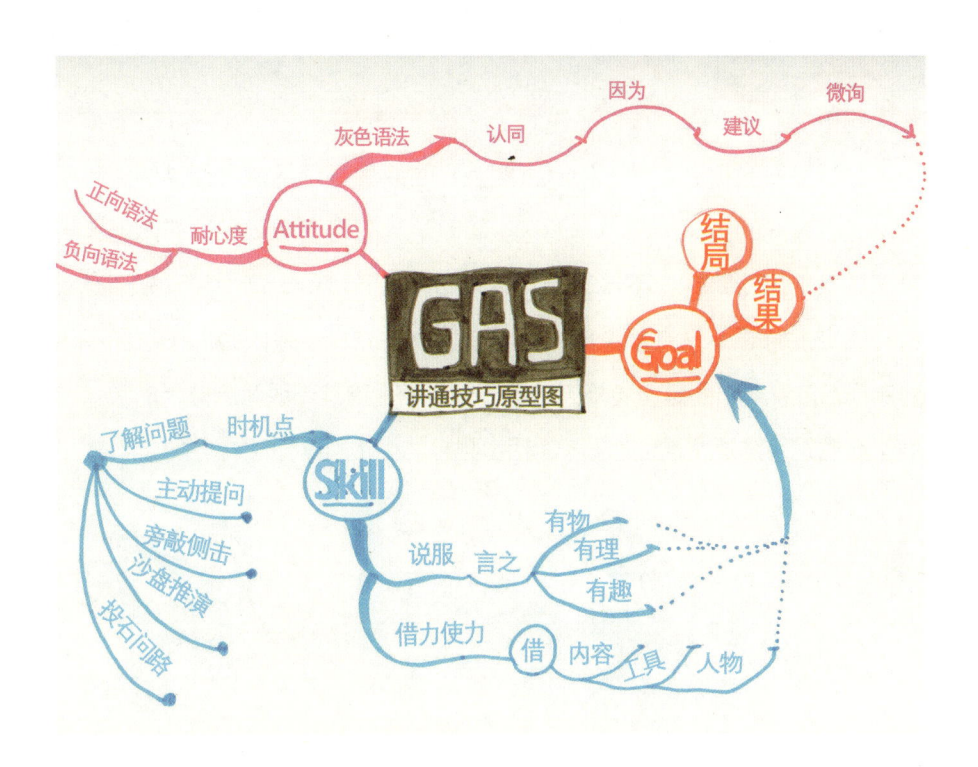

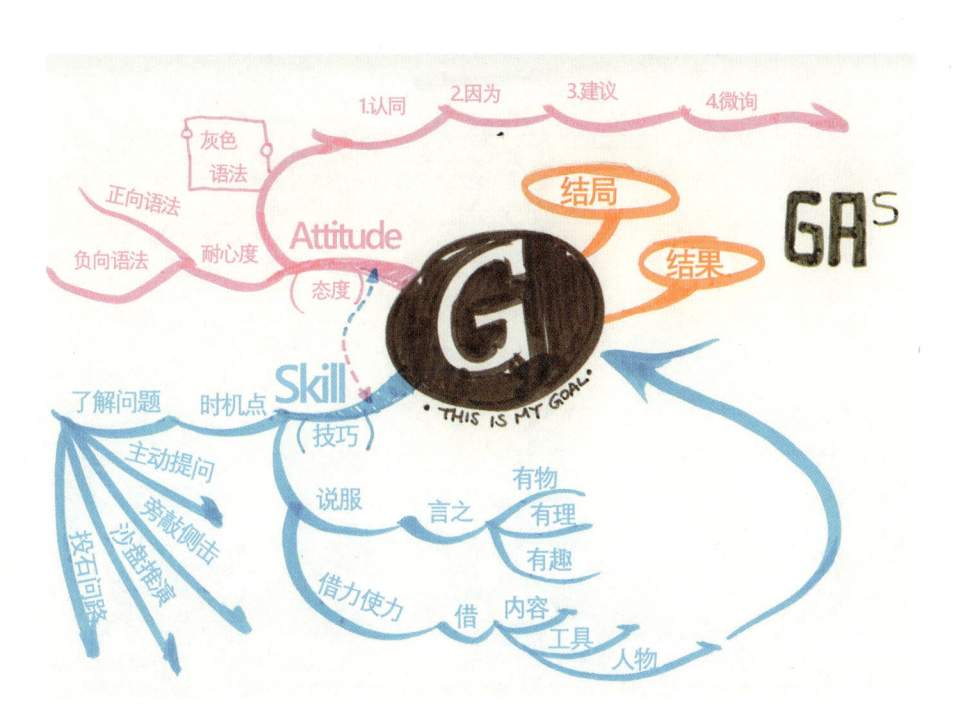

> **思维导图笔记**

　　尝试把一张很完美的 Chart（图表）改成思维导图是很困难的。我第一次做了这样的尝试，改了一两遍，算是达到了自己想要表达的意涵；纯粹拉线条走思绪路线，不搞美术，结果如同画面所示。这种尝试完全是我自己的突发奇想，没有参考范例、没有国外文献！不是因为思维导图不讲对错而四处乱画，而是循着规则若找不到解答，我其实很愿意做新的尝试，而不在意是否贴近主题、有没有错用规则。

关于拍照的二三事

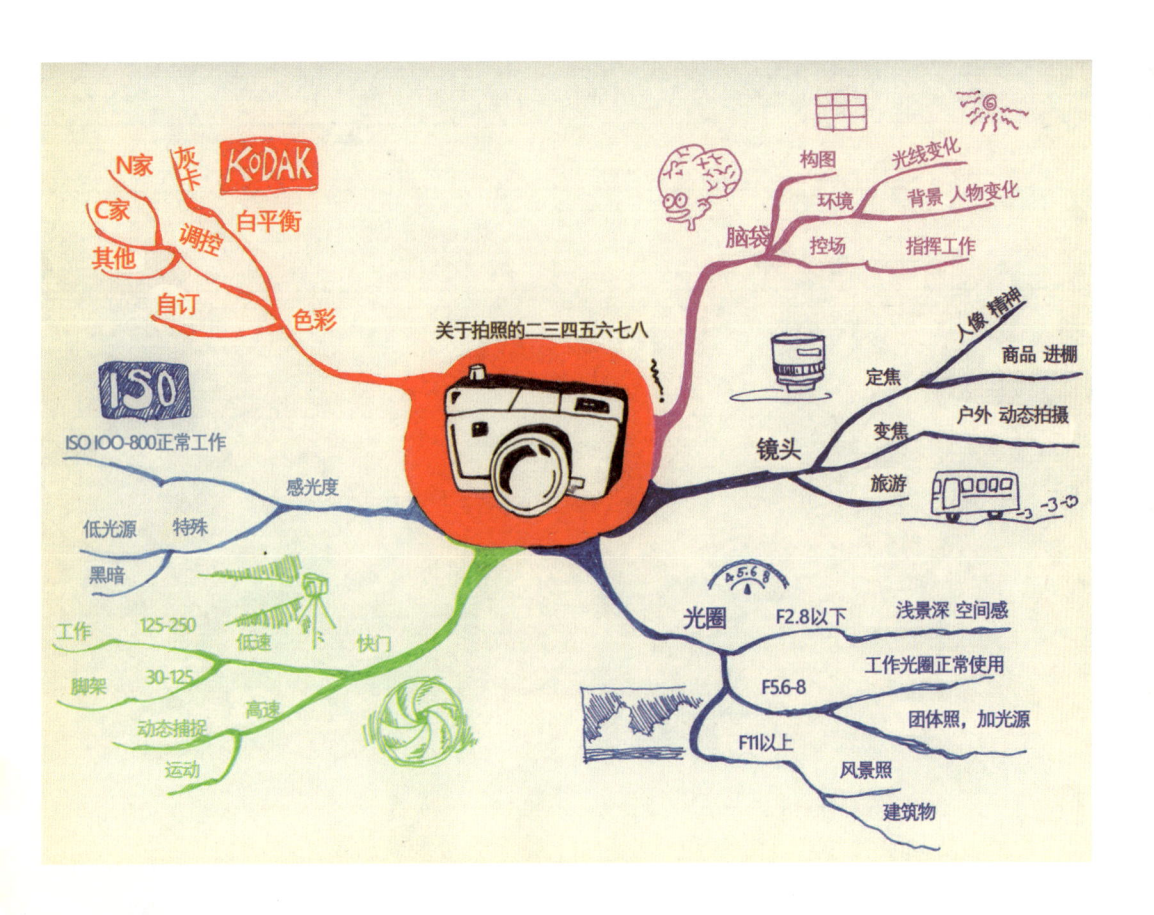

我喜欢摄影。学了思维导图之后几乎废寝忘食地埋头练习画图，稍稍被我冷落的器材不会哭泣太久，立刻被我画进了思维导图里，一一分类解析之后，发现以思维导图来综观一件事真的非常高效！

人家曾经说过，念过十本以上专业的书籍，大概可以了解这门专业。

而从高中时期短暂地因为要交作业而摸过几个月相机之后，直到我三十多岁开始，才真正地认真拍照，至今有十年多的时间。这期间我曾经接过几个商业摄影的案子、担任过知名品牌的专任摄影师，也拍过几场婚礼、几次活动；对于拍照我所掌握的个人风格，趋近于真实！虽然高中时代学过皮毛，但也仅止于构图比较有美学概念而已，真正要了解摄影这项艺术的奥妙，还得不断地练习再练习才行！每个专业都是一样的，看书可以看出一点热闹，但要真正成为内行，得靠扎实的练习累积而成。

礼貌的重要性

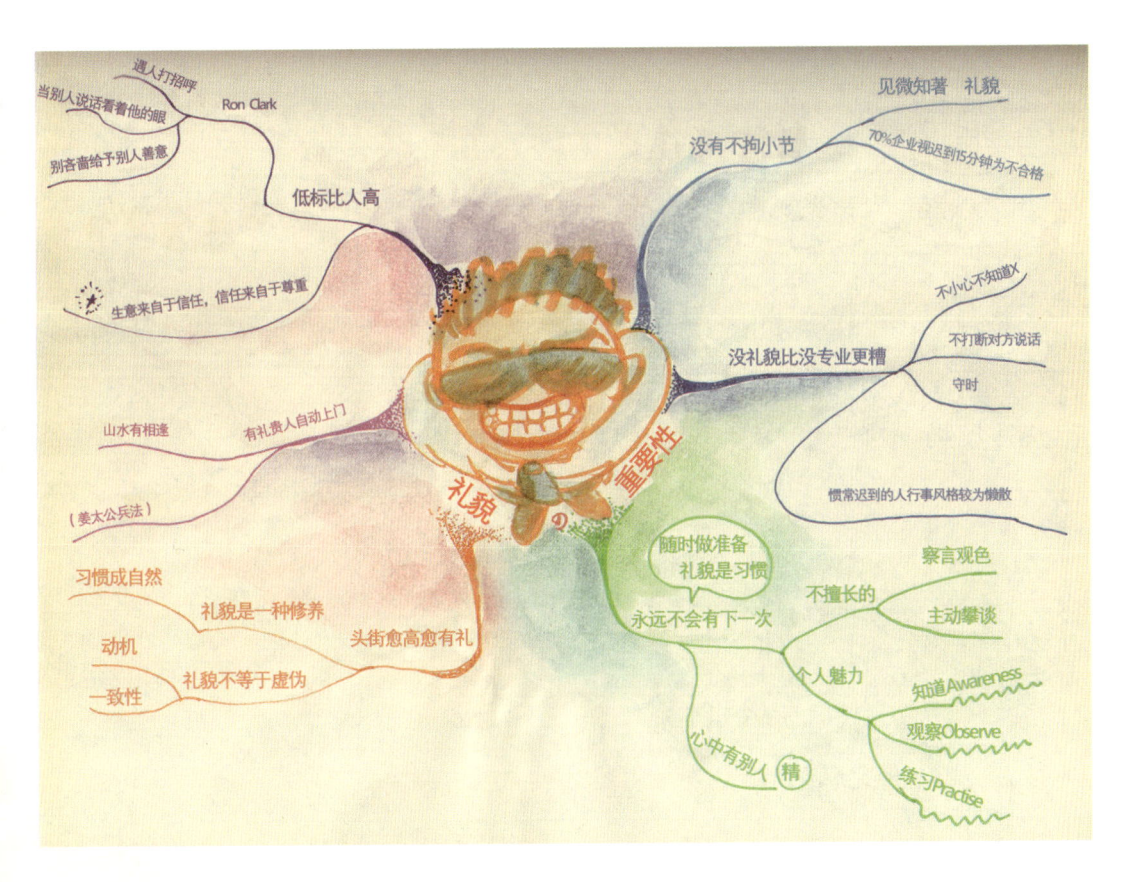

为什么我会突然做这个题目？当然因为生气！

其实画得不够好，很可能因为情绪使然，随手抓了笔刷刷几下完成了当时的想法整理！说来有趣，既然在情绪的当口，怎么可能很冷静地处理信息？但思维导图就是有这样的奇妙功效，画完图也就立刻不生气了，这就叫礼貌。

如何破冰

小故事分享
- 感人
- 诙谐
- 精彩有趣

吸睛手法
- 魔术
- 服装
- 影片
- 声光刺激
- 爆照

幽默感
- 幽自己一默
- 讲个双关语
- 妙语连珠

运用时事
- 切身
- 你我他之事
- 民生
- 孩童
- 选举
- 投票

活动筋骨
- 带动作
- 简单舞蹈

一个要当讲师的人，一定要有几招是拿来破冰用的！

我善于讲小故事，某一次课堂上我发现自己讲故事的时候身上会出现一种色彩！这个色彩会吸引人注意！

决断力的展现

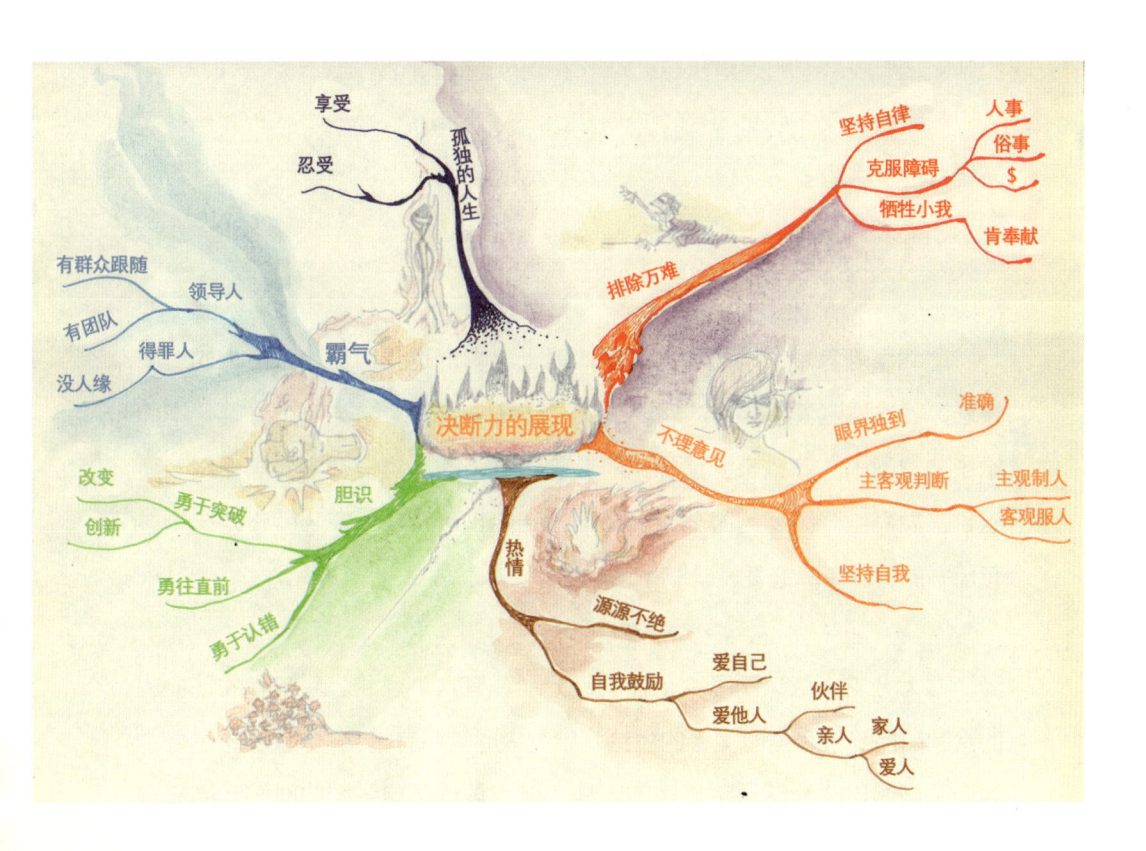

会做这个整理是因为在工作中有感而发！

当时的工作是传统产业国外部业务员，整个业务部门还有另外一个大主管，这个同事自从当上大主管之后便不再像个主管，反而像是个跑龙套的，除了传达总经理的指令并且将其直接复制贴在部门同人额头上之外，似乎没有什么决定事情的能力！这样的状况我看在眼里，其实很不是滋味。

233

即便我心中极力想要改变这样的情况，但毕竟我也只是拿人薪水做事，许多太积极主动的意见不但无法提携团队进步反而会遭受其他高层的侧目与白眼！所以，我只好将心中不可抑制的愤怒转化为图文，留在我心爱的笔记本上。

这篇"决断力"的心得笔记乃出自阅读完许多文章之后所留，不敢说集各家之大成，但的确是我自己对于主题的心得的保留。

思维导图笔记

用细字笔勾勒线条然后再用蘸水笔上水彩，是我用在这张图上的主要技法。我喜爱这套蘸水笔的表现，从没让我失望过！Moleskine 笔记本的纸张非常耐画，笔触来回涂抹也不会破，纸张的纤维很适合作画使用，所以拿来做思维导图练习是非常奢侈的，哈哈！可能我一开始就设定这个过程用好的材料有其必要性。

六大分支上依然画了六个插图，分别具有六个意涵。后来我发现插图的绘制很能够代表当时笔者的情绪！绘图者通常都有情绪，大部分是平静，因为平静时比较能够留下精美的图样。但我承认做这张图的时候我的情绪比较高涨，导致图像本身不够精美！这张图比较具有阅读价值的部分便是分类与文字数据。

谈判第一阶：首重双赢

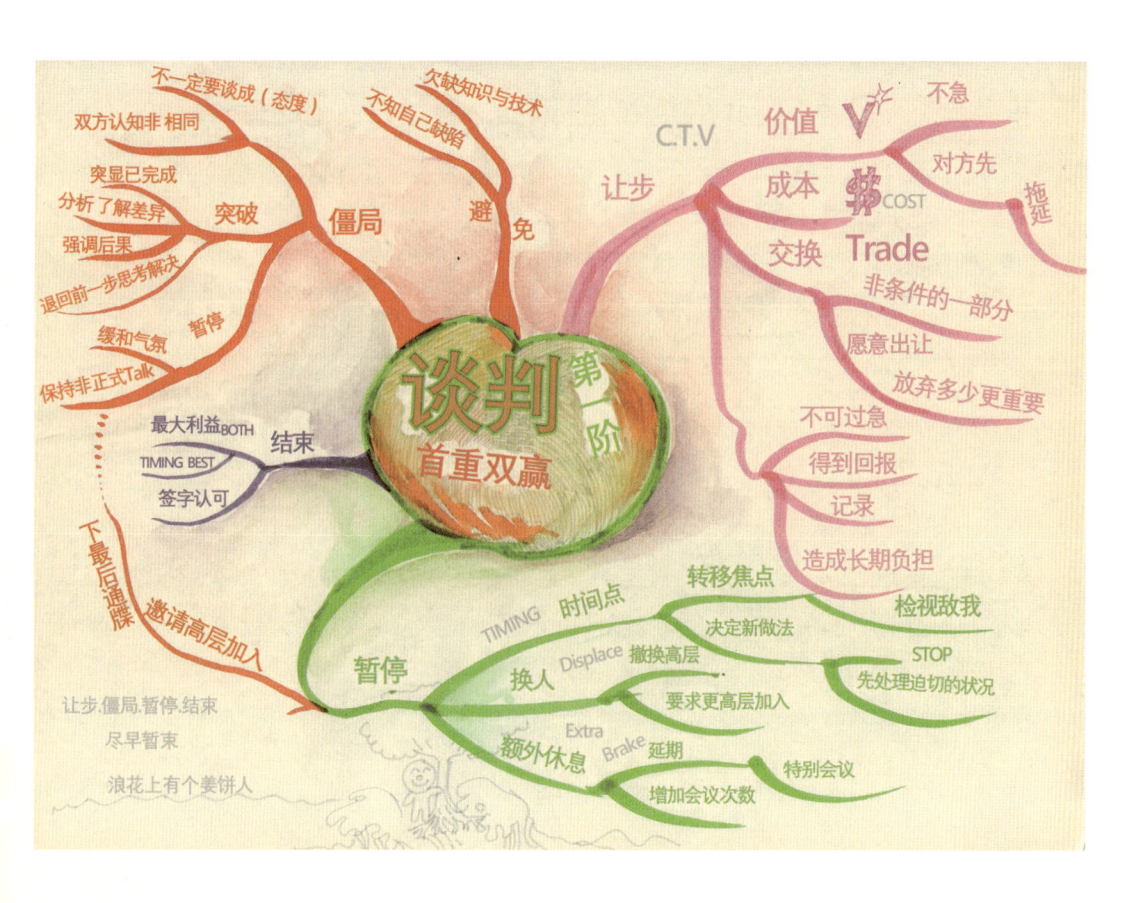

僵局
- 避免
  - 欠缺知识与技术
  - 不知自己缺陷
- 突破
  - 不一定要谈成（态度）
  - 双方认知非相同
  - 突显已完成
  - 分析了解差异
  - 强调后果
  - 退回前一步思考解决
- 暂停
  - 缓和气氛
  - 保持非正式Talk

让步
- C.T.V
  - 价值 V
  - 成本 COST
  - 交换 Trade
- 不急
  - 对方先
  - 拖延
- 非条件的一部分
- 愿意出让
- 放弃多少更重要
- 不可过急
- 得到回报
- 记录
- 造成长期负担
- 检视敌我
- STOP
- 先处理迫切的状况

结束
- 最大利益 BOTH
- TIMING BEST
- 签字认可
- 下最后通牒

暂停
- 邀请高层加入
- TIMING 时间点
- 换人 Displace 撤换高层
- 额外休息 Extra
- 延期 Brake
- 转移焦点
  - 决定新做法
  - 要求更高层加入
  - 特别会议
  - 增加会议次数

让步.僵局.暂停.结束
尽早暂束
浪花上有个姜饼人

　　为了要让学员们理解我一贯处理信息的方式，以及一些信息使用思维导图来整理的奥妙之处，我特别以现在很热门的议题——"谈判术"做一次示范，在这个示范里除了将大分类用好记的口诀串联，也示范了许多硬邦邦的文字要如何软化。

脑力规划图通则

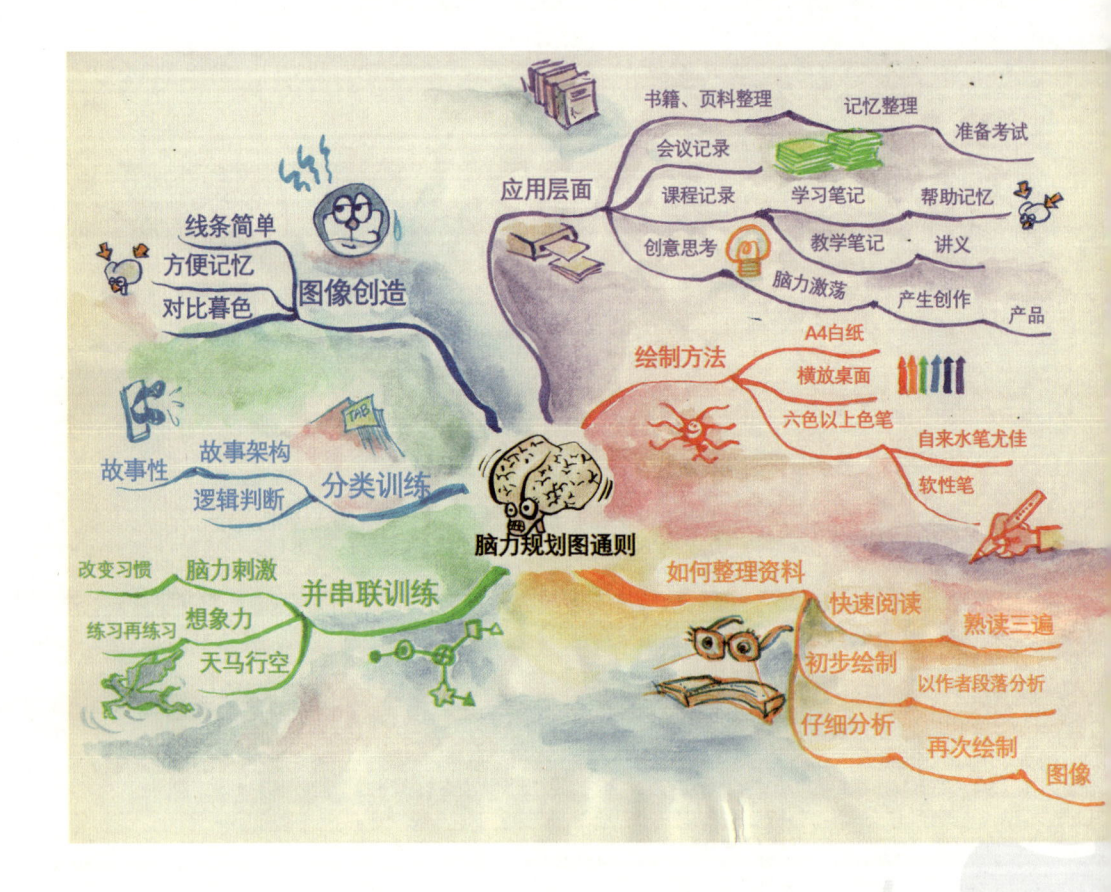

其实我很早就画完了这张思维导图（又称为脑力规划图）通则，应该是在学会思维导图法之后的大量练习的日子里，图画好之后立刻就被我遗忘在笔记本中好一阵子，直到需要整理出书作品时才被我翻出来。回忆自己过去的作品的相关细节有一种复杂的感觉：绘制时的心情、画完的成就感、想到别人看这张图的感受等，很是有趣！

野柳的联想练习

随意拆解一个地名,可以延伸的对象很多,例如课程中曾提到"联想八项(眼、耳、鼻、舌、身、心、天、地)"。其中"地"这个选项,指的是空间,而从一个空间中可以延伸出的选择,可以说无边无际。

天、地这两个选项的存在便是剔除框架,可也因为没有框架,在学习过程中比较无法说服自主意识强烈、缺乏联想力的学习者流畅地练习。是以我都会先做几个示范,说明我自己是怎么想的、这些想法是怎么来的。这部分引导需要大量的常识与生活经验,所幸,虽然我书念得不多但却看很多书、并且有若干的人生体验,正好在引导时派上用场。

我印象很深刻的事,是关于野柳的事情。在我小时候,我记得坐公交车吧,跟着妈妈、阿姨们一起,然后满心欢喜要去野柳看女王头。车子开着开着走到了2号省道——一边是山一边是海的公路上,没多久我因为晕车所以离开座位开始在走道上来回玩耍,一个没注意司机煞车踩得猛,我便一头从车尾栽到了车头,还在地上滚了两圈。当然这个小故事我加油添醋了一番,但我真的在公交车上摔倒了,我也真的是跟着妈妈阿姨们出游要去野柳玩。

小时候的回忆都是浅薄的,我只能靠妈妈的描述来重新勾勒记忆的线条!线条,这不就是思维导图法里最重要的因素之一吗?

思维导图笔记

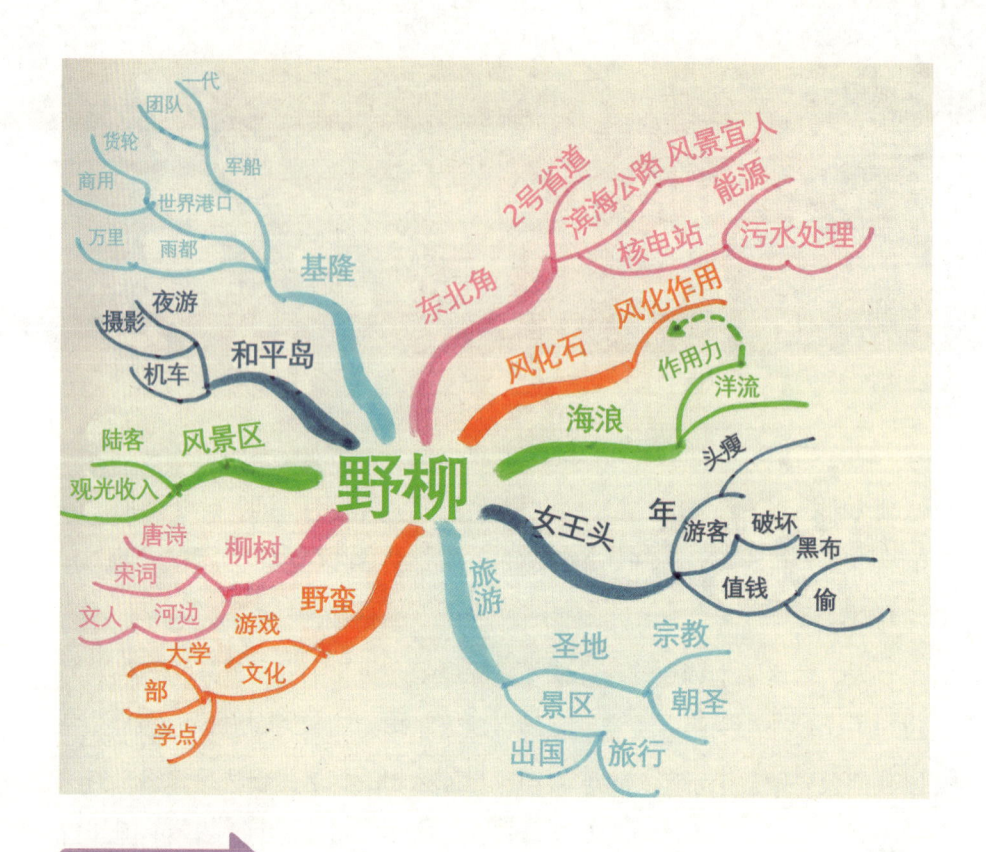

野柳女王头三四十年来被风雨侵蚀了不少！所以当我后来带着女儿旧地重游时，有一种到了另外一个国度的感受！

要说这篇突发奇想绘制练习有什么值得说道的地方，那就是想到啥就用思维导图绘制下来。中心思想既然摆在中心，就一定有许多大的项目可以拆出来分析，这样的练习很看主题的！主题对了、掌握程度高，那么做起来就会有趣、有劲！反之主题大家不熟悉，做起来就会很枯燥乏味没有动力。

所以我在课堂上发动了这个台湾北部知名景点的中心主题，大家就不难了解中心主题的表现方式为何了。

河流

　　这篇像河流形状的导图是我阅读杂志文章之后的产物，我对景观描述的文章很有感觉，所以当时做了描绘以及整理。这篇关于河流的文章能够强调与记忆的点不多，但是我脑中却在阅读时涌现了许多画面。

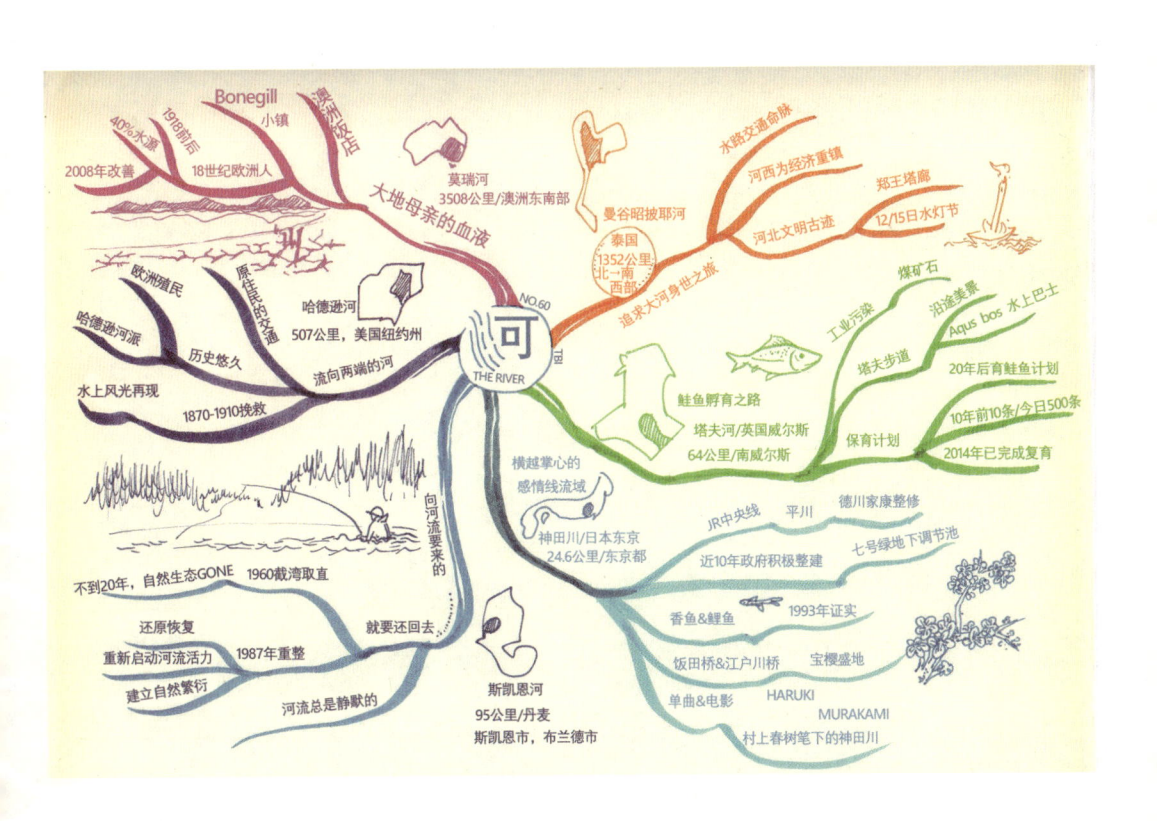

> **思维导图笔记**

使用细字色笔作画时有个好处就是不会一下笔就一大坨或是一大片，你反复思量的机会比较多，下笔前的思考也会稍微细腻一点。使用细字笔其他好处诸如：省墨水啦、画面看起来细致啦、娟秀啦、比较属于日式风格等。

初学者可以用细字笔，而我也推荐使用细字色笔的原因无他，下笔没有压力！思维导图绘制过程中需要思考、需要逻辑、需要图像解析能力、需要对题材有所认知，需要的东西不少但就是"不需要压力"，所以，当这样图像式的思维导图出现在你的眼前时，我们唯一要思考的不是画图的能力，而是自己想要表现出什么能力。而这也很需要稍微思考一下！所以我们说思维导图是一种思考工具，毋庸置疑的。

巴菲特投资学

我还记得当时我担任公司国外业务部的主管,一天到晚除了用电子邮件解决"歪国人"的问题之外,偶尔也要飞来飞去,日本、韩国、美国、德国等等。所以自认为英文不够好、自我要求又很高的不才小弟我,除了购买在线英文课程之外,三五不时阅读英文杂志也成了喜好与习惯。

这篇股神巴菲特的介绍文,念起来很拗口的原因是专有名词不少!但我选择念他的原因也在于此。还好,除了BBC的新闻数据我无法知道之外,其他原文读物都有其引人入胜的地方;而刚好当时念英文的我也正在学习思维导图法,那么将两项学习的产物联系在一起倒是不错的做法吧?我内心沾沾自喜。

虽然我并没有确切地使用思维导图法的规则,但是我有抓住文体的重点,以及当时尝试做这种新型笔记的愉悦感!这种愉悦感也是让我愿意持续不停绘制思维导图最大的原因之一,所以想要分享给正在学习的你!你看,我这张思维导图连个图样都没有!(主题右下方的金币应该不算)所有人都应该从基础的方式练起。

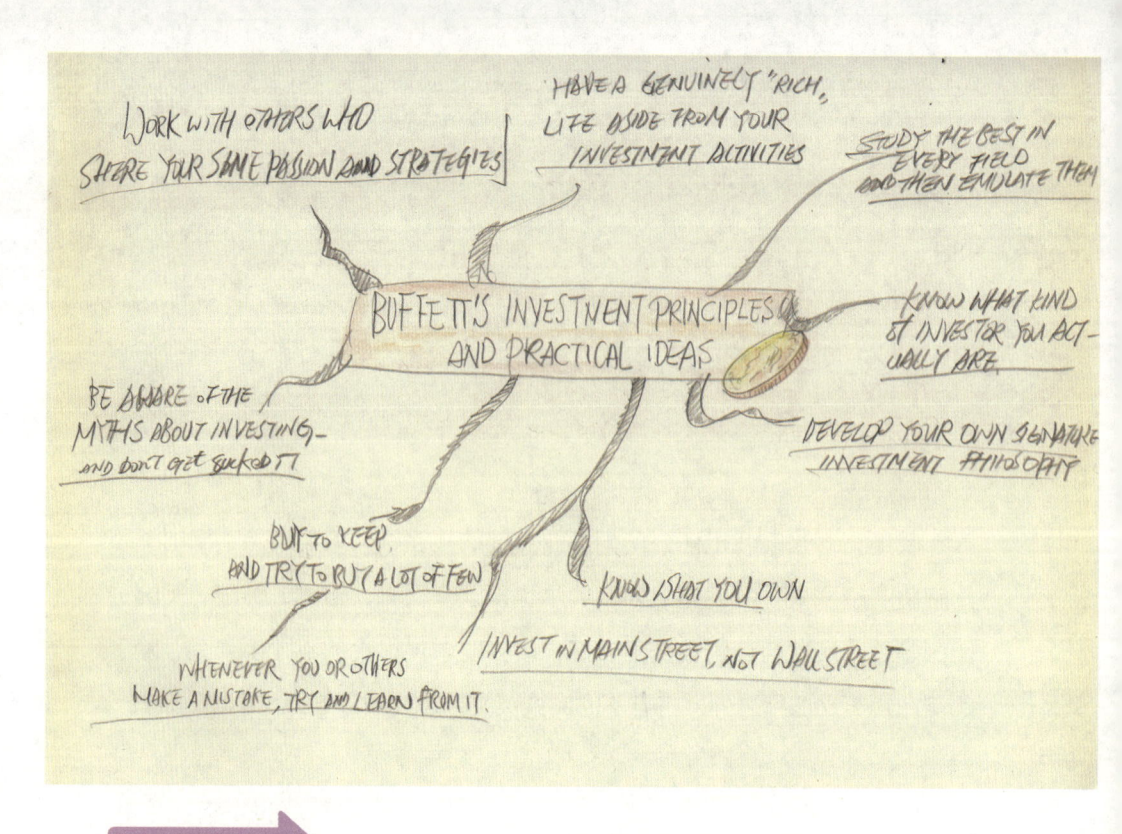

> BUFFETT'S INVESTMENT PRINCIPLES AND PRACTICAL IDEAS
>
> - WORK WITH OTHERS WHO SHARE YOUR SAME PASSION AND STRATEGIES
> - HAVE A GENUINELY "RICH" LIFE ASIDE FROM YOUR INVESTMENT ACTIVITIES
> - STUDY THE BEST IN EVERY FIELD AND THEN EMULATE THEM
> - KNOW WHAT KIND OF INVESTOR YOU ACTUALLY ARE
> - DEVELOP YOUR OWN SIGNATURE INVESTMENT PHILOSOPHY
> - BE AWARE OF THE MYTHS ABOUT INVESTING, AND DON'T GET SUCKED IN
> - BUY TO KEEP, AND TRY TO BUY A LOT OF FEW
> - KNOW WHAT YOU OWN
> - INVEST IN MAIN STREET, NOT WALL STREET
> - WHENEVER YOU OR OTHERS MAKE A MISTAKE, TRY AND LEARN FROM IT

思维导图笔记

我这图是用铅笔画的，本来就是当时看杂志专栏文章的随手笔记。可能有人会问：你的随手笔记都长这样吗？当然不。这只是为了出书从过去作品中找出比较能看、比较像样的几篇，作为说明学习经历使用！

我并不是每一篇笔记都耐心工整地写字，很多我的手札上面的字只有我自己看得懂，笔记的功能是这样的：如果你愿意长久保存，并且在写下来的当时就知道你会反复阅读，那么你会多花一点时间写得整齐些；反之，一些随想的涂涂抹抹，可能非常难以辨识，而且写完用完就会随手丢弃的那种笔记，也没有留存价值。

随手笔记是整理笔记的基础，没有这个基础要直接达成整齐清洁的工整笔记好像也不那么容易！因为写笔记需要持之以恒，笔者自认为没有什么耐心！呵呵。

Google 实习大叔

一部电影通常会留下什么印象？以 Google 为背景的电影《实习大叔》（*The Internship*）是一部适合全家大小一起观赏的温馨喜剧片！它讲述的是一对好哥儿们被革职以后，决定参加 Google 实习生计划，于是中年大叔与年轻小伙子在职场竞争中发生了一连串的趣事……

思维导图笔记

当时，除了中心主题的"Google"五彩字体花了心思之外，其他的笔迹拉出的线条字体其实有些凌乱，甚至也没有具体的阅读价值；在本书中收录此篇有个寓意在于告知大家"笔记术"的重点不一定在于事后阅读！当时记录的事实才是个人持续不断做笔记的日常，因为知道整个练习的过程难免枯燥乏味！不仅需要动点心思、加点技巧来累积练习的趣味性，也要承受在这整个过程中有时候就是会在没有趣味的状态下坚持练习。

这部电影很有意思，但我整理后的成果看起来状况不佳；所以做一点解说，让读者可以了解笔者当下的心境，交代一下做笔记时的情绪高低起伏，所有练习过程中会发生的状况尽可能记录下来。叔叔是真的有练过的，而非草率成书呀！

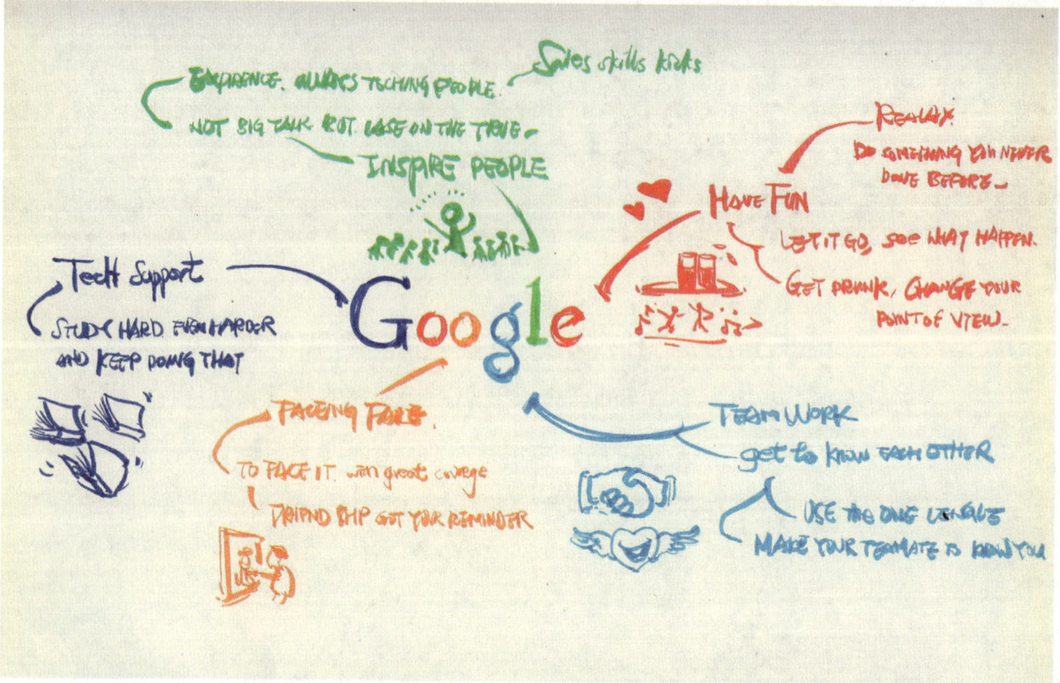
Sales skills kicks
INSPIRE PEOPLE
Tech Support
Google
HAVE FUN
TEAM WORK

The Internship
Google
鼓励彼此
勿长篇大论
根据事实
感人的故事
根据经验
真实的事件
相互扶持
技术支援
用功再用功
相互打气
面对失败
勇敢面对一切
伙伴可以支持
借鉴
提醒
玩耍
放轻松
考试不同的
什么都不管了
喝醉自己
双方观点
团队合作
彼此了解
使用共同语言
营造团队默契

无国界医生

思维导图内容

简介
- 1971成立
  - 法国巴黎
  - 60国 2000名
- 医疗道德
  - 冲突地区
  - 中立

组织
- 23个协会
  - 独立法人
  - 协会 ？？
  - 单位
- 行动中心
  - 巴黎
  - 布鲁塞尔
  - 阿姆斯特丹
  - 巴塞罗那
  - 日内瓦

招募
- 申请 筛选 面试
- 待遇
  - 约31348月薪
  - 网上申请
- 讲座义工
- 需求人员
  - 非医疗、后勤、水利、财务
  - 医疗人员
    - 麻醉/化验医师/助产士/护士/药剂师

新闻
- 1994年卢旺达大屠杀
- 2010海地大地震
- 2014年西非，埃博拉病毒
- 2015年尼泊尔地震

捐款
- 企业捐款
- 街头捐款
- 遗产捐款
- 实物捐款

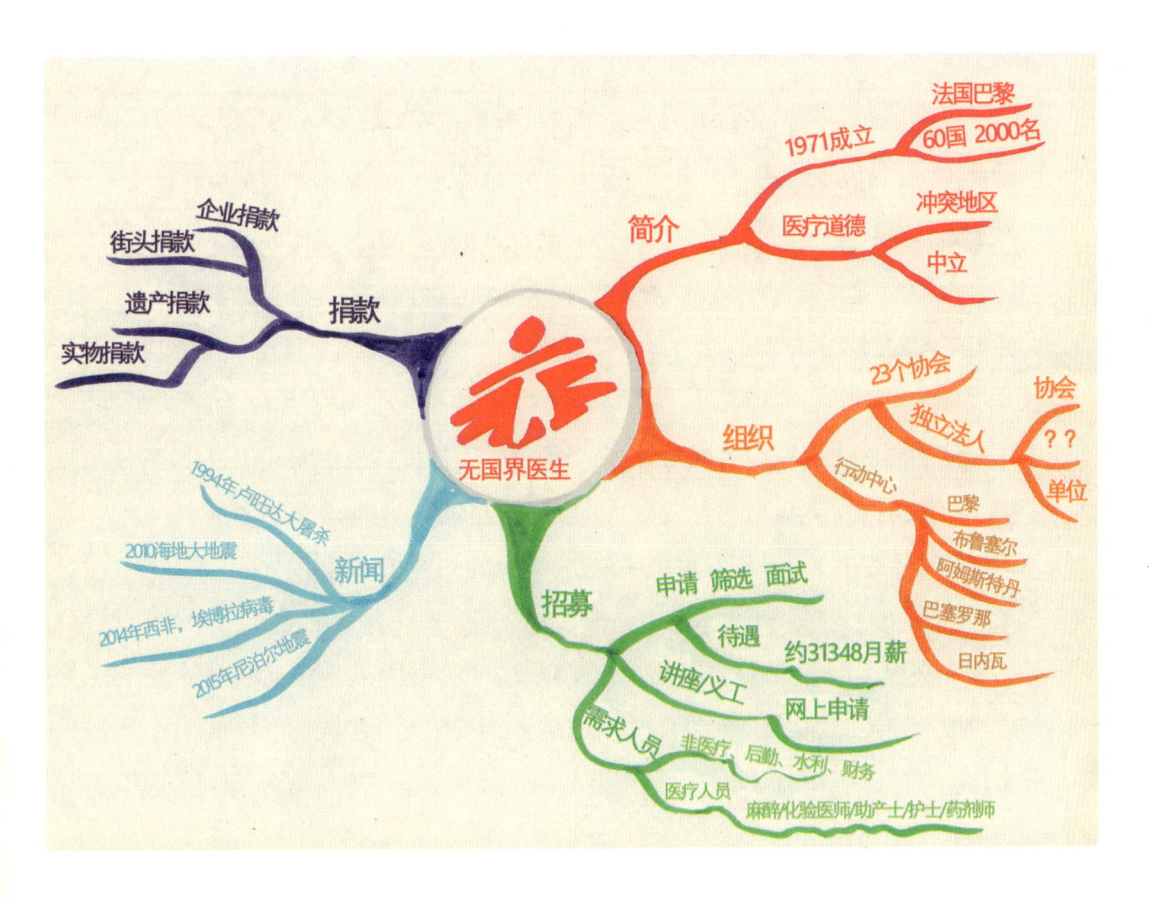

无国界医生是全球最大的独立医疗救援组织，目前总部设于瑞士的日内瓦，有五个主要的行动中心位于欧洲，分别是巴黎、布鲁塞尔、阿姆斯特丹、巴塞罗那和日内瓦。此组织的目标是不分种族、国家与宗教背景，义务地协助在战火和自然灾害中受伤的人，使他们得到医治。无国界医生组织经常深入战乱地区，生命也常受到威胁。他们经常会代表受害地区的人民向

联合国提交抗议，如对车臣和科索沃战乱的谴责。

无国界医生组织目前针对下列四大类状况进行医疗协助：针对战争和内乱地区的民众进行紧急医疗帮助，针对难民和流亡的群众进行医疗安置和协助，对发生天然或人为灾难地区的人民紧急医疗支持，长期对偏远地区做医疗协助。

无国界医生组织的总部设在瑞士日内瓦，有20个部门。该组织每年招募大约3000名医生、护士、助产士和后勤人员执行各个计划，另外还有1000名长期工作人员负责招募志愿者以及处理财务、媒体关系。该组织80%的资金来自医生与个人捐款，其余的来自政府和企业的捐助。这些使得无国界医生的年预算大约有4亿美元。

无国界医生组织积极地为70余个国家的人民提供卫生保健和医疗培训。它在历史上曾多次进行抗议活动，包括在1994年卢旺达种族屠杀中，该组织呼吁军事干涉，以及对柬埔寨赤棉的屠杀进行抗议等。

无国界医生于1999年获诺贝尔和平奖，这个奖项肯定了他们在紧急危机事故发生时提供医疗服务，并引起国际对可能发生的人道危机事件的关注。

米歇尔·奥巴马

第一次看到这位黑人女性在助选时所发表的演说,我第一次觉得黑人女性好有魅力,第一次发现黑人女性有着独特的口才、坚韧的个性与具有强大亲和力的演说!听她说话是一种享受。

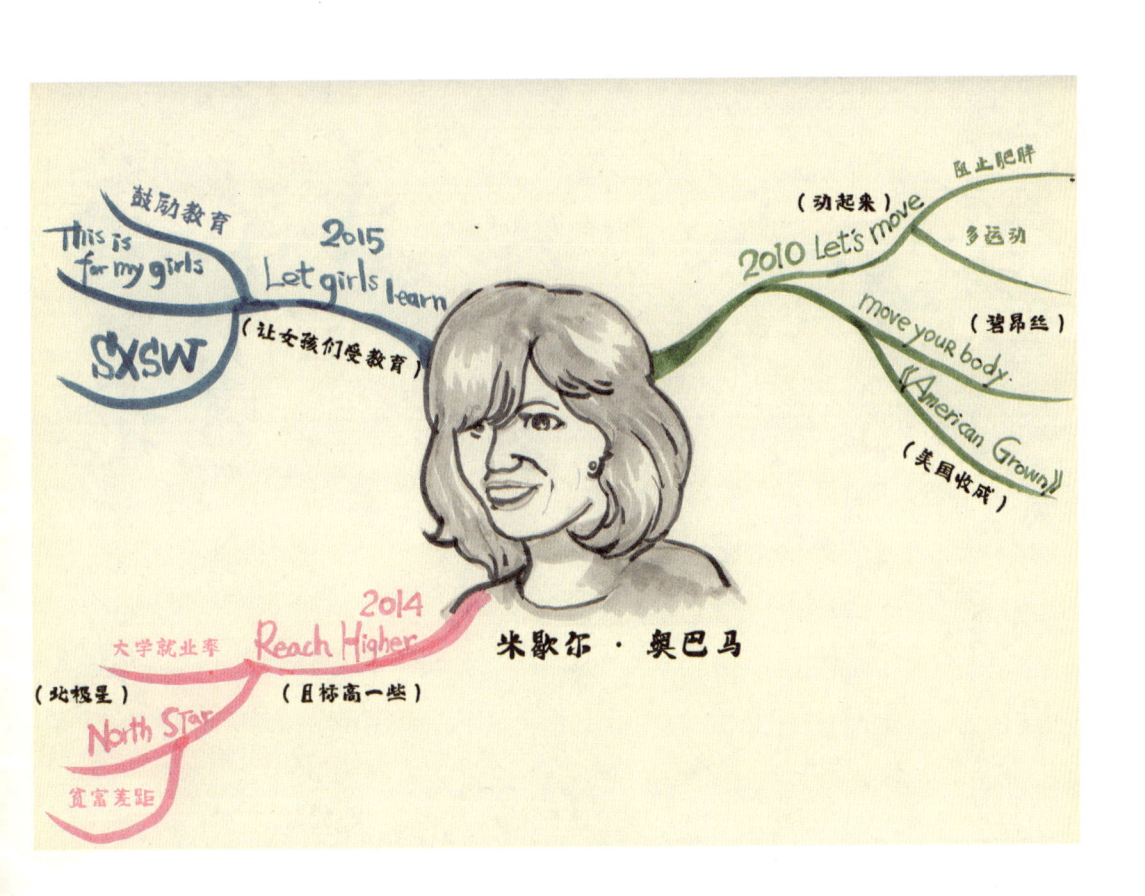

思维导图笔记

　　人物肖像画是一个独特的领域，有时掌握神韵却失了五官位置，有时刻画得很到位却又失了味道。还好在思维导图的中心主题掌握中，惟妙惟肖并不是重点！所以我在没有任何心理压力的条件下手绘了这个主题！

　　乐趣是因为从喜欢这个人物开始的，所以留下来的重点不需要太多！有个中心主题让人可以牢牢记住便达到目的了。

蜜蜂世界

在我积极练习思维导图的过程中，总是想要找一点乐子来玩玩！这应该是我的个性使然，我天生就不喜欢很乖巧地坐在一个地方听从指示做单一事情。

所以我开始大量翻阅外国人的图——Mindmaps、Mind Mapper……网络上能找得到的图像无法计数，太多太多了。从中我就发现一张漂亮的图，就是这张"Bee Skills 蜜蜂世界"，这张出现在"Mindmapart"官方网站里的第一张蜜蜂世界思维导图引起我的注意，我很想模仿一下！要知道我们以前学画图的第一步就是临摹！所以我想要复制这张小蜜蜂的想法很自然而然地产生。既然想做那就做吧！

我大概花了整整一个下午才完成了中文翻译并且一五一十地将那幅图复制在我的本子上，完成之后有一种很舒畅的感觉。

思维导图笔记

给五颗星的图没几张，这一张真的难！因为光是要画得一模一样的就很难！翻译的部分还好，但是要画得一样很不容易。我在画这张图像的时候有一个很清楚的领悟，画思维导图一定要静。

这个体会我是第一次！平时在工作场合偷偷地画会有时间压力，所以画起来虽然也很专注但就是感觉不痛快、不专心；这一天我找了个舒适的下午茶时间，展开工作包拿出爱用的笔和纸，专心致志地把一张图给完成，我感受到了前所未有的"心流"体验！那是人、笔、心三体合一的境界！除了思维导图能给大脑思考带来冲击，也燃起了我想要将这幅思维导图分享给身边所有人的热忱。

　　所以，临摹、模仿这个过程可以试试，也许你会有与我不同的体验！欢迎大家跟我分享！

马斯洛

拜读马斯洛的"人类的五种需求"可以深刻了解身边许多人行为背后的理由。以下资料来自 MBA 智库百科：

在马斯洛看来，人类价值体系存在两类不同的需要，一类是沿生物谱系上升方向逐渐变弱的本能或冲动，称为低级需要和生理需要。一类是随生物进化而逐渐显现的潜能或需要，称为高级需要。

人都潜藏着这五种不同层次的需要，但在不同的时期表现出来的各种需要的迫切程度是不同的。人的最迫切的需要才是激励人行动的主要原因和动力。人的需要是从外部得来的满足逐渐向内在得到的满足转化。

低层次的需要基本得到满足以后，它的激励作用就会降低，其优势地位将不再保持下去，高层次的需要会取代它成为推动行为的主要原因。有的需要一经满足，便不能成为激发人们行为的起因，于是被其他需要取而代之。

高层次的需要比低层次的需要具有更大的价值，热情是由高层次的需要激发。人的最高需要即自我实现就是以最有效和最完整的方式表现他自己的潜力，唯此才能使人得到高峰体验。

人的五种基本需要在一般人身上往往是无意识的。对于个体来说，无意识的动机比有意识的动机更重要。对于有丰富经验的人，透过适当的技巧，可以把无意识的需要转变为有意识的需要。

马斯洛还认为，在人自我实现的创造性过程中，产生出一种所谓的"高峰体验"的情感，这个时候是人处于最激荡人心的时刻，是人的存在的最高、最完美、最和谐的状态，这时的人具有一种欣喜若狂、如醉如痴、销魂的感觉。

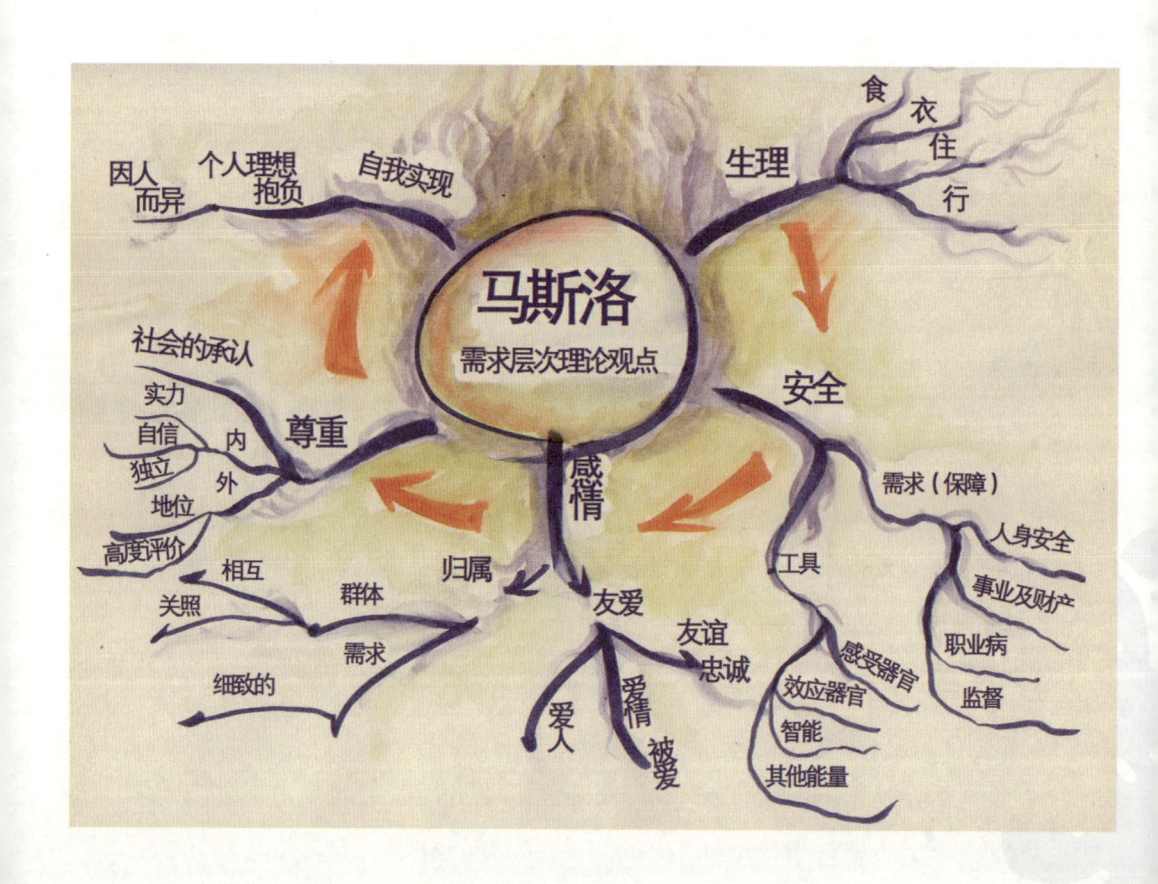

> 思维导图笔记

有的人对我说出颜色并没有比较好辨识这样的意见时,令我陷入了一阵思考!的确如此吧!有些人并不那么需要五彩缤纷的世界!有些人宁愿这个世界单纯一点好、少一些花花绿绿少一些不必要的诱惑……

所以当我读到马斯洛的时候,我决定只用两个颜色——橘黄和蓝紫。这个最近很常用的颜色搭配拿来做"马斯洛"我感觉挺合适,然后背景衬点燃烧的线条,再把箭头塞进去。这篇"马斯洛"练习我做得很开心,也对马斯洛这么直白的人性剖析感到心悦诚服。

我想,在某些时候,我也挺喜爱享受颜色的单纯以及单纯的颜色。

减少食物浪费

根据英国《卫报》报道，联合国指出，只要全球减少 25% 的粮食浪费，就能让地球上的所有人吃饱。也就是说，只要把大家平常不要的食物的 1/4 集合起来，便不再有人挨饿！

每年生产出的食物中，有近三分之一，也就是约 13 亿吨，遭到浪费，其中包括 45% 的蔬菜水果、35% 的鱼类海鲜、30% 的谷类、20% 的乳制品和 20% 的肉类；同时，却也有 7 亿 9500 人正在挨饿或营养不良。

联合国将食物浪费问题视为粮食安全最主要的威胁之一。根据估计，2050 年的粮食产量必须增加至 2005 年的 160%，方可供给成长中的全球人口，而减少食物浪费可以减轻这个压力。食物浪费的问题全球皆然，但不同地方的表现方式大不相同。在发展中国家，食物浪费大多来自机械设备、运输和基础建设的限制，属于非蓄意的"粮食耗损"；在富裕国家，"粮食耗损"比例低，蓄意的"粮食浪费"比例高，通常肇因于消费者购买过多或是零售业因美观因素而丢弃食物。

在发达国家，消费者和零售业者丢弃购买来的 30%～40% 食物，而在穷国只有 5%～16% 的食物被丢弃。根据联合国农粮组织（FAO）2011 年的报告，欧洲和北美平均每人每年浪费 95～115 千克的可食用食物。撒哈拉以南非洲地区、南亚和东南亚地区每人每年的浪费量，仅有 6～11 千克。

"买得起食物的人丢得最多。"联合国粮农组织节粮计划协调人罗伯特说。

他表示："据统计，工业化国家消费者浪费食物量（2亿2200万吨／年）几乎等于撒哈拉以南非洲地区的净粮食产量（2亿3000万吨／年）。但在低度开发国家，生产、管理和配送过程产生的粮食耗损又是那么普遍。"

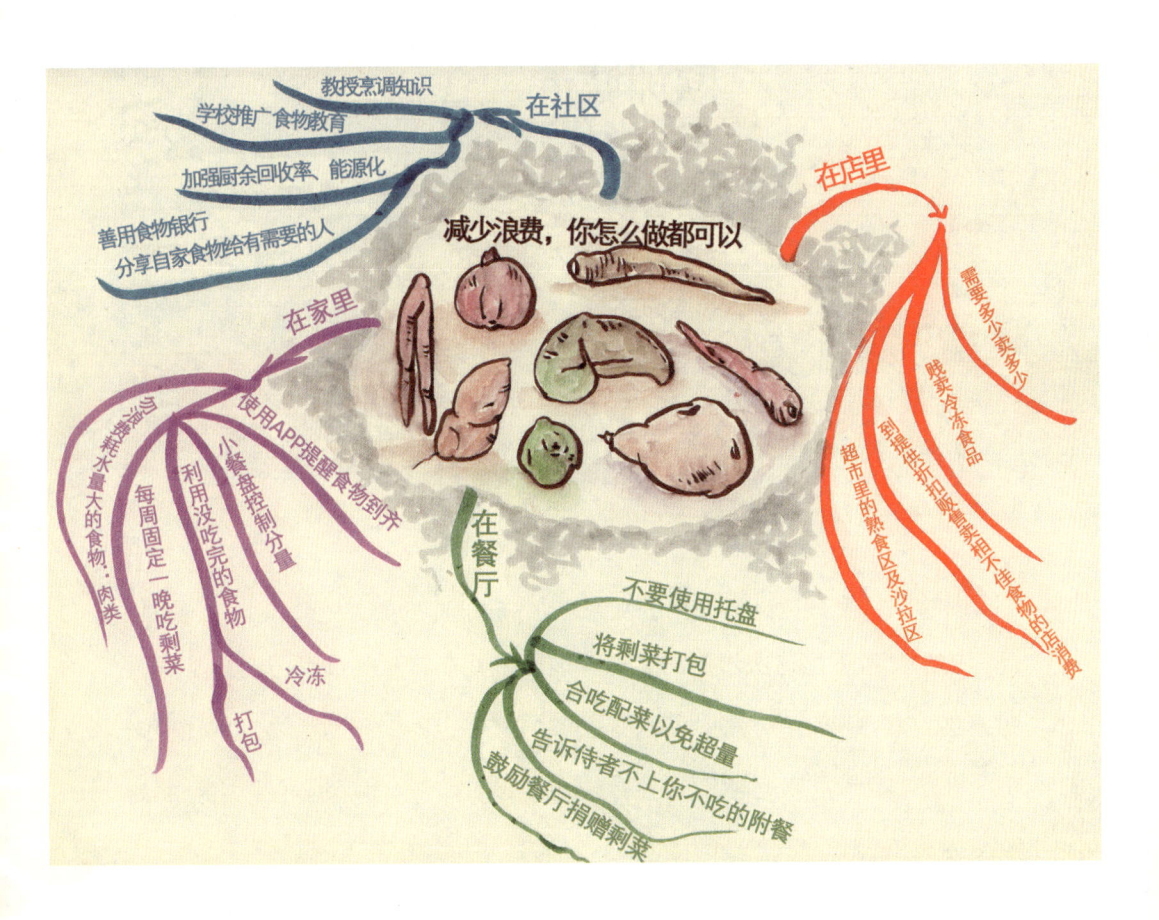

减少浪费，你怎么做都可以

在社区
- 教授烹调知识
- 学校推广食物教育
- 加强厨余回收率、能源化
- 善用食物银行
- 分享自家食物给有需要的人

在家里
- 泡洗耗水量大的食物：肉类
- 使用APP提醒食物到期
- 小餐盘控制分量
- 利用没吃完的食物
- 每周固定一晚吃剩菜
- 冷冻
- 打包

在餐厅
- 不要使用托盘
- 将剩菜打包
- 合吃配菜以免超量
- 告诉侍者不上你不吃的附餐
- 鼓励餐厅捐赠剩菜

在店里
- 需要多少就买多少
- 购买冷冻食品
- 别害怕近日期或即将食用完毕的食品
- 超市里的熟食区及沙拉区

向欧洲建筑学方正

向欧洲城市学习的当代建筑方正
by 包益民 PPAPER

- 西方
  - 先进
  - 审美观佳
  - 优质书
    - 德国70%
    - 台湾10%
    - 大陆7%
- 顺序
  - 由里到外
  - 从繁化简
- 直线并不可耻
- 耻
- 未来性

  我忘了这是多久以前读到的文章了，应该是 *PPAPER* 杂志上，包益民写的，文章不是这次示范的重点，重点是我在这张阅读笔记的思维导图上做了一点新尝试。因为我大胆地把图像的比例拉高到几乎没啥线条与关键词的程度！

赛局理论

玩家【关键的角色】

策略【决定性的行动】

赛局理论
GAME THORY

利得【希望得到的结果】

　　我绝对没有把未画完的作品草率地放上来充数的意思噢！这是一道练习题，要让看到这道练习题的同学们起而效法，从中心主题开始向外延伸你的想法，现在、立刻就动笔，对！就在这本书上（或是笔记本上）画出你对于"赛局理论"的看法与想法。

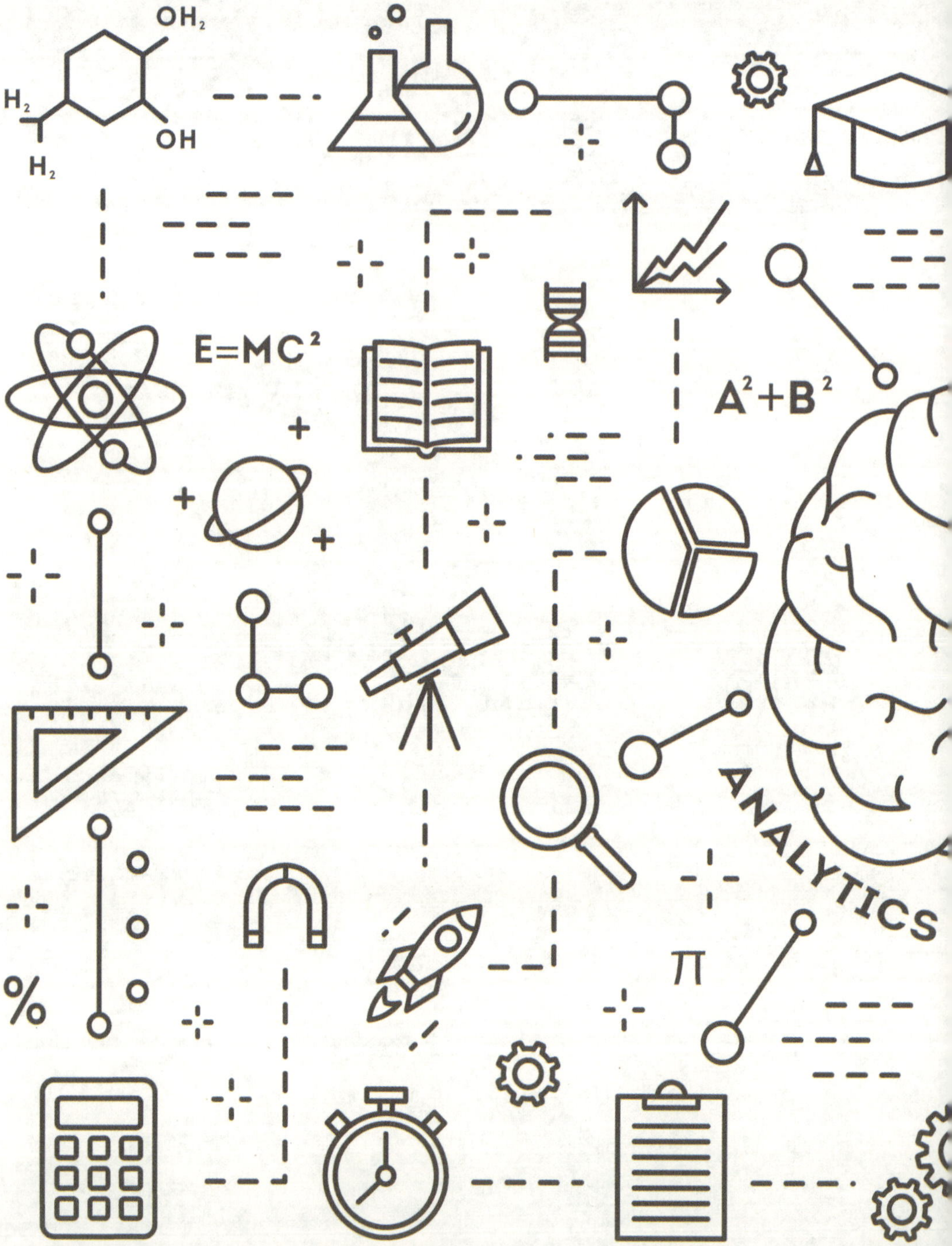

OH2
H2
OH
H2
E=MC2
A2+B2
ANALYTICS
%
π

关于如何
持续练习

持续练习，要怎么样才能让学会思维导图的大小朋友们持续练习？持续练习背后的目的是什么？这个 WHY 怎么产生？有没有益处在里面？

我是这样想并且执行的：

喜欢手上功夫

这一点可能只符合特定人群，只能影响到喜欢写字、画图的孩子！毕竟在这个计算机会挑花生的年代，机器人都快要取代人类了你还宣扬写字的好处似乎有点太落伍了！

但是写字的好处多多，写字不但刺激了脑中大部分的区域，让你的脑细胞活化之外，帮助学习的效能也特别好。

静下心来思考

"静"，是一个现代人一定要会的能力，与其说是能力不如说是技术。在速度飞快的都市里讨生活，往往需要保持一定的动态；而相反静下来，则才能好好地思考，想一下未来的计划，想想下一步怎么走。

找个地方坐下来，泡杯咖啡或茶水，打开悠扬的音乐，让时间的速度变慢，而后心静！静下来之后就可以将想法，好好地用思维导图来"全盘"整理一下，这个技法我经常用，几乎已经是不可避免的日常，而且很多学会思维导图的朋友也都是这样操作。厉害一点的还能搭配静坐、瑜伽等，内外兼修一举数得。

需要一个 ME TIME

每一个人都会拥有自己私有的时间，不管你有一打小孩要养或是上万个员工要管。这个自己的私有时间可以拿来做任何事；可以发呆，也可以用来记录生活中的大小事。在 ME TIME 里做思维导图的时候，就算金正恩下令发射飞弹也无法干扰你，此时此刻，就只有你与思维导图。

受到同事青睐

常用思维导图做会议记录就能体现笔记方法之间的差异！你的思维导图一定会受到同事青睐，并且也帮助他们立刻变成会议记录高手！当然前提是你已经充分掌握这个技巧，并且使用过许多次。

整理工作上的需要

通常提升自己的工作效能，除了多出一点空闲时间好变成 ME TIME[1]之外，也能得到上司的赏识与肯定，换言之，下一次加薪的可能是你；所以在工作上运用思维导图，上司兑现他给你的承诺的概率攀升！为这个理由常用思维导图不但合情合理，而且大脑也比较清楚。从会议记录、工作计划到库存分类整理、人事资料分类整理，直到营销企划、创意联想等，思维导图都派得上用场。

找出创意

工作上常用大脑思考的还不少！比如你是做企划设计的、文字编辑

---

[1] me time 的英文解释"time when you can do what you want to do"，中文的意思是"可以做自己想做的事的时刻"，也就是可以尽情做自己的时刻。

的、创意产品的工作者，灵感这种东西是必须要跟在身边的，不然饭碗可能不保！所以每个创意人都有自己找到创意的偏方和秘诀，思维导图不是什么神秘工具，但它的确可以用来拆解设计思考，必要时拆完了还可以重新组合起来，那便完成了另外一个全新的创意。

✎ 为了累积竞争然后参加比赛

台湾第一届思维导图大赛如火如荼在2017年10月15日热闹展开！这个属于台湾的第一次思维导图盛事，将会持续地办下去；所以，所有使用思维导图的老手、新手终于有机会可以一较长短，为了增加学习中的乐趣，参加竞赛绝对是一个让你热血又热情的方式！

无论这些理由中有没有能够鼓励你的，为自己找到一个理由确有必要！持续练习思维导图不但能累积思维导图对你的好处，也能帮助你在生活中、工作中提升效率！总之，好好地想清楚为了什么目的练习思维导图，然后坚持下去！持续练习就会带给你意想不到的结果，而我很期待你可以将这个结果与我分享。

后记

这是我人生中第一个出版作品，当然有许多感触必须要记录下来。

在思维导图学习的路上，我也有要感谢的老师：台中品思学习创办人陈资璧（人称 Phoebe 老师）、卢慈伟（人称大伟老师）在思维导图教学上独树一格，给当时已经在做教学工作但全身仍有"菜鸟"感觉的老学员的我，全新的体验！这个体验提升了我对在教学上的认知，也让我有幸重新思考自己为什么要走入思维导图教学领域，更明白地点醒了我，站在教学第一线，身为讲师的我们应该具备什么心态。

在思维导图应用的路上，我要感谢身旁一直默默支持我的伙伴与家人（Rachel、Jasmine、Terry、QTG、Raymand 等），我们从协会成立在一起、创立公司在一起、办大赛在一起，未来也要一起走向光明的教学领域！

虽然这本书的创作过程稍显仓促（总是在没完全准备好的情况下出现机会），但我仍相信我的作品能够受到年轻朋友、小朋友，甚至是内行的思维导图爱好者的青睐。做教学工作的人永远都要记得谦卑，学员们的成就才是老师的成就；学员们学会应用了，老师才算是真正教会大家了。

绘画本来就是人类的天性与才能之一，打从36000年前就是如此！从笔触里探讨作者自己本身的想法以及想要表达的意涵，也是自古至今不曾停止过的行为；我们今天认识思维导图等于打开了一扇全新视野的窗，探头到窗外，你可以窥见的不仅是事物的原貌，很有可能会反向看见自己，而唯有清楚看见自己的想法，才有可能了解自己的需求进而从中获得启发！或者说是："人生的救赎。"

如果你喜欢这本书，欢迎给我一个赞！并且将它分享给身边也许需要本书的朋友！非常感谢你们。最后，我想把这本书献给在天上的老爸，希望他能真正为我感到骄傲！献给我的女儿李仪，希望她也能因为这本书的问世而感到有这个老爸真好！

后记之后记

大赛筹备初期，几位老师极力相挺，我一定要在此明示：感谢曾明腾老师在接到我的询问之后立刻答应当裁判！雅婷老师则是一样豪爽，她是第二位答应我请求的裁判，再来就是苏瑞阳老师、赵胤丞老师，感谢两位同样是肝胆相照、拍胸膛挺身而出的伙伴。

当然，最重要的关键人物就是陈资璧老师了！感谢她在最重要的那一刻站出来说："I'm in!（我加入）"这一句"I'm in"给了台湾第一届思维导图大赛一剂强心针！有了这剂强心针，我便能开始昂首向前大步迈进；举凡学界的老师们、业界的讲师们，统统都能经由坚强的裁判团来证明这是一场具有专业评判水平的大型赛事！参与这场赛事就是参与台湾思维导图推广的发展，而在这一条路上，不但有专家学者还有充满期盼的莘莘学子、思维导图应用者、爱好者、学习者，还有千千万万对思维导图感到好奇、想要一起加入学习的广大民众！

好不热闹啊！可不是吗？就是要这样把思维导图应用的话题炒热，就是要这样让爱好者有个公平、公正又公开的平台良性竞争！就是要这样，让我们在正确又有话题的大型活动中拓展更适合孩子们的教育方法，并且持续做、一直做下去！直到整个教育环境真正翻转为止！

所有办赛的过程都记录在脸书公开社团"我支持台湾思维导图大赛"中，欢迎大家参考并且积极参与！

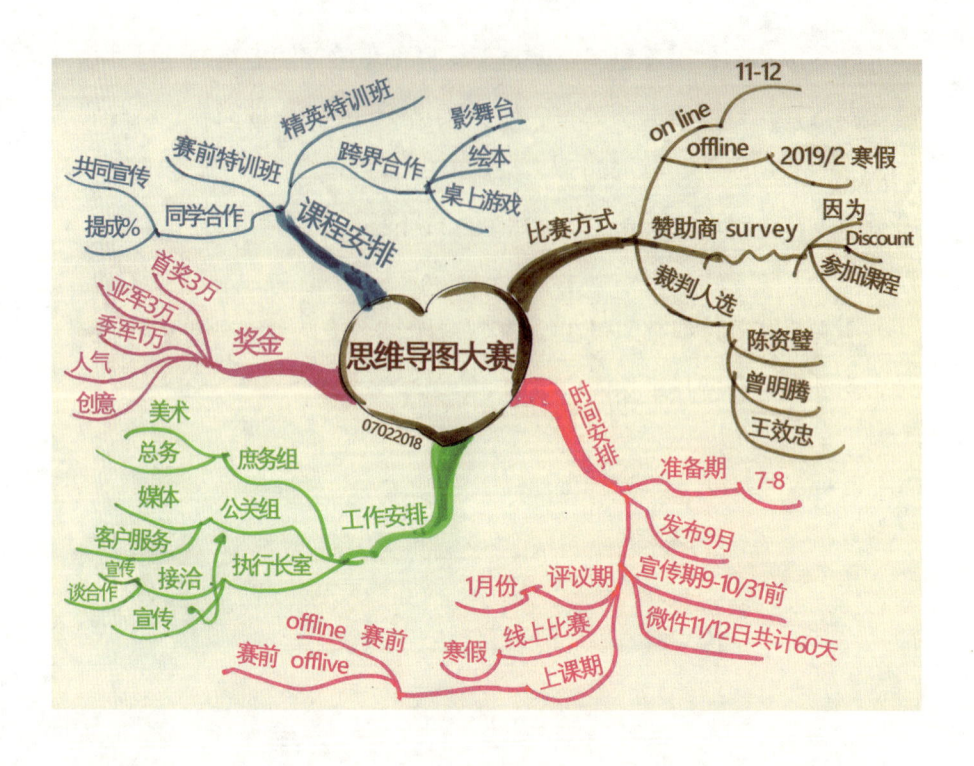

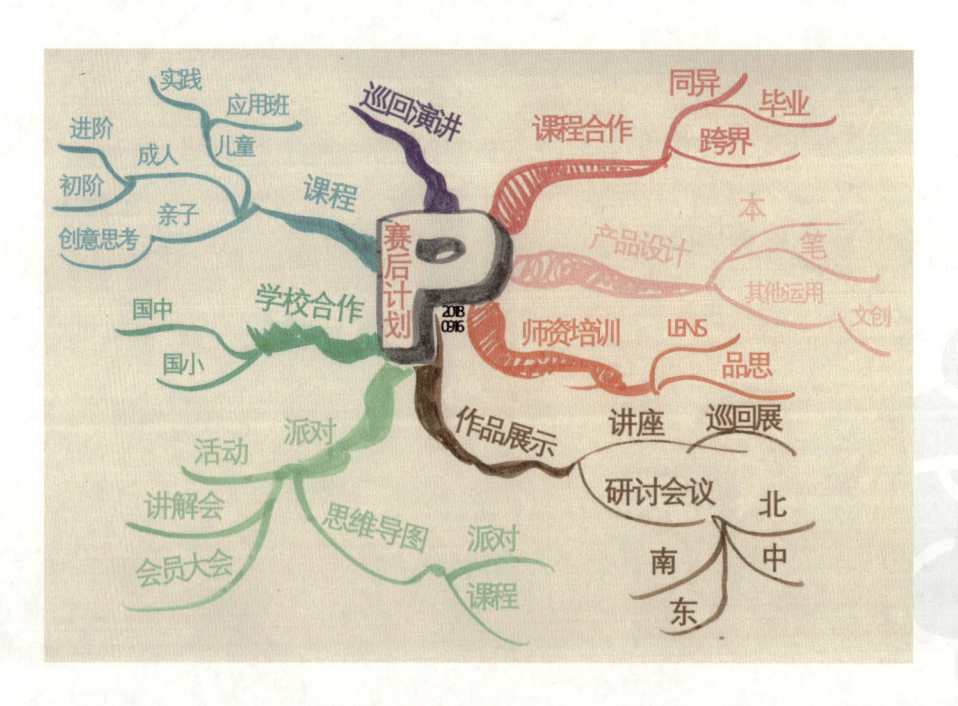

思维导图大赛

- **课程安排**
  - 赛前特训班
    - 精英特训班
  - 跨界合作
    - 影舞台
    - 绘本
    - 桌上游戏
  - 同学合作
    - 共同宣传
    - 提成%
- **比赛方式**
  - on line 11-12
  - offline 2019/2 寒假
  - 赞助商 survey
    - 因为 Discount 参加课程
  - 裁判人选
    - 陈资璧
    - 曾明腾
    - 王效忠
- **奖金**
  - 首奖3万
  - 亚军3万
  - 季军1万
  - 人气
  - 创意
- **时间安排**
  - 准备期 7-8
  - 发布9月
  - 宣传期 9-10/31前
  - 微件11/12日共计60天
  - 评议期 1月份
  - 寒假 线上比赛
  - 上课期 赛前 offline / 赛前 offlive
- **工作安排**
  - 庶务组
    - 美术
    - 总务
  - 公关组
    - 媒本
    - 客户服务
    - 宣传 / 谈合作
  - 执行长室
    - 接洽
    - 宣传

07022018

赛后计划 (2018 0916)

- **巡回演讲**
- **课程**
  - 应用班
    - 实践
    - 儿童
  - 成人
    - 进阶
    - 初阶
    - 亲子
    - 创意思考
- **学校合作**
  - 国中
  - 国小
- **派对**
  - 活动
  - 讲解会
  - 会员大会
  - 思维导图
    - 派对
    - 课程
- **作品展示**
  - 讲座
  - 巡回展 (北 中 南 东)
  - 研讨会议
- **师资培训**
  - LENS
  - 品思
- **产品设计**
  - 本
  - 笔
  - 其他运用
  - 文创
- **课程合作**
  - 同异
  - 毕业
  - 跨界

266